藤山知彦=編著

吉川弘之・日本産学フォーラム=監修

規範としての
民主主義・市場原理・科学技術

Democracy, Market Principles, Science and Technology as Norms : Liberal Arts at Present

現代のリベラルアーツを考える

東京大学出版会

Democracy, Market Principles, Science and Technology as Norms:
Liberal Arts at Present

Tomohiko FUJIYAMA, editors

University of Tokyo Press, 2021
ISBN978-4-13-003391-6

監修者の言葉

吉川弘之

　現在、我が国が疲れ切っていると感じている人は多い。我が国に関する諸統計の国際比較を見ても、身近な日々の出来事を見ても、とても我が国が明日に向かって走り出す姿を感じることはできない。一方、科学、技術、文化、芸術、などの個人的活躍は、国際的に決して劣勢というわけではなく、目立った活躍もある。この中で人々は、日本の将来を確信することもなく危機感を持つこともしない、不思議な初めての状況に置かれて、これからの行動に対する解がないだけでなくそれを見つける方法をも見失って、自ら疲れているという状況がある。

　本書は専門家がそれぞれの立場から現在日本が抱える問題を論じるのであるが、それは従来から行われている多くの専門家らの声の並置的なコレクションではなく、論じるべき諸課題を特定の視点の構造の明示のもとで論じるという方法に基づく試みである。

　その構造として現代を特徴づける規範、「民主主義」「市場原理」「科学技術」を選び、そのいわば三次元空間の中で概念の定義の揺らぎを議論することにより、従来の専門ごとの議論に新しい統合を実現することを試みる。本書を特徴づけるもう一つのリベラルアーツが、この3次元空間で統合的に思索するための言語として必要なものであることは明らかである。

　実はこの統合は、専門家が専門的思索で終わるのでなく、個人あるいは組織、行政、政治など、現実に行動が要請される諸主体に行動のための知恵を提供する不可欠な統合である。今まではその必要性を、学際、協創、対話などの不分明な概念でしか言うことができなかった状況を超えて、本書が人々を行動できない疲れから解放する方法を提供していると言えるであろう。

　複数の専門分野を必要とする行動、それは学問的に言えば、歴史を通じて体系化された法則や知識を生み出す科学の分析方法が専門細分化によって高度化したのに対し、多数の専門的知識を必要とする行動を「高度化」するために不可欠な知恵を提供するものでなければならない。本書は特に現代になって求められる多次元の思索空間を提案し、その中で思索するた

めには共通言語としてのリベラルアーツが必要という立場にたって、「行動の高度化」を目指しているものである。

　ところで行動を高度化するとは何か。それは人類の歴史を通じて、科学よりもはるかに古くから求められてきたものであるが、その一般的方法の確立は後から出発して精緻化を進めている科学に対し、大きく後れを取っていると言わなければならないであろう。例えば原爆で戦争を終息させたという行動は、世界で共通の評価が得られているとは言えない。そしてまた、同じように、現代の COVID-19 に対し、人の命と経済という、別の専門分野に属する課題の統合的な行動に対する回答を得ることができず、政策は世界で混乱していると言わざるを得ない。この場合、目標は命を守り、同時に経済も進めるという行動であるが、これはどの国でもまだ回答が得られないでいる。「行動の高度化」とは何か、それは科学の精緻化とは違うものでありその方法を生み出す学問とは何か、ということから考えなければならないが、そこには大きな知の空白が存在している。一方地球環境問題をはじめ、多くの困難な課題について科学的分析に加えて人類が共有する行動方法を生み出すことが強く求められているのが現代である。その中で、我が国の問題を我が国で解くことを意図する本書が、人々の行動に寄与するとともに、行動に「正当さ」を与える一般的方法という、学問として未成熟な方法の発展に寄与することを期待する。

はじめに

藤山知彦

　規範としての民主主義、市場原理、科学技術を考えることが、何故、現代の
リベラルアーツになるのか、そのことを書くのが「はじめに」の目的です。

　現代の日本は長期的人口減少、長期的財政逼迫という 2 つの大きな国家的課
題を抱えながら産業競争力の低下、科学技術力の低下、国際影響力の低下とい
う現象を起こしていて、まさに危機的状況を迎えているように感じられます。

　巷間、言われるのは、こうした現象は「日本という国が欧米に追いつけ、追
い越せ、という目標を持っていたが、それが達成できたので、新しい目標設定
ができなくなった」からであるということです。1990 年くらいなら、こういう
意見ももっともらしく聞こえましたが、現在の日本は経済的豊かさの指標であ
る 1 人当たり GDP が低下を続け 23 位まで落ちていますし、各種、幸福度を測
る調査でも低位に甘んじていて既に説得力がなくなっています。では、もう 1
回追いつけ、追い越せと言ってもなかなか、そういう気合やエネルギーが入っ
ていません。どうしてでしょうか。今の日本人は「目標もさることながら、自
分の信じているもの（価値観、規範）が何であるのかが分からなくなった」とい
う捉え方をしたほうが、問題設定としては良いのではないでしょうか。

　明治維新を契機として、日本は豊かさや強さを求めて自国を変革していった
わけですが、そのためには世界の潮流（グローバリズム）の規範を自分のものに
する必要がありました。それらの規範が民主主義、市場原理、科学技術です。
これらは 18 世紀末から 19 世紀中葉に欧米で相互に関連しあいながら生み出さ
れた歴史的産物であるということに注意が必要です。（「個人の自由」は民主主義
に包含される概念として、「法の支配」はこの時期に確立された特色的な概念ではない、
と捉えています）因みに 15 世紀の大航海時代のグローバリズムは欧州側の重商
主義、武力の行使、キリスト教の布教という考え方で動いていたわけですから
それに比べれば、18-19 世紀に意識された民主主義、市場原理、科学技術は欧米
以外の受け入れ側にも、洗練された「規範」として、説得されていったものと
思われます。勿論、その説得の背景には武力や経済力といった「力」の存在が
あることも事実ですが。

　日本の維新後 150 年間の歴史は、民主主義や市場原理や科学技術といった規範を受け入れて血肉化した歴史です。民主主義こそ時間がかかりましたが、それでも明治時代から自生的に芽生えていった歴史を持っています。江戸時代までに育んだ多くの伝統的価値観との対立や相克に悩みながらこの 3 規範を身に付けた歴史は欧米以外の国としては特筆した長さと深さを持っていると言えます。

　世界においては、特にソ連の崩壊（1991 年）、中国の改革開放（1978 年）、社会主義市場経済（1992 年）でこの 3 規範がほぼ地球全体を覆うことが見えてきたと感じられました。しかし、今世紀に入り、状況は大きく変化しています。1 つは BRICs と略称される国々が特に急激な経済成長を遂げ、心から 3 規範を信奉している先進国が国際経済の中でその相対的な地位を低下させていったことがあります。より本質的には、規範のそれぞれに内在化されていた問題が最近になって大きくクローズアップされてきたことがあり、規範であることについて大きな「揺らぎ」が起きているのではないでしょうか。

　民主主義は、その非効率性が問題になっています。特に新型コロナウイルスの鎮圧に関する議論は現在進行形の大きな問題です。世界各国で中産階級が没落していることと関係し公益が私益の追求に圧迫されています。さらに、情報技術の革新が選挙や民意形成への様々な不公正を許す環境を提供していると指摘されています。市場原理はバブルの発生と崩壊を予測できないという課題を解決できずにおり、市場と政府の関係も難しい問題があります。また、世界的な大問題である格差の拡大との関連も指摘されています。科学技術は特に生命科学や情報科学の急激な進展が、倫理的、社会的、法律的な問題を惹起しており、科学技術が本当に人類社会の幸福に役立つのかと警戒感を持つ人たちも増えています。

　日本の現在はどうでしょうか。民主主義に価値を置いているとはいえ、選挙の投票率や政治への信頼が高いとは言えません。市場原理についても国内の労働市場についてはうまく機能していないのではないか、という疑問のほか、国際的にも米中対立と関係して日本の存立基盤である自由貿易体制に毀損が起こり始めています。科学技術については原子力事故の後の総括はまだ終わっていないという状況です。また論文数の相対的減少など国際的な科学技術立国としての将来に不安を持たれています。

　日本産学フォーラムは 1992 年に設立された任意団体で学術界と産業界が、その垣根を越えて、産業競争力やリーダーシップ、学校教育などの日本の課題を議論する集まりです[1]。冒頭に述べた日本の全般的な閉塞感を議論するにつけ

「リベラルアーツが重要（または必要）だ」という声が多く上がり（幹事というメンバーであった）私にリベラルアーツ研究会を組織し、その中で企業研修講座を組織するように依頼がありました。

　私としては、リベラルアーツという言葉は多く「教養」という言葉で訳されてきましたが、そうするとなにか、「知らなくても生きていけるが、知っていたほうが尊敬されるような知識」のように思われたり、「必須品ではなくて賞玩するような嗜好品」であるようなニュアンスがあるのに違和感を持っていました。リベラルアーツとは体系化された知識や理論ではなく、「直面する状況判断のための土壌」であり且つ「良い判断をするための思考方法」のようなものでなくてはならないはずでした。

　そうであるならば、今、日本にとって必要なリベラルアーツとは「150年間かけて追求してきた民主主義、市場原理、科学技術という規範の来し方、行く末をしっかりと見つめ、日本がこれらの規範にどのような立ち位置をとるのか、それぞれの何処を変え何処を守るべきか、ということを議論できるような土壌」であるべきだと考えました。

　そこで、民主主義、市場原理、科学技術の3規範それぞれの「歴史」「現状」「課題と未来」の3×3の9講義を考え、その前に問題提起、リベラルアーツ、西洋のものの考え方の3講義を配し、最後に宗教との関係、東洋と日本の考え方、人類的目標の3講義で締めくくる15講義からなるプログラムを考えました。このプログラム構想が幸い産学フォーラムの執行役員の方々の賛同を得ましたので、お話しいただくのに最適な先生方を探し、お願いをする、という作業を行いました。私は41年間の三菱商事（株）勤務の後、科学技術振興機構に移ったキャリアを持っています。学術的経験はほとんどありませんが、先生方にはこの講座の狙いと個々の講義の意味づけについてはお話させていただきました。有難いことに、すべての先生方が私のリクエストを真剣に受け止め、お答えいただいただけでなく、先生方の独自の視点も提供していただきました。そこで講座全体に方向性があること、また、お話が相互に関連しているので、結果として講義同士が共鳴しあっているというところが読みどころ（特長）になっていると思います。

　質疑の様子はいくつかの質問と答え、議論を組み合わせて編集していますが、企業[2]、大学、官庁の研修生の方々の「自らに問いを発し、それに答えようとする力」の進歩は目覚ましいものだったことも付け加えます。

2021年5月

注

1) 日本産学フォーラム（BUF：The Business University Forum of Japan, https://www.buf-jp.org/about/organization）。

　　産業界と学術界を代表するリーダーらが、定期的な意見交換や諸外国の産学のリーダーとの交流を通して、社会を担う人づくり・教育・研究・技術開発などに対する産学協働のありかたについて、1992 年創設以来、サロン的雰囲気を重視しながら対話を続ける任意団体。企業 22 社と大学 17 校の経営者、中央省庁のリーダーからなる。海外にも連携するThe Business Higher Education Forum (https://www.bhef.com) があり、国際シンポジウムを 4 年に一度開催。

　　代表世話人（就任当時役職）

第 7 代（2020/6 ～ 　）　　五神　真（第 30 代東京大学総長）

第 6 代（2013/7 ～ 20/6）　張　富士夫（トヨタ自動車名誉会長）

第 5 代（2009/7 ～ 13/7）　小宮山　宏（三菱総研理事長・第 28 代東京大学総長）

第 4 代（2004/8 ～ 09/7）　豊田　章一郎（トヨタ自動車名誉会長）

第 3 代（1998/3 ～ 04/8）　吉川　弘之（産業技術総合研究所理事長・第 25 代東京大学総長）

第 2 代（1995/6 ～ 98/3）　平岩　外四（東京電力相談役）

初代（1992/12 ～ 95/6）　近藤　次郎（日本学術会議会長）

　　会員企業（22 社）（略称）

AGC、IHI、ENEOS ホールディングス、関西電力、キヤノン、損保ジャパン、第一生命、中部電力、東京電力、東芝、トヨタ自動車、日産自動車、日本ガイシ、日本生命、日本製鉄、日本電気、パナソニック、日立製作所、富士通、みずほ、三井住友、三菱 UFJ（以上）

　　会員大学　（17 校）（略称）

（国立大）大阪、九州、京都、筑波、東京工業、東京、東北、名古屋、一橋、北海道、（私立大）慶應、国際基督教、中央、法政、明治、立命館、早稲田　（以上）

　　国際シンポジウム主催

2017 年　設立 25 周年記念国際シンポジウム　〈新たな社会に向けて〉（10 カ国参加）

2012 年　東京国際シンポジウム　〈明日を拓く若者の育成〉（13 カ国参加）

2008 年　新潟国際シンポジウム　〈起業家精神と地方再生〉（16 カ国参加）

2) 研修生を派遣いただいた企業と大学、AGC ㈱、ENEOS ㈱、キヤノン㈱、第一生命保険㈱、㈱東芝、トヨタ自動車㈱、日産自動車㈱、日本電気㈱、㈱三井住友銀行、東京工業大学、東北大学。

規範としての民主主義・市場原理・科学技術

目　次

目
次

ix

プログラム解説

藤山知彦

　本書は近現代の規範を民主主義、市場原理（資本主義）、科学技術と考えて　その成り立ち、現状、課題を押さえることによって、（日本を考える）議論の基盤を構築しようというものです。現代のリベラルアーツはまさにそこにあるべきだと考えたからです。

　全15講座のうち①から③までは民主主義、市場原理、科学技術という3規範の講座を受ける前に問題意識や基本的視座を提供します。

① 「グローバリズムの3規範の揺らぎ」欧州と米国で200-250年かけて形成されてきた民主主義、市場原理、科学技術のグローバリズムの3つの規範が、現在大きな曲がり角を迎えている、という基本的な問題意識を提起します。（科学技術振興機構研究開発戦略センター上席フェロー　藤山知彦）
それを踏まえ、以下の題で両碩学からお話をいただきます。
「グローバリズムの揺らぎと科学技術」（東京大学元総長　吉川弘之）
「如何にして科学技術知識を経済的価値創造に活かすか」（慶應義塾大学名誉教授　黒田昌裕）

② 「「リベラルアーツ」を文系・理系の歴史から考える」リベラルアーツという言葉の歴史、理科系と文科系など学問の分岐、産業界と学術界、国際的文化土壌の差などを意識することの重要性を考えます。（名古屋大学大学院経済学研究科教授　隠岐さや香）

③ 「西洋の「もの」の考え方の歴史」3規範の淵源は西洋にあります。そこで、西洋哲学史を概観しながら、古代における原子論 (atomism) の発生から近代における個人主義 (individualism) の

成立を経て、如何にグローバリズムの3規範が成立したかを考えます。（大阪教育大学教授　瀧一郎）

次の9講座は3つの規範に3講座ずつ割り当てられています。それぞれに歴史、現状、課題と未来が含まれるように配慮してあります。民主主義は④から⑥、市場原理が⑦から⑨、科学技術が⑩から⑫です。

④　「民主主義に関する歴史的考察」古代ギリシャの民主主義やトクヴィルの論考など歴史を検討することによって、民主主義が機能するためにはどんな工夫が必要なのかを考えます。（東京大学教授　宇野重規）

⑤　「民主主義とポピュリズム――「中抜き」時代の到来」現代の世界各国の民主主義の現況を概観し、特にポピュリズムの意味、民主主義への影響について考えます。（千葉大学教授　水島治郎）

⑥　「民主主義とAI」フェイクニュース、フィルターバブルやデジタル・ゲリマンダーと呼ばれる選挙操作などSNS時代の民主主義の問題を検討します。（明治大学教授　湯淺墾道）
「日本における民主主義と情報」についてコメントをいただきます。（東京工業大学准教授　西田亮介）

⑦　「市場原理と共感――経済学が辿ってきた道」市場原理がどのように是とされてきたのかをアダム・スミスの「共感」の視点から振り返ることによって、現代にいたる経済学の歴史、問題意識を考えます。（大阪大学大学院教授　堂目卓生）

⑧　「経済政策を考える――資本主義200年の歴史と現在」資本主義と格差の問題に人類がどのように対応したのか、経済学・経済政策に何ができるのか、を考えます。（立正大学学長　吉川洋）

⑨　「ネオマネーの登場がもたらすマネー・決済システムの構造変化」金融経済の最先端で起こっていることをマネー・決済システムの観点から解説いただきます。但し本講義のみ本書に掲載されていません。（日本銀行フィンテックセンター長　副島豊）
「歴史に学ぶマネーの本質――ハイエクの貨幣発行自由化論」貨

幣の本質論につきハイエクを参考に考えます。（元内閣府事務次官　松元崇）

⑩ 「歴史から見た科学・技術」科学革命、啓蒙主義、第2次科学革命、制度化する科学など科学と技術の歴史を主として社会の側がどう捉えたかという観点で概観します。（科学史家　古川安）

⑪ 「生命の研究のよりどころは何か——科学と社会のかかわり方を考える」ゲノム編集などの生命科学の進歩の概観と生命の研究は社会の中でどのような拠りどころを持てば適正に進められるかを議論します。（生命倫理政策研究会共同代表　橳島次郎）

⑫ 「人工知能技術と社会」ディープラーニングなど人工知能技術の進歩を概観し、人工知能技術が社会・人間存在にもたらす現実的・未来的課題を考えます。（札幌市立大学学長　中島秀之）

　最後の3講座は、この3規範をより現代日本の問題として捉えるために必要な角度からより議論を深めます。即ち、宗教との関係、東洋（日本）の思想の役割、人類的課題という3つの視座を用意しました。

⑬ 「宗教との共生のために——フランスのライシテの問題点と可能性」共和制とキリスト教、共和制とイスラム教の関係というフランスでの経験を学んで、現代日本における宗教の役割のヒントをいただきます。（東京大学准教授　伊達聖伸）

⑭ 「東洋・日本思想の独自性と日本の役割」西洋のグローバリズムの規範に揺らぎが見える現在、東洋や日本の思想はどのような特色があり、どのような貢献ができるか、を考えます。（東洋大学名誉教授　竹村牧男）

⑮ 「みずから考える持続可能性とCOVID-19」人類的課題であるSDGsの成立や持続的な開発という概念成立の経緯を学ぶ。グローバルな水問題の振り返りや、COVID-19蔓延を契機としてよりよい未来のために何をすべきかを考えます。（東京大学大学院教授　沖大幹）

この 15 講座の 3-9-3 という構成は基本構図（次頁の図）を参照していただくと分かり易いと思います。

　　尚、この講座を受ける研修性に事前に読んでいただいた課題図書は以下の通りです。

①課題図書：科学技術振興機構研究開発戦略センター「21 世紀の科学・社会を支える新たな教養のあり方を考える」
　　　　　　https://www.jst.go.jp/crds/report/report07/CRDS-FY2016-XR-02.html（2021 年 7 月 5 日アクセス）

②課題図書：『文系と理系はなぜ分かれたのか』（隠岐さや香、星海社新書）

③課題図書：『思想と動くもの』（ベルクソン著・河野与一訳、岩波文庫）

④課題図書：『西洋政治思想史』（宇野重規著、有斐閣アルマ）

⑤課題図書：『ポピュリズムという挑戦——岐路に立つ現代デモクラシー』（水島治郎編、岩波書店）

⑥課題図書：『ＡＩがつなげる社会——AI ネットワーク時代の法・政策』（福田雅樹・林秀弥・成原慧編著、弘文堂）

⑦課題図書：『アダム・スミス——「道徳感情論」と「国富論」の世界』（堂目卓生著、中公新書）

⑧課題図書：『人口と日本経済——長寿、イノベーション、経済成長』（吉川洋著、中公新書）

⑨課題図書：『持たざる国への道 あの戦争と大日本帝国の破綻』（松元崇著、中公文庫）
　　　　　　『日本史に学ぶマネーの論理』（飯田泰之著、PHP 研究所）

⑩課題図書：『科学の社会史——ルネサンスから 20 世紀まで』（古川安著、ちくま学芸文庫）

⑪課題図書：『生命科学の欲望と倫理——科学と社会の関係を問い直す』（橳島次郎著、青土社）

⑫課題図書：『人工知能は人間を超えるか——ディープラーニングの先にあるもの』（松尾豊著、角川 EPUB 選書）

⑬課題図書：『ライシテから読む現代フランス——政治と宗教のいま』（伊達聖伸著、岩波新書）

⑭課題図書：『〈宗教〉の核心——西田幾多郎と鈴木大拙に学ぶ』（竹村牧男著、春秋社）

『日本人のこころの言葉 鈴木大拙』（竹村牧男著、創元社）

⑮課題図書：『SDGsの基礎——なぜ、「新事業の開発」や「企業価値の向上」につながるのか？』（事業構想大学院大学出版部編集・沖大幹ほか著、事業構想大学院大学出版部）

『水の未来——グローバルリスクと日本』（沖大幹著、岩波新書）

　基本構図のもとに各講師の先生方がオリジナリティを発揮してくださり素晴らしいものになったと思っています。

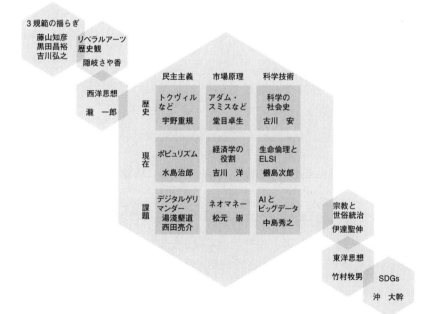

規範としての民主主義・市場原理・科学技術
現代のリベラルアーツを考える

装幀：間村俊一

I　リベラルアーツの基本的視点

3 規範の揺らぎ
藤山知彦
黒田昌裕
吉川弘之

リベラルアーツ
歴史観
隠岐さや香

西洋思想
瀧　一郎

	民主主義	市場原理	科学技術
歴史	トクヴィルなど 宇野重規	アダム・スミスなど 堂目卓生	科学の社会史 古川　安
現在	ポピュリズム 水島治郎	経済学の役割 吉川　洋	生命倫理とELSI 橳島次郎
課題	デジタルゲリマンダー 湯淺墾道 西田亮介	ネオマネー 松元　崇	AIとビッグデータ 中島秀之

宗教と
世俗統治
伊達聖伸

東洋思想
竹村牧男

SDGs
沖　大幹

第 1 講

グローバリズムの規範とその揺らぎ

藤山知彦・黒田昌裕・吉川弘之

MEMO

藤山知彦

　気づきは 1980 年代の日米経済摩擦に商社員として関係していた際、米国が「日本の資本主義は正当でない」という議論を仕掛けてきた時です。財閥や下請け関係のみならず、様々な慣行や制度が問題になりました。ルールを作っているものとそれを受け入れるものという構図の現実に直面しました。その後、1990 年代に今のグローバリズムの規範は民主主義と市場原理（資本主義）と科学技術だな、と感じるようになり世紀の変わり目頃にはその規範が揺らいでいると感じるようになりました。他にも自由とか法の支配とか言う人がいますが、これらは歴史的に言ってもっと古くからある概念です。民主主義や科学技術はギリシャ時代に似たような概念がありますが近代に成立したものとはかなり違います。18 世紀末から 19 世紀半ばに明確に 3 規範がグローバリズムの正当性の論拠とされたと思います。この中で科学技術は他の 2 つと違い思想ではなく真理だという方がおられるかもしれません。しかし、科学を信じる、ということも呪術を信じる、というのと同じ一つの心の選択だと思います。

　吉川先生と黒田先生はビッグネームの先生方で私の権威付けをしていただいた、と取られても仕方がありませんが科学技術振興機構で既に私の考え方をご存知で座談会もしたことがある、ということでお話をしていただきました。黒田先生はヒントとして「インタンジブルアセット（無形資産）」の重要性をもっと意識して科学技術が格差を生まないような方向に変わる必要がある、とおっしゃっています。吉川先生は地球温暖化の問題提起を科学が社会に対してしてきたことを思うと科学に革命が起こりつつあるのではないか、とおっしゃっています。両先生とも常に探求心旺盛でエネルギーを感じます。

　私を含めて 3 人でこの講座全体の問題意識を設定したつもりです。

　研修生のうち半数は、突然提起された問題意識に結構、反応しています。

　先が楽しみです。(2019・7・16 講義)

i　グローバリズムの3規範の揺らぎ
民主主義・市場原理・科学技術

藤山知彦

藤山知彦（科学技術振興機構研究開発戦略センター上席フェロー）

1953年生まれ。麻布中学・高校卒業。1975年 東京大学経済学部経済学科卒業。同年三菱商事調査部入社、1989年 企画調査部産業調査チームリーダー、1993年 泰国三菱商事業務部長、2000年 戦略研究所長、2002年 中国副総代表、2005年 国際戦略研究所長、2008年 執行役員国際戦略研究所長、2010年 執行役員コーポレート担当役員補佐、2013年 常勤顧問。2016年4月より現職。日本産学フォーラム リベラルアーツ研究会座長、清水建設顧問、女子美術大学理事、東京工業大学大学院非常勤講師を兼務。1990-2016年日本経済新聞「十字路」コラム執筆。過去の公務として、2011年 国際金融情報センター（JCIF）理事、2014年 経済財政諮問会議 成長・発展ワーキンググループ委員などがある。

規範の揺らぎ

　今日全体としてお話ししたいことは、現在の世の中で真らしいもの、正しいと言われるものがある意味で歴史的偶然でできており、それが揺らいでいるのかもしれない、ということです。民主主義・市場原理・科学技術、これらはデファクトとして規範になっていますが、ヨーロッパという地方で生まれ、それがお互いの相互作用の中で、経済力と軍事力に後押しされてできたものだと考えています。そして、それが20世紀の終わりから21世紀初めにかけて、特にリーマンショックの後に揺らいできているのではないかという問題提起から話を始めたいと思います。

規範信奉国日米欧の低下

　2018年時点の経済指標を見てみると、全世界GDPが合計約85兆ドルです。合計GDPに占める割合でみるとアメリカ24%、EU（英国含む）22%、中国が16%、そして日本が約6%です。では少し前にどうだったのかと言えば、2000年には米国は世界GDP比33%、日本は1995年には15%を占めていました。つまり、25年くらい前には日米が合わせて世界GDPの半分に近かったということです。逆にいうと、25年でここまで状況が変化したとも言えます。

成長戦略が描けない先進国

　リーマンショックの後に先進国で起こったことを私なりにまとめると、成長戦略を作ることに失敗した、そして金融市場改革を十分にできなかった、という2つになると思います。まず、成長戦略は、2010年頃、ギリシャ危機が起こり、再生可能エネルギー戦略の生みの親であるEUの経済が不安定になっていました。アメリカはオバマ大統領の政策で再生可能エネルギー戦略が推進されていましたが、同年の中間選挙で民主党が負けたためにその政策はストップしてしまいました。シェールガスの採掘技術が進歩したことも追い討ちをかけ、大きな需要・市場が見込めた再生可能エ

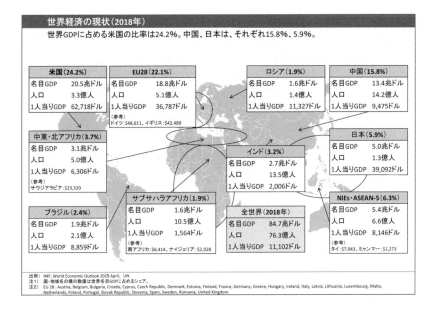

ネルギー戦略は不発に終わってしまいました。成長戦略としてはエネルギーの他にも SDGs に挙げられているような貧困撲滅や格差緩和などが目標にされると良いと考えています。科学技術の進歩のおかげで、このような成長戦略を描ける状態に少しは近づいたかもしれませんが、まだ SDGs が全て達成されるような環境にはなっていません。

金融市場の改革は道半ば

　リーマンショックに対する反省から、金融市場ではいくつかの改革が行われました。プレーヤーである銀行や金融機関の資本力強化が行われ、商業銀行での利益を投資銀行に投資することに対する制限や、ファンドの情報公開ルール制定など、ある程度の仕組みが作られました。他にもファンドの投資行動に対する規制や、リーマンショックを引き起こした一因とも言える格付け機関の役割見直しといった課題もあがりましたが、こちらについては十分な改革がなされませんでした。こうした金融市場自体を規制すべきだという議論を米英は嫌がります。彼らはウォール・ストリートとシティという金融市場の中心地を抱えていますから、そこに切り込む改革は躊躇するのです。結果、金融市場改革は道半ばの状態でフィンテックの

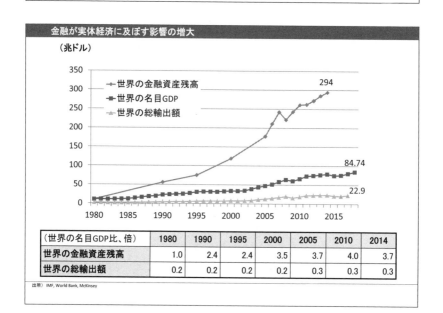

金融規制改革は道半ば

規制強化に対する金融界の反発は強く、金融制度改革は遅れている。実施細目の各論レベルで規制反対に関する議論があり、最終的に実効性ある規制となるかが注目される。
進展があったことは銀行の資本強化、商業銀行と投資銀行の関係、ファンドの透明性向上など。ほとんど進展していないのはファンドの規制、格付機関の見直し、金融市場そのものの規制可能性。

	国内規制中心 （1980年～）	グローバル規制へ転換 （1990～2008年）	グローバル規制の深化 （2009年～）
背景	国内における 金融機能の安定化	国際統一規制の模索 金融国際化への対応	リーマンショックの反省
目的	個別預金取扱金融機関 の健全性の確保	各国の銀行健全性規制 の標準化・高度化	規制範囲の拡大・厳格化 金融システムの安定化
監督	各国当局	各国当局、 バーゼル委員会	各国当局、 バーゼル銀行監督委員会等
手法	各国内独自の 自己資本比率規制	国際決済銀行（BIS）規制 （自己資本比率中心）	BIS規制（資本・流動性等） 国際メガバンク規制

個別金融機関の健全性確保

金融システム全体の安定性確保

出所）各種資料を参考に作成。

金融が実体経済に及ぼす影響の増大

（兆ドル）

- ◆ 世界の金融資産残高
- ■ 世界の名目GDP
- ▲ 世界の総輸出額

294

84.74

22.9

（世界の名目GDP比、倍）	1980	1990	1995	2000	2005	2010	2014
世界の金融資産残高	1.0	2.4	2.4	3.5	3.7	4.0	3.7
世界の総輸出額	0.2	0.2	0.2	0.2	0.3	0.3	0.3

出所）IMF, World Bank, McKinsey

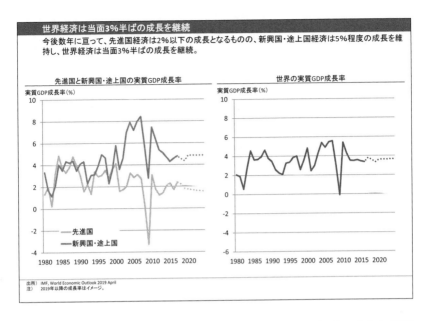

世界経済は当面3%半ばの成長を継続

今後数年に亘って、先進国経済は2%以下の成長となるものの、新興国・途上国経済は5%程度の成長を維持し、世界経済は当面3%半ばの成長を継続。

先進国と新興国・途上国の実質GDP成長率

世界の実質GDP成長率

出所） IMF, World Economic Outlook 2019 April
注） 2019年以降の成長率はイメージ。

時代を迎えています。リーマンショックでは金融が実体経済に大きな影響を及ぼしましたが、金融資産残高と名目 GDP の推移を見てみると納得がいきます。犬が尻尾を振るではなく、尻尾が犬を振っているとよく言われますが、金融資産が GDP の動向を大きく動かしてしまうことが起きています。

先進国と途上国の経済成長率

　1973 年のオイルショックから 2000 年までの世界経済の成長率は年 3% 程度でした。一方で、2001 年から 2008 年までは年 5% 程度の成長です。年 2% 程度の差は大したことないと言う人もいますが、10 年積み重ねると約 22% の違いになります。年の経済成長率が 2% 高いと 10 年で EU1 つ分ぐらいの経済規模ができることになるわけです。この間先進国は低成長時代であり、世界経済の成長を牽引してきたのは新興国・途上国でした。(2020 年はコロナ禍で上記表の予測を大きく下回り、2021 年 7 月 IMF の発表で世界△3.2%　先進国△4.6%　新興国・途上国△2.1%でした。また2021-2 年の予測でも新興国・途上国の成長予測が先進国を上回っています。)

世界経済の見通し

世界経済に占める日米欧の比率は低下傾向にある。

世界経済の重心の変化

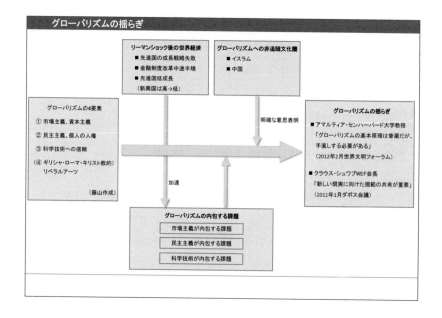

（世界の名目GDP構成比、%）

予測イメージ

日米欧　71%

70%

57%

52%

52%

48%

43%

48%

30%

29%

その他

1980　1985　1990　1995　2000　2005　2010　2015　2018 2020

出所）　IMF, World Economic Outlook 2019, April

グローバリズムの揺らぎ

リーマンショック後の世界経済
- 先進国の成長戦略失敗
- 金融制度改革中途半端
- 先進国低成長
- （新興国は高→低）

グローバリズムへの非追随文化圏
- イスラム
- 中国

明確な意思表明

グローバリズムの4要素
① 市場主義、資本主義
② 民主主義、個人の人権
③ 科学技術への信頼
④ ギリシャ・ローマ・キリスト教的）
　リベラルアーツ

（藤山作成）

グローバリズムの揺らぎ
- アマルティア・センハーバード大学教授
「グローバリズムの基本原理は普遍だが、手直しする必要がある」
（2012年2月世界文明フォーラム）
- クラウス・シュワブWEF会長
「新しい現実に向けた規範の共有が重要」
（2011年1月ダボス会議）

加速

グローバリズムの内包する課題
市場主義が内包する課題
民主主義が内包する課題
科学技術が内包する課題

グローバリズムの課題

市場主義が内包する課題	民主主義が内包する課題	科学技術が内包する課題
● バブルの発生と崩壊	● ポピュリズムへの対策	● 科学技術の効用とリスク
● 市場の公平性に対する疑問	● 中産階級の衰退	● 原子力技術
● 政府と市場の関係	● 民主主義教育の不足	● 生命科学
● 実体経済と金融市場	● マスコミの役割	● 人工知能、ビッグデータ
● フィンテック、ブロックチェーンなど	● SNSを利用した合意形成	● 科学技術と人文・社会科学
の技術革新と市場		● 科学技術と社会（トランスサイエンス、ELSI/RRI）

日米欧の比率低下と規範の相対化

　結果的に、世界経済全体に占める日米欧の比率は低下します。1980-2000 年頃までは、これらの国々の GDP が世界経済に占める割合は 7 割程度でした。これが 2010 年代半ばには 5 割まで低下してきています。代わって中国やイスラムといった、異なる価値観を持つ地域の経済規模が増してきています。そうすると日米欧は規範の重要性を説くことは難しくなってきます。3 規範に対しても「それは必ずしもスタンダードじゃないんじゃないの？」と言える国がでてくる環境が整ってきていると言えます。今の 3 規範が完全に他のものに取って代わられるというわけではありません。ギリシャ、ローマを中心としたヨーロッパのキリスト教文化圏で生まれ、アメリカで育った 3 規範はこれまで絶対的なものとして考えられていましたが、それらと異なる文化圏から疑問の声をあげられる環境になってきた、ということです。2012 年にはアマルティア・センが「グローバリズムの基本原理は普遍かもしれないが、手直しの時期に来ている」、また 2011 年にはダボス会議のシュワブ会長も「インドと中国が心から参加できないような世界の規範はもはや成り立たない時代になってきている」と踏み込んだ発言をしています。

規範が内包する課題——市場原理

　グローバリズムの3規範を見てみると、それぞれに内包する課題がある
ことがわかります。市場原理のもとではバブルの発生・崩壊が繰り返され
ています。しかし、バブルの発生を予測・観測することは難しく、弾けた
時に初めてバブルだとわかります。また、市場の公平性の問題もあります。
IRは株主に特別な情報を提供することを言いますが、果たしてそれが市
場の公平性に繋がるかなどです。政府と市場の関係の例で言えば、リーマ
ンショック時にアメリカ政府は民間企業をも助けることによって市場を救
済しました。またリーマンショック後に先進国と中国が市場に放出したお
金は6兆ドル程度と言われています。当時の世界全体の名目GDPが60
兆ドルですから、かなり大がかりな財政出動をして市場を救いました。し
かし、その後、市場は逆に国債の格付けなどを通じ、2年後にギリシャと
いう国家を破綻に追い込んでしまいました。こうした政府と市場の緊張関
係は今も残ったままで、最近はフィンテックやブロックチェーンなど、技
術と市場の問題も登場してきています。

規範が内包する課題——民主主義

　民主主義は長い間、悪い言葉として使われてきました。ソクラテスがア
テネの民主制により毒杯を仰いで殺され、それを受けてプラトンは、民主
主義においては、民衆が自由を求めて最後は衆愚政治に陥ってしまうと警
告しました。規範となった現在もそれに対する対策がわからないままポピ
ュリズムの時代を迎えています。中産階級がやせ細り、民主主義教育は不
十分でマスコミの役割が減退しています。代わりにSNSを通じた合意形
成の可能性が模索されていますが、現時点ではSNSが政治においてマニ
ュピレーションに使われるのではないかという負の意見が出ています。

規範が内包する課題——科学技術

　科学技術は他の2規範と比べると規範としては確固たるものだという見
方もあります。そうだとしても、本当に人間の役に立っているのかが問わ
れる時代になってきました。科学技術に関するデュアル・ユースの問題や
効用とリスクの問題を、私たちは原子力問題を通して経験してきました。

グローバリズムの揺らぎステージの変化

| ステージ0 | グローバリズムの内包する課題 |

ステージ0　グローバリズムの内包する課題

Ⅰ

2000 ―
Ⅱ　BRICsの経済成長が先進国を上回り、グローバリズム信奉国の世界経済の中の比率が低下する

2008　リーマンショック
中国・イスラム世界のグローバリズムに対する批判が明確になる

Ⅱ'　格差拡大が社会問題となってくる

2016
　　Brexit
　　トランプ大統領就任
Ⅲ　欧州（EU）の統合性が低下し、移民問題に揺れる

アメリカにおいて伝統的グローバリズム政策（自由貿易主義、環境保護主義）の改変が試みられる

民主主義と市場主義の関係

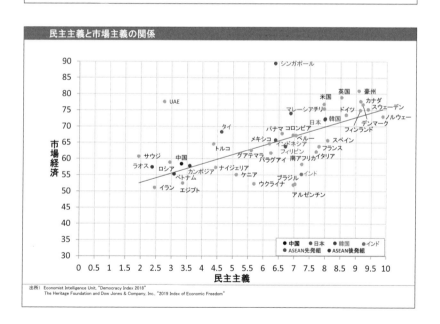

出所）Economist Intelligence Unit, "Democracy Index 2018"
The Heritage Foundation and Dow Jones & Company, Inc., "2019 Index of Economic Freedom"

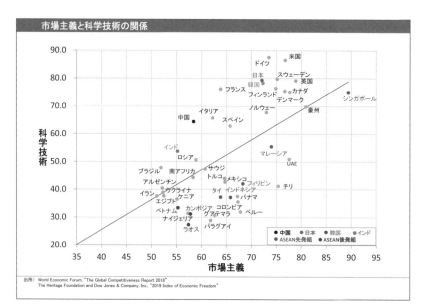

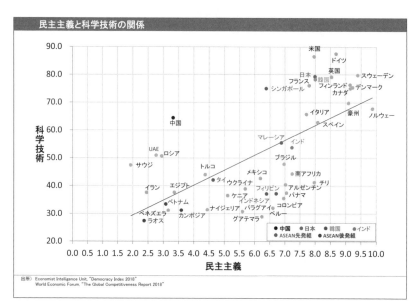

生命科学・人工知能でも原子力技術で生命の尊厳を考えた時と同じような議論が起こっています。生命科学や情報科学が進展すれば、自己と非自己、現実と仮想、生物と生物でないものといった境界が曖昧になり、哲学的な問題に取り組む必要が出てくるでしょう。科学技術と人文・社会科学の連携が必要だとは言われていますが、トランスサイエンス・ELSI/RRI問題で提起されているように科学技術と市民・政治との間の関係も見直していく必要があります。

3 規範の揺らぎとその過程

こうしてみると、これまで規範として成立していたものがかなり危うくなってきていると言えるのではないでしょうか。特に市場原理と民主主義については、その過程をいくつかのステージに分けて整理することができます。まず、ステージ0として今挙げたような、規範そのものが内包する課題が存在しています。次に2000-2008年、BRICsの経済成長率が先進国のものを上回り、3規範を信奉してきた国々の経済力が相対的に低下しました。それを受けて2008-2016年には中国、イスラム世界のグローバリズムに対する批判が明確になり、それを堂々と主張するようになります。格差社会が問題となったこともその動きに追い討ちをかけました。さらに2016年以降、規範の生みの親である先進国内でこれまでの規範に対する信頼性が低下します。移民問題に揺れるEUでは統合性が低下し、アメリカでは自由貿易主義や環境保護といった伝統的なグローバリズム政策に挑戦するトランプ大統領が政権を取りました。グローバリズムに対する批判を受けて、信奉国内ですら、それに従わない動きが出てきたと言えると思います。

3 規範をベースにした各国の立ち位置

民主主義・市場原理・科学技術の3規範のそれぞれがどれだけ進展しているかということを国別にランキング化したものがあります。市場原理進展度で言えば、欧米がランキング上位、日本が最近ちょっと下がって30位、中国は100位くらい。民主主義だと北欧諸国が高くて韓国21位、日本22位、中国は130位。科学技術だと日本はまだ頑張っていて6位、中

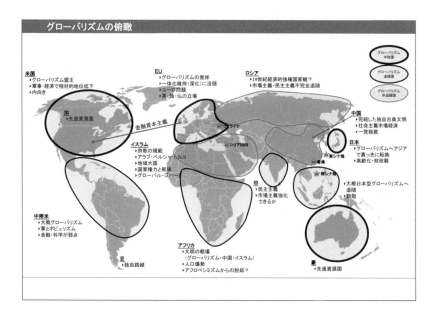

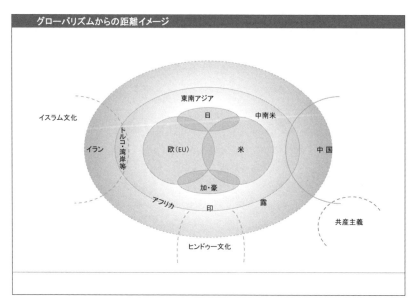

国は 24 位です。図のようにグラフにしてみると、シンガポールは民主主義度合いが平均以下ながら市場原理度合いはダントツで高い。インドは民主主義度合いは進んでいるものの市場原理の度合いはそこまで進んでいませんでした。ただ、モディ政権以降、市場化が進んできています。中国は毎回離れたところにいますが、彼らは「モノサシの取り方が間違っている」と主張しています。

グローバリズムに対するスタンス

　グローバリズムに対する各国のスタンスをやや乱暴に分けると、グローバリズムの発祥・中心となっているグローバリズム中核国（信奉国）、グローバリズムを受け入れてそれに沿った発展を目指すグローバリズム追随国、グローバリズムを是とせず異なる道を探すグローバリズム非追随国の3類型が作れます。この3類型に沿って見てみると、グローバリズム中核国は北米とヨーロッパ・日豪です。追随国は東南アジア、モディ政権下のインド、アフリカ、中南米です。ただ、アフリカは今非常に悩ましい状況で、中国の近代化スピードを見習う動きもあります。中南米も科学技術や金融の面では少し違う部分があります。非追随国は中国・ロシアとイスラム圏です。ただし、イスラム圏の中にも湾岸諸国など、資本主義に関しては追随国である国々もあります。

　これらの国々を、グローバリズムからの距離をイメージしたものに整理してみると、今の衝突はグローバリズム中核国や追随国と、非追随国の間に起こっていると見ることができます。東シナ海や香港、南シナ海はもちろん、ウクライナやシリアもこうした辺境の部分であると見れば、衝突が起こっている場所の共通点が見えてきます。

日本の立ち位置と日本で考えるべきリベラルアーツ

　こうした3つの規範について、欧米はこうした規範を形作ってきた大本ですから、それが揺らぐということについて危機感を覚えています。一方、日本はつい 150 年ほど前までは別の価値観を持っており、その後に3規範を学んでいきました。つまり、日本はこれらの規範の揺らぎを客観的に再考しやすい立ち位置にいる、もっと言うとそういう立ち位置にある国は日

ヨーロッパの年表

市場原理（資本主義）		科学技術		民主主義		その他	
				BC 5C	アテネ民主政全盛		
1241	ハンザ同盟	1543	コペルニクス「天体の回転について」	BC509-BC27	ローマ共和政	1338-1453	英仏百年戦争
13C 中	英・自営農民(ヨーマン)の設立	1561-1626	フランシス・ベーコン	1215	マグナカルタ	1492	コロンブスアメリカ大陸発見
1415頃	英・地代の金納化一般化		第一次科学革命			1498	ヴァスコダガマ、インドに航路発見
						14-16C	ルネサンス
		1633	ガリレオ 異端審問所審査	1649	英・チャールズ1世処刑	1517	ルターの170条
1600	英・東インド会社設立	1637	デカルト「方法序説」		クロムウェル共和制	1532	インカ帝国発見
1665	仏コルベール財務官	1687	ニュートン「プリンキピア」	1651	ホッブズ「リヴァイアサン」	1534	イエズス会成立
1694	イングランド銀行 設立			1660	英・王制復古	1541	カルヴァンの宗教改革
				1689	ロック「市民政府論」	1564-1616	シェイクスピア
		18C 後半	英・産業革命				
1759	アダム・スミス「道徳感情論」	1735	ジョン・ケイの飛び杼	1730年代	フランス啓蒙思想全盛(ヴォルテール・ルソー)	1724-1804	カント
1776	アダム・スミス「国富論」	1764	ジェニー紡績機	1762	ルソー「社会契約論」		
1798	マルサス「人口論」	1765	ワットの蒸気機関	1776	米国独立宣言		
		1751-1775	仏・百科全書編集	1778	フランス革命		
1772-1823	リカード	1785	カートライト力織機				
1825	英・商業恐慌	1793	ホイットニーの綿繰機				
		1794	エコール・ポリテクニーク設立				
1846	英・穀物法廃止(自由貿易へ)						
1848	ミル「経済学原理」	19C					
1857	英・商業恐慌	1840年代	「科学者」の誕生	1830-1835	トクヴィル「アメリカのデモクラシー」	1840-1842	アヘン戦争
1875	英・スエズ運河株式買収	1859	ダーウィン「種の起源」	1863	米・リンカーン 奴隷解放宣言		
		1869	ネイチャー創刊 第二次科学革命	1871	英・労働組合法		
		1877	エディソン「蓄音機発明」			1884	アフリカ分割のベルリン会議
1890頃	20C 末 米・フロンティアの消滅	1880	サイエンス創刊				
1910	反トラスト法によるスタンダード石油解散命令	1901	ノーベル賞開始	1919-1933	独・ワイマール共和政	1914-1918	第一次大戦
1914	パナマ運河開通	1905	アインシュタイン「特殊相対性理論」	1930	オルテガ「大衆の反逆」	1920	国際連盟発足
1929	世界恐慌	1925	量子力学の成立	1933	独・ナチス政権誕生		
		1945	ブッシュ「科学 果てしなきフロンティア」	1949	中華人民共和国(中国)建国	1939-1945	第二次大戦
1951	ヨーロッパ石炭鉄鋼共同体条約(ECSC)調印	1949	マートン「社会理論と社会構造」			1945	国際連合発足
1967	ケネディラウンド妥結	1955	ラッセル アインシュタイン宣言			1949	NATO調印
1971	米・金ドル交換の停止(ドル・ショック)	1962	クーン「科学革命の構造」	1960	アフリカ独立ブーム	1968	パリ5月危機
1973	第一次オイルショック	1969	アポロ11号月面着陸	1978	中国改革開放政策	1972	ニクソン中国訪問
		1975	アシロマ会議			1990	統一ドイツ
		1999	ブダペスト宣言	1993	EU条約(マーストリヒト条約)発効	1991	ソ連邦消滅
2002	中国WTO加盟	2003	ヒトゲノムの解読			2001	米・同時多発テロ
2008	リーマンショック	2006頃	ディープラーニングによる第3次人工知能ブーム開始				

本ぐらいしかない。そうしてみると、これら3つの規範の過去・現在・未来について考え、どこを生かしてどこを修正・改良していくのかということを考えることが現代の日本におけるリベラルアーツとして非常に重要なのではないかと考えています。

3規範の関係と日本での受容を大まかに理解する

　私はアカデミズムの出身ではないので、厳密な議論はできませんが、ざっくりと3規範の関連性及びキリスト教について見ておきます。キリスト

教はもちろん、現在は信教の自由がグローバルな規範ですが、ヨーロッパ
に育った3規範とは密接な関係があります。

　中世の封建共同体は一般に税を納める形が賦役→貢租→金納という進化
をします。金納が認められる、ということは貯金ができるということであ
り、例えば農業に従事しなくても農機具を作る専業の人が生活できるよう
になります。マニュファクチャラーズです。

　この時プロテスタンティズムが資本の蓄積を是とする考え方に大きな影
響があった、というのはマックス・ウェーバーが指摘している通りです。
共同体の締め付けが緩くなれば、自由民が出てきて、都市で「市民」が形
成されます。マニュファクチャラーズから発展した産業資本家もこの中の
一員です。市民は最初、絶対王権と組んで封建領主に対抗しますが、やが
てフランスでは市民革命（フランス革命）が起こります。民主主義はヨー
ロッパでは紆余曲折をとりますが、アメリカで開花しヨーロッパはそれを
逆輸入する形として規範になっていきます。市場の原理については18世
紀には研究されはじめましたが、それに伴い自由な市民が利潤を追うこと
が正当な行為として考えられるようになっていきました。

　16-7世紀の第1次科学革命はもちろんキリスト教支配の中世からの脱
却に寄与しましたが、逆に「科学」は利益の追求ではなく、「神のみわざ
を知る」ために成立したという経緯もあり、キリスト教と関係が深いもの
です。事実、コペルニクスは修道士でしたし、ニュートンは熱心なキリス
ト教徒で自らを自然神学者と称していました（火薬など四大発明をした中国
は利益や効用を求める技術革新をしましたが、ついにその法則性を探究する「科
学」には至りませんでした）。市場原理や資本主義の発展と関係の深い産業
革命は「科学」の恩恵というよりは「技術」の恩恵によるものです。まず
「技術」が市民階級の勃興とともに知識として認められ、その後に元来、
王や貴族がパトロンであった「科学」にも市民が参加し、科学者が職業と
して成立する19世紀の第2次科学革命に至った、と考えられます。

　このように3規範は18世紀の終わり頃から19世紀の前半にかけて徐々
に「世界はこのルールで動いているのだ」という錦の御旗になっていきま
した。日本が明治維新を迎えたのはまさにこの直後であって、これらが規
範であるということを欧米の動きから察知し民主主義には時間がかかった

ものの、3規範の方向へ日本を運営しようと努力が続けられてきた、という歴史を持っています。明治維新の前後にこの3規範に日本人が向かい合ったように、国際情勢の変化を肌で感じながら再びこの3規範の来し方、行く末をこの一連の講義で考え、議論していただけたら、と思います。

ii　如何にして科学技術知識を経済的価値創造に活かすか
——近代的社会規範の再構成を求めて

黒田昌裕

黒田昌裕（慶應義塾大学名誉教授・政策研究大学院大学 SciREX センター顧問・JST.CRDS 特任フェロー）
1941 年生まれ。1964 年 慶應義塾大学経済学部卒。1969 年 同大学大学院商学研究科博士課程満期取得、1982 年 同大学商学部教授、1991 年 同大学産業研究所所長、2001 年 同大学常任理事。2005 年 内閣府経済社会研究所所長、2008-2012 年東北公益文科大学学長、2014 年より政策大学院大学客員教授、2020 年より同大学 SciREX センター顧問、現職。主な著書に『実証経済学入門』（日本評論社、1984 年）、『一般均衡の数量分析』（岩波書店、1989 年）、『日本経済の一般均衡分析』（筑摩書房、1974 年）、『入門経済学』（共著、東洋経済新報社、2001 年）。1983 年 慶應義塾大学福澤賞、2002 年 日本統計学会賞、2016 年 瑞宝中綬章を授章。

規範の揺らぎに関する捉え方

　藤山さんからいただいた規範の揺らぎについて、いくつか問題設定をしてみたいと思います。まずは「近代科学・近代社会の揺らぎの本質はどこにあるのか?」ということです。西欧以外の考えが西欧の規範に対して揺らぎを与えているのか、あるいは西欧の中から揺らぎが起こってきたのか、それとも西欧の規範がグローバル社会を律することができなくなったことを揺らぎというのか。実際は、これらの要素が混在して、揺らぎを起こしているのかもしれません。また、藤山さんは、日本は西欧以外で初めて西欧の規範を取り入れた国だとおっしゃっていました。ただ、明治維新以降、日本が西欧規範を受け入れ、それが日本に、本当に定着したのかは考えておく必要があるように思います。実際にそれが根付いたのは、戦後70年間なのではないか、という感じもしております。

科学はどう変わってきたのか

　科学は変わってきたのか、ということを考える際に1981年にノーベル賞を受賞された福井謙一先生の言が参考になります。「科学の研究における善、そして、もしあるとすれば悪の区別をもっともよく見分けるのが、科学の先端的な領域に働く研究者として優れた人たちなのです」(1981年ノーベル化学賞受賞式「ノーベルスピーチ」)、「"野放しのサイエンス"は翳るべき宿命にある」(福井謙一『学問の創造』)と、社会にとって役に立つ研究をすることが必要だとおっしゃっています。同じようなことを1973年に物理学者ワインバーグが、「トランスサイエンス」という言葉で言っています。それは、"費用がかかりすぎる、複雑過ぎて合理的な答えを見つけることができない、倫理・美的判断を含む"、といった問題は、今のサイエンスの方法、現代にあるひとつの科学だけでは答えることができない、ということを言っているのだと思います。また、後の吉川先生の話とも関係しますが、科学政策を進める上では科学者と政策担当者との協働の必要性、社会と科学、特に最先端科学(情報科学・生命科学)と社会との

Alvin M. Weinberg
" Science and Trans-Science" 1973

科学・技術と社会の係わり合いの中で生ずる多くの課題が科学に解決を求めて回答を求めることはできるが、しかし科学によってのみでは答えを見いだすことができない。こうした課題に対して、トランス・サイエンスな課題という言葉で表現することを提案する。(Many of the issues which arise in the course of the interaction between science,or technology and society hang on the answers to questions which can be asked of science and yet which cannot be answered by science. I propose the term trans-scientific for these questions.)

"Transcend science"の３つの場合：

①科学で答えを出すには費用がかかりすぎる問題：Science is inadequate simply because to get answers would be impractically expensive.

②課題が複雑すぎて、科学的な方法では合理的な答えを見つけることができない場合：Science is inadequate because the subject-matter is too variable to allow rationalization according to the strict scientific cannons established within the natural science.

③課題それ自体が倫理や美的な判断を含んでいる場合：Science is inadequate simply because the issues, themselves involve moral and aesthetic judgements.

複雑な関係性などの問題をどう考えるかというのも重要な課題だと思います。

世界はどう変わってきたのか

　これまでの規範を支えてきた国、EU やアメリカ、日本・アジアで様々な問題が起こってきています。その問題のそれぞれは、西洋流の規範が各国に押し付けられたことによってだけ起こっているものではなく、西欧諸国内部でも、各国が創り上げてきた規範に対してある種の疑問が起こってきているということでもあります。その原因のひとつとして大きいのが人口構造の変化です。先進諸国の少子高齢化が進み、発展途上国の人口爆発が起こっています。一方で、科学技術、特に情報技術が進むと、即座に同じ情報が広く伝搬されるようになってきましたが、その情報を受け入れ、判断する価値観は、その地域、民族、そして、その社会制度によって異なります。したがって、それによって生ずるコンフリクトはかえって起こりやすくなっているのではないかと思います。これは、世界各地で生じているポピュリズムの問題にもつながるように思えます。こうした問題が起こったときに、今まで社会を律してきた規範が侵されるとすれば、どうした

歴史的視点を踏まえて、今、世界で起こっていることを考えてみる。

現代社会の規範の揺らぎとは？
科学技術に何が期待できるのか？

21世紀のグローバル社会において、解決すべき課題は何か？
　・人口構造の変化：先進諸国の少子高齢化と発展途上国の人口爆発
　・情報科学技術の進化と情報の即時的同期化がもたらす、認識ギャップの顕在化
　・ポピュリズムの拡大・保護主義傾向・国際関係の不安定化
　1.　成長力の低下：グローバル化による跛行性と有効需要不足
　　　・所得の不平等化：先進国と発展途上国との所得格差の拡大
　　　　　　　　　　　　各国内での所得格差の拡大
　　　・情報技術の更なる深化がもたらす：人間vs.機械の摩擦
　　　・所得格差を助長する市場経済のメカニズム：グローバル化と跛行的経済化
　2.　21世紀科学技術の価値創造力：如何にして、市場価値増殖に結び付けるか？
　　　・知識ベースのオープン・イノベーションとは？
　　　　「新しい分業構造(Platform)の構築」：縦割り構造の弊害打破
　　　　「新しい価値の創成(Shared Value & Sharing Value)」
　　　・「平等」と「自由」の両立がもたらす民主社会の再構築
　　　　21世紀の新しい科学パラダイムに適合した「ELSI(Ethical, Legal, and
　　　　Social Issues)」の構築と人材育成プログラム
近代発展を支えてきた「近代の社会規範」（民主主義・市場原理・合理的科学の
理念）の揺らぎをどのように理解し、新しい規範をどこに求めるべきか？

ら良いのかを考える必要があると思います。

日本における規範の受容

　私は慶應大学出身なので福沢諭吉をよく引用します。福沢は、『文明論之概略』で文明開化を考えるとき、文明を物質文明と精神文明に分けて考えています。物質文明は日本も 30-40 年で西洋に追いつくかもしれない、しかし、西洋が持っている精神文明というのはそう簡単に真似できない、と述べています。また、福沢はアダム・スミスの『道徳感情論』『国富論』をよく読んでいまして、公智・公徳ということを言っています。智徳には私のものである私智・私徳と公のものである公智・公徳とがあり、私智や私徳を公智や公徳にどうやって結びつけるかということを、語っています。私智・私徳を公智・公徳に高めるのが、市場の競争原理であるが、しかし、それは私利・私欲だけを求める、自由放任の市場では、うまくいくわけはない、ということを、スミスが述べていると考えています。

アダム・スミスの市場原理の理解とイギリスの歴史

　アダム・スミスの市場原理は経済学の世界でも誤解されているように思います。アダム・スミスは、市場は自由放任、レッセフェールで良いとは言っていません。人間の本性には自身の利益を追求する利己主義と、社会の調和を考える他己主義がある。そのふたつが調和したときに市場がうまくいく、ということを主張しているわけです。スミスの主張はイギリスの歴史とも、結びついていると言えます。イギリスは歴史の中で個人の独立、民衆の自由と平等、寛容を苦闘してバランスさせて社会を創ってきました。そうした苦闘の中で、上で申し上げた、私智を公智に変えるようなメカニズムをどうすれば創れるかを考えてきたのがイギリスであるとして、福沢は、文明開化を語るときにはそうした苦闘の重みを理解し、日本の状況を考えていたように思えます。

イギリス立憲制、フランス共和制、アメリカンデモクラシーの共通点

　先ほど申し上げたように、イギリスで自由と建国の精神が実現された背景にはいろいろな苦闘がありました。領主または国王と民衆の間の争いがあり、1200年代はじめに、すでにマグナカルタが制定され、君主と民衆との間で、拮抗した力関係の状態が生まれてきていました。領主が税金を決めて、民衆を納得させ、貴族もまた、税金を払うという慣習が生れてきました。その結果、自由・平等・富の三条件が重要だと言われ、それを実現しようとする社会制度をもとめてきました。それがイギリスで、できた規範の根底にあります。これを科学技術や科学的合理性を持った判断基準が後押ししました。アダム・スミスの市場経済理論も何となく生まれてきたものではなく、人の本性を科学的に考えたらどうなるか？という問いから生まれています。規範を実現することに科学が貢献しています。一方、フランスはイギリスと異なり、貴族は税金を納めなかった。貴族は王に命令されて国民から税を集めることが役割でした。これが王・貴族と大衆間の緊張を生み、絶対王政を潰すような革命が起こりました。しかし、ナポレオン以降は、君主制と共和制を繰り返してきています。このように、歴史は異なりますが、イギリスもフランスも自由・平等な世界を実現しようとし、そのために豊かさをもとめました。豊かさをもとめるためには経済

成長が必要でした。経済成長を手段として、豊かさを実現して、平等と自由を保持するというのが、西欧における規範の発想の基なのだと思います。

　アメリカについては、トクヴィルが『アメリカンデモクラシー』という本を書いています。メイフラワー号でアメリカに行った人々は、自由を確保するために、新天地を求めて、移住しました。そこでの関心は、「どうやって自由と平等を維持するか？」であり、その解として成立したのが、連邦制による共同社会、市民の声を吸い上げる民主主義だったと言います。トクヴィルは、平等が崩れるとポピュリズムが生まれると警告しました。民主主義はポピュリズムによって壊されうるし、ポピュリズムは平等が崩れたときに生まれる、と、当時のアメリカを観察して、その本の中で述べています。

　こうしてみると、イギリス・フランス・アメリカ、それぞれが形は違いますが、自由・平等・豊かさという３つの規範の実現を模索しようとしてきた、ということが言えると思います。

市場原理の目的化、供給の拡大、サスティナビリティ

　18 世紀を通じて、市場原理は手段から目的へと変化していきました。経済成長が豊かさを追求するための手段ではなく、徐々に目的に変わっていくわけです。20 世紀には成長が目的になり、それが科学技術の進歩とあいまって、市場が拡大されました。すると供給過多が起こります。供給過多に陥ると需要を創らざるをえない、それが 20 世紀の何回かの戦争に、つながった、というより、それに頼らざるをえなくなった。先進諸国を見ると、供給が過多で有効需要が足りません。どうやって需要を創ろうかと考えたときに、それが先進国と途上国の間、また途上国内での格差を拡大させるように働く。こうして歴史的流れの中で、経済成長が手段から目的に変化してきたことが、現代社会での地球規模の発展の格差や民族間の格差を生みだしてしまった。21 世紀になって、今、こうした経済社会構造からの転換が、CSV や SDGs に求められているのだと考えています。

技術のインタンジブル化

　時間がなくなってきたので、戦後の歴史の部分は割愛します。ひとつ付

け加えておきたいのは、今の技術が過去の技術と異なる部分です。生産構造、つまりインプットとアウトプットの構造は、その時代の技術構造を反映します。この技術構造を変えるためには、投資しなければなりません。これまでの投資は、機械・設備などへの投資であり、有形固定資本のタンジブルなものが中心でした。しかし、21世紀に入って、モノからコトへの変化という話がありますが、まさにこの投資の対象が、インタンジブルな無形固定資本へと大きくそのウエイトを移しています。例えば情報・システムやデータベース、特許、研究開発への投資がそれに当たります。これまでは、インタンジブルなものへの投資は投資でなく、消費だと考えられ、切り捨てられていた。これからは、投資はタンジブルなものに加えてインタンジブルなもの両方が合わさり、それが産業構造を変えていくことになると思います。このバランスをどうするかというのは重要です。GAFAと言われる世界をリードする企業の投資は、圧倒的に無形資本投資のウエイトが大きく、それが、Global Value Chainを変化させています。

技術の構造変化と規範の揺らぎ

　このように、投資行動、技術状態が明らかに変わってくると、経済成長を求めるための科学技術そのものの効率を追求しようとする行動が、投資形態を変化させて、所得格差、また所得不平等を生む動きにつながるようになってきます。科学技術の構造が変わってきているのに対してそれをうまく操作する形が確立されていないことが結果的に規範の揺るぎをもたらしている、それが、各種の格差を拡大させて、社会全体の不調和をもたらしている、これが現代の規範の揺らぎに結び付いているということなのだろうと思います。

iii　グローバリズムの揺らぎと科学技術

吉川弘之

吉川弘之（東京国際工科専門職大学学長）
1933 年生まれ。東京大学教授、同総長、放送大学長、
産業技術総合研究所理事長、科学技術振興機構研究開発
戦略センター長を経て、現職。その間、日本学術会議会
長、日本学術振興会会長、国際科学会議（ICSU）会長、
国際生産加工アカデミー（CIRP）会長などを務める。
工学博士。一般設計学、構成の一般理論を研究。主な著
書に『本格研究』（東京大学出版会、2009）、『科学者の
新しい役割』（岩波書店、2002）、『テクノグローブ』（工
業調査会、1993）、『テクノロジーと教育のゆくえ』（岩
波書店、2001）、『ロボットと人間』（日本放送出版協会、
1985）、「一般デザイン学」（岩波書店、2020）などがあ
る。

揺らぎと安定

　科学における「揺らぎ」とは一体何なのかを考えてみたいと思います。今黒田先生から話のあったイギリス人は「保守主義は変わるってことなんだよ」「昨日と今日、今日と明日は違うんだ」ということを気軽に言います。いつも変わっている、揺らぎがある、それがゆえに安定している、こういうことです。でも、それを繰り返しながら何年、何十年かすると理想に近づいていっている。進化というのは非常に重要だと思います。科学哲学者のカール・ポパーは社会主義革命というのを嫌って全面否定しました。理由は、揺らぎがなく、固定するから。説明する際に彼は工学の例をあげました。職人が金塊をたたいて金箔を作っていく時にはたたき方の規則や理想的な決まった作り方はなく、その場その場で考えながら立派な金箔ができる。社会主義革命は反対に全部が設計され固定されている、そこが違う、ということを論じました。私は今日ここにいる中で一番長生きしていると思いますが、戦後の記憶といえば安定しているという記憶しかない。安定しているけど、仕組みがわからない。いつか崩壊するんじゃないかという気がしています。

科学とテロ

　この崩壊を感じさせる出来事の一つにテロがあります。IS などが出てきて非常にショックを受けました。最近論文でテロがどこから出てきたか、の考察がありましたが、一因として気候変動があると。気候変動で作物がとれなくなり、極端に貧困な地域が生じ、そこに住む人々が政治的理由で吸収されて巨大な組織になった。因果が正しいかどうかはわかりませんが、統計的には相関があると。そうすると、科学もテロが起こったことに対して責任があることになります。これをどう扱うか。やや抽象的なことを考えるのですが、科学と社会の距離が離れていってしまっていることを感じます。

揺らぎ

揺らぎについて。戦後の安定的推移は不思議。進化論
的には変化・揺らぎが必要。しかし保守主義的揺らぎがな
かったために、（革命のような）大崩壊の可能性が高まっ
ている。テロはその一つ。この原因が気候変動による難
民だとすれば、科学技術の責任は大きい。科学の観点か
らこの問題を考えてみる。

科学と社会の距離・対話

　科学はもともと宗教・社会と近かったわけですが、ある時にアカデミー
というものを作り、宗教権力の影響を受けないようにした。その結果、科
学と社会が遠いことが問題になっています。環境に関する科学と社会の対
話は 1972 年から開かれています。1972 年に研究者が研究をして温暖化が
起こるぞ、と社会に対して警鐘を鳴らしました。でも最初は科学者が言っ
ているだけで社会側は聞いていなかった。その後も何百という論文が出て、
1985 年の Villach 会議につながります。この会議は非常に面白くて、政治
家と研究者が一緒になって温暖化の議論をしました。それがまた何回も往
復していって、Rio Summit で政治の土台に乗るようになり、1999 年のブ
タペスト宣言につながります。そこで Science in Society and Science
for Society や、Use of Science といった話が出てきます。もともと科学
は新しい法則を発見する、社会がそれをどう使おうと勝手、というスタン
スから科学者がその使い道にも責任を負う、と変わっていきました。これ
は科学者にとって大きな変化です。今の SDGs にもつながりますが、科
学をどう使うか？ということが議論されるようになりました。

　科学者は法則を発見することだけをやってきました。SDGs のような目

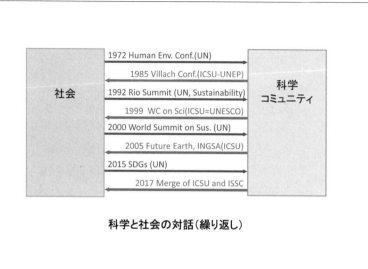

科学と社会の対話（繰り返し）

標も、科学者が面倒を見る類のものではなかった。それが大きく変わった
わけです。

知性人としての人類、工作人としての人類

　科学は人間の好奇心に沿って、と言いますが、こうすると人間の好奇心
というものを捉えなおす必要があるのではないかと思います。人類の学名
には2つあります。一つはリンネが名付けた「ホモ・サピエンス」、知性
人、理性を利用する者という意味で科学体系を作る人間を定義している。
もう一つは「ホモ・ファーベル」、工作人という意味で、自己および環境
に働きかけて進化を耐えうる生き物だという意味です。大昔からあった言
葉なんですが最近ベルクソンなどが定義しました。あらゆる生物は環境に
適応しますが、人間だけは環境を自分で作り変えることができる。それを
はっきり言ったのがベルクソンです。工作も知性も人間を表しているとい
うことを考えればそれが合わさるとはどういうことなのか？を考えないと
いけない。工作人は何を、どのように作るか？ということを考えます。一
方、知性人はどういうふうに考えるかということは重視してきたけれども、
何を考えるかということを考えてきたかどうか。ノーベル賞を取った科学

逆像による研究課題の発見

科学が進化する環境（枠組み）　⟹　その逆像（新しい形の進化へ！）

知的好奇心（未知のものの理解）　→	知的好奇心（未知のものの工作）
領域科学（学科・専門学会）　→	無領域科学（多領域学会（例・人工物工学））
分析の学＝科学(homo sapiens)　→	分析の逆の学＝デザイン学(homo faber)
研究方法の画一的論理（科学者の自治）　→	方法の多様化（科学者＋科学批評家(critique)）
社会への還元＝論文　→	社会への還元＝行動への中立助言
支給者の計画に基づく研究費支給　→	研究者の計画による研究費支給（学振・未来開拓事業）
産業＝技術的集積　→	産業＝人が工場を呼ぶ(Bjorke1975→3Dprint)
専門家医療＝医者　→	医療＝自己治療（教育）

研究方法　　社会還元　　研究費制度　　評価

者は「好奇心が大事だ。それが何に役立つかを考えることはするべきでない。」と言います。進化の過程ではそれは大事です。しかし、あまりにそちらを重視しすぎたのではないか、という気がします。

科学の特徴と、その逆像

　科学のもう一つの特徴として、科学が領域化されているということがあります。領域があるから研究できるし、領域があって一定のルールがあれば科学者には自治が与えられます。一方で、重大な変化が起こるのだとすればそれはこの枠組みの逆、逆像による研究課題の発見を考えることによって生まれるのではないか。未知のものの理解ではなく、今までなかったものを作る、これほど大きな知的好奇心はないとすれば、それも良い研究動機になる。領域もなくし、分析の逆でデザインを考える。法則に則るのでなく先鋭的なルールを作る。すると批評家が生まれる。こうやって新しい科学は生まれるのではないか、と考えています。

社会と科学の革命、進化

　最初に言ったように、私は「揺らぎ」の一環としての革命が起こる予感

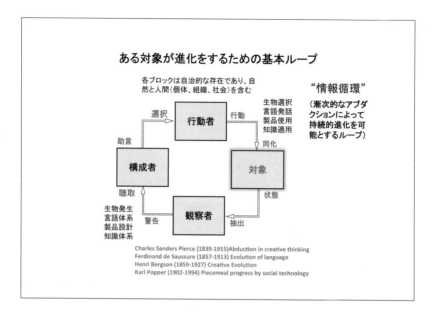

がしているのですが、社会の革命だけでなく同時に科学にも革命が起こっているのではないか、と感じています。実績を積むだけでなく、大きい科学の変化はどのようにして起こるのか。それは従来のやり方ではできません。進化するためには一定のルートがあり、ある対象を観察し、それを変える方向を研究し、それを提案して行動し、行動の結果が社会に同化されてきてその様子をまた見る、といった過程を経ます。生物も言語も同じで、同様の過程を経て進化してきています。これは私だけが言っているわけではなくて、ソシュールは言語について、ベルクソンはクリエティブについて、そしてパースは科学について同様のことを言っています。こういったことをいろいろな人とやらないといけないと思っています。

成功例としての地球温暖化

　なぜこういうことを言うかというと、地球温暖化の問題提起においてそれが成功しているのではないかと思うからです。温暖化は19世紀にジョゼフ・フーリエが温室効果を提唱し、20世紀初期になると温暖化の科学的仕組みについてもわかってきた。最初は温暖化のプラスの部分が議論されましたが、1970年代になるとそれが深刻だということが言われるよう

SDGs の実現：科学者の役割

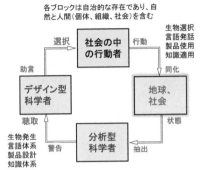

各ブロックは自治的な存在であり、自然と人間（個体、組織、社会）を含む

科学者・研究者は、SDGsを提示された研究課題と捉えるのでなく、SDGsが地球、社会、人々の状況を表す眼前に現れた現実であることを認識し、社会の中の科学者として、地球、社会、人々の現実を感受する中で好奇心を持たなければならない。

政策の成功：地球温暖化理解の世界的進化

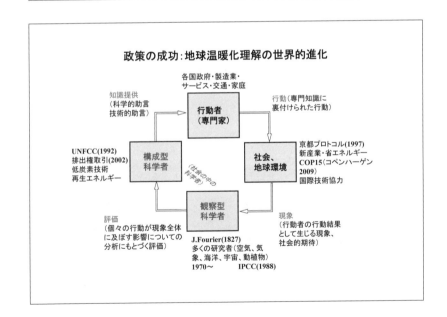

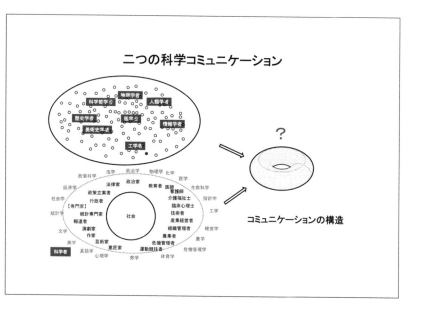

になってきました。そこからどうしようかという話になり、再生エネルギーや低炭素技術、排出権取引といった技術を開発したり、国連で国際ルールを決めたり、それをいろいろな人に伝えたりした。G8サミットでも数回取り上げられています。枠組みは決まってきたけど、まだそれでもうまくいかないということで図のループをぐるぐる何遍も回り、パリ協定を結んで今に至っています。これこそが人類がやる知的生産なのではないか、社会・人々と一緒に批判や意見を聞きながら科学を進めるとはこういうことなんじゃないか。もちろんバリアはたくさんありますが、やることたくさんあるぞといってどんどんやる。一方で、日本の政策決定における科学的助言はこのような構造にはなっていない。これを科学者だけでなく、一般の方々も含めてどう構造化していくか、というのは科学者が取り組むべき大きな仕事だと思っています。

＊＊＊

Q&A　講義後の質疑応答

Q．規範は統一されるのか？

　現在の規範が揺らいでいるというお話がありましたが、規範といっても心からそれを規範だと信奉している国のGDPは世界全体の5割程度かという分析もありました。仕方なしに規範として受け入れている国も多いということだと思います。5割程度の確信であればその規範が揺れるのは当然で、逆にこの先に人類全部が共有できるような規範が作られていく、統合されていくというようなことは起きうるのでしょうか？

A．（吉川）

　正面から答えているかはわかりませんが、規範というものを誰が作りどう生まれてくるかを考えなければいけないと思います。従来の科学者は規範を自分の中で作ろうとします。例えば社会主義というのはかつて規範を目指した考え方ですが、これは科学者が一つの理論体系として作ってきたものです。ただ、世界を覆う規範は、科学者のあるべき論で規範が作られるのはなく世界中で現場の人を含めて、いろいろな試みをしながら、作られていくということなんだと思います。この揺らぎをどう解決するかが統合ができるかどうかと関係があるのでしょう。

A．（黒田）

　私も規範が最初からあり、それが社会を動かしたということではないと思います。社会の豊かさや自由と平等を実現するためにどうすれば良いかというのを各国が試行錯誤して、結果的に科学技術や市場原理、民主主義という規範が何となく成立し、それぞれバランスを取ってきたということ

です。しかし、それぞれの規範、例えば科学技術がすごく進歩した結果、社会と科学技術の関係性が少しずつ変わってきた。そうすると今までの規範ではうまくいかず、科学技術だけじゃなく政治のあり方のようなものも見直さなければいけなくなってきているというのが揺らぎの背景にあるのだと思います。

A.（藤山）

本論で申し上げたように欧州や米国を中心として出来上がってきた民主主義、市場原理、科学技術という3規範はもちろんそれ自体として信ずるに値するということで広まってきたわけですが、同時に経済力や軍事力といった力を背景としてデファクトスタンダードとして共有された、という側面があります。また、現在の規範の揺らぎは規範それ自体に持っている内在的な矛盾が露わになってきた、という部分もありますし　中国が近年、経済力をつけ世界に存在感を示すことによって公然とこれらの規範や規範の行使のされ方に疑問を呈していることも原因と考えられます。中国はご承知のように西側民主主義はすべての国に有効な方法とは言えないと言っていますし、市場原理や科学技術も神聖なものではなく手段として使っていく、という立場だと思います。現在の規範の揺れが3規範の修正によって収まっていくのか、全く新たな考え方が必要なのか、そのあたりを考えるのが今回の講座の目的でもあります。

Q.　規範と日本

規範の揺らぎに対して日本はどのような立場をとるべきなのでしょうか。

A.（藤山）

民主主義、市場原理、科学技術という国際規範は19世紀前半に欧州・米国で成立した、と考えられます。

日本は19世紀後半には3規範に対しても規範として身に付けよう、と凄まじい努力を始めます。民主主義についても国内で自生的に希求する運動が起こりました。これは欧米以外の国家では例外的に早い時期のことだったと思います。

ここで注意しなくてはいけないのは、欧米以外のかなり異質な価値観を持っていた世界の大多数の国では規範を強要されることはアイデンティティを脅かされる苦しさがあるということです。日本は今でこそ３規範を当然と考えている人が多いわけですが、その道程においてはこの苦しさを十分に味わってきた国です。

このように日本は３規範を学んで自分のものにした国でもあり、３規範と在来価値観との間の苦しみも知っているという特異な立ち位置だと思います。個人的意見としては３規範そのものの重要性は守りつつも、国際的運用に関しては異質な文化を持っている国々が受け入れやすいような修正や新提案をしていくことが、世界史的に与えられた役割ではないか、と考えています。

A.（黒田）

もともと、世界の各国がそれぞれの中で固有の歴史と風土から（ローカル）規範を持っているはずです。国の間で起こる（ローカル）規範同士のぶつかり合いがどう収束していくかは歴史が解決するしかありませんが、日本という国の中で重要な規範は何なのか、日本が作りたい社会は何なのかということを根本的に考える時期に来ていると思います。それなくして日本が拠って立つ規範は見えてこないのではないかと思います。

A.（吉川）

日本はローカルの力、ボトムアップの力が強い国だと思います。明治時代以降の日本ではトップダウンで国が西洋諸国から導入した規範を押し付けるということもありましたが、例えば江戸時代には庶民がいろいろな遊びや文化を作り出してきました。実験的に文化を生み出すということに慣れている人々なのだと思います。揺らいでいる規範のどれにつくか、という考え方ではなく規範の基になる文化を実験しながら生み出していくという考え方が重要なのだと思います。

「リベラルアーツ」を文系・理系の歴史から考える

隠岐さや香

隠岐さや香（名古屋大学大学院経済学研究科教授）
東京大学大学院総合文化研究科博士課程満期退学。博士（学術）。フランスの社会科学高等研究院（EHESS）留学後、日本学術振興会特別研究員（PD）、東京大学特任研究員、玉川大学 GCOE 研究員、広島大学大学院総合科学研究科准教授、のち現職。
著書に『文系と理系はなぜ分かれたのか』（星海社新書）、『科学アカデミーと「有用な科学」──フォントネルの夢からコンドルセのユートピアへ』（名古屋大学出版会・第 33 回サントリー学芸賞受賞）。共著に『「役に立たない」研究の未来』（柏書房）、『科学思想史』（勁草書房）などがある。

─ MEMO ──────────────

藤山知彦

　リベラルアーツという言葉の意味合いだけでも優に1コマを費やして議論する価値がある、ということは感じていました。

　隠岐先生は18世紀フランスの科学技術史が専門の気鋭の学者さんで、数年前に科学技術振興機構でお話ししていただいたときは18世紀のフランスの百科全書がテーマでした。百科全書成立時に巷にあった生産に関する技術も学問と同等に知識として初めて認定されて、その担い手である市民の勃興と関係がある、というお話で、明快な話しぶりが印象的でした。

　今回、隠岐先生はご自分の問題意識である「文系と理系」の問題を絡めて、リベラルアーツを解説してくださいました。時代ごとのリベラルアーツを見ていくことにより、現代に必要なリベラルアーツが見えてくるのではないか、という組み立てをしていただきました。

　講義にあるように、リベラルアーツとは、もともとは「自由人のための学芸」であって、政治を語り、戦争を決断し、芸術を論ずるギリシャ時代の（奴隷ではない）自由人の素養であったわけで、それが中世では神学部、法学部、医学部という専門課程に入る前の基礎教育という位置づけ（ここから教養課程という名称が出る）になります。してみると、ある集団にとって物事を判断するのに必要な前提というか常識というか、そういう意味が入っているわけです。ですから、その社会が変化していけば、リベラルアーツの中身も変化していくのは当然だと考えられます。ちなみに、現代日本でリベラルアーツを標榜する大学がいくつもありますが、その説明には「異文化を理解し受け入れる能力」「学問だけでなく人間性を磨きリーダーを創る」「専門知にとらわれず知を総合する」「実社会で豊かな人生を送るために必要」、などの言葉が使われています。

　リベラルアーツという言葉の多様性の由来が納得できた思いです。（2019・8・22講義）

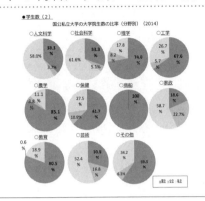

日本の特徴：文系・理系の溝を強化する制度構造

●学生数（2）
国公私立大学の大学院生数の比率（分野別）（2014）

・国立大学は**理、工、農、商船、教育分野**に学生が多い
→「近代国家建設」のための人材育成という起源
・私立大学は**人文、社会、家政、芸術分野**に学生が多い
・理工系の男性が国立大、人文系の女性が私立大に多い

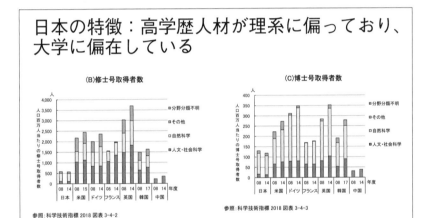

日本の特徴：高学歴人材が理系に偏っており、大学に偏在している

（B）修士号取得者数

参照：科学技術指標2018 図表3-4-2

（C）博士号取得者数

参照：科学技術指標2018 図表3-4-3

文系と理系

　日本で文系と理系の区別とその特殊性という話をよく聞きます。海外ではそんなことはないと言われますが、英語圏でも人文社会系と理工系、サイエンスとエンジニアリングの差はあります。分野同士の隔たりがある、というのはどこでもあると言えます。

　ただし、日本が特殊な点はいくつかあります。大学制度上、文理の差がつきやすい、修士号以上の学歴が理系に偏っているといった、構造的に文理の溝が維持・強化されやすい状況にあるのです。

こうした状況をどうするか、という議論ですが、まずはそうしたことを考える前段としてリベラルアーツとは何だったのか、ということに触れてみたいと思います。

リベラルアーツの歴史を論じる

リベラルアーツを真正面から論じようとすると議論が込み入ってしまいます。特に、するべき教育の話になってしまうと話が収斂しないことも多くありますので、今日は歴史の中で断片をいくつか切り取り、この時代にはこういうリベラルアーツがあった、ということをお話ししたいと思います。そうすることで今必要なリベラルアーツ、今必要な教養とは、といったことが議論しやすくなると考えています。リベラルアーツとは何か、という概念は時代ごとに積み上げられてきており、その果てに今があるわけです。

古代のリベラルアーツ

まずはじめに基本的なことですが、リベラルアーツ（ラテン語：ars liberalis）は自由学芸を指します。自由、つまり奴隷でない。奴隷でないということは、自分の財産を持ち、自分の体は自分に属していることを言います。古代ギリシアや古代ローマには基本的人権というような考え方はなかったので、同じ人の形をしていても、一定以上の条件を満たさなければ奴隷のように、我々が考える人間としての扱いを受けられない、とされていました。

こうした時代にキケロは「粗雑さのない聡明な談話」、つまり学識と弁論が両立していることが重要だと言いました。これは紀元前5〜6世紀頃のソフィストと哲学者どちらが良いのか、という論争を背景にしています。話すのだけが上手なソフィストと、真理を知ってはいるが引きこもりがちな哲学者の対立を乗り越えようとしたと考えられます。

中世ヨーロッパにおけるリベラルアーツ──合理性の追求

次に参照すべきは、中世です。中世でリベラルアーツの担い手となったのはキリスト教徒の大学関係者たちで、彼らは古代ギリシア・古代ローマ

古代世界におけるars liberalis

自由学芸（ars liberalis）…自由な精神を持つ（奴隷ではない）人間の学芸

キケロ（Cicero, 前106-43）

「ほかの人々は人間と呼ばれているが、ほんとうに人間であるのは人間性に固有の学術によって磨かれた人々だけである」［『キケロ―選集8』岩波書店、1999年、28頁］

- 人間に固有のもの…「粗雑さのない聡明な談話」
- 理想像「学識ある弁論家」（doctusorator）
- 叡智（哲学）者philospherと弁論者oratorの統合

キケロ（前106-43）

での議論を受け継いで独自のものにしていきました。古代ギリシア・ローマの人々はキリスト教徒ではありませんので、中世の大学人たちは全く違う文化を受け容れたことになります。当時の大学では神学部・法学部・医学部が重要で、リベラルアーツはそれらを学ぶために必要な基礎を得る下級学部として存在しました。

　西洋の学問を体系化したのは古代ギリシアのアリストテレスでしたので、西洋世界では彼の著作を読み解くことが中心に行われていました。大学の授業では講義とあわせて討論が行われ、アリストテレスのテキストなどを参照し、その内容の是非や解釈について、合理性を追求した議論を通じ、筋道の立った思考方法を教えられていました。

中世ヨーロッパにおけるリベラルアーツ——異なる権威の出合いと調停

　当初、12世紀頃に読まれていたアリストテレスのテキストは論理学など、思考法に関するものでした。加えて上級学部でキリスト教の聖典などが読まれており、両者は矛盾することなく並存していました。しかし、アリストテレスのテキストの翻訳が進み、自然学と倫理学、形而上学などが読まれるようになると、キリスト教義と衝突する主張が明らかになります。例えば、キリスト教では神が世界を創ると言いますが、アリストテレスは「宇宙は永遠だ」などと言います。教養を学ぶ場である学芸学部では読解

47

中世：文系・理系より前の教育

中世以来の大学組織（12 世紀〜18 世紀）
古典「購読」と「議論」　理学部、工学部はない

	神学部	法学部	医学部
上級（専門）学部	・聖職者 ・命題集	・弁護士 ・ローマ法大全	・医者（主に内科医） ・ヒポクラテス ・ガレノス

下級（学芸）学部

文法・修辞学・論理学および弁証術
算術・幾何学・音楽・天文学
（自由学芸 7 科）

> ギリシア・ローマ以来の自由学芸の伝統
> ＋
> キリスト教
>
> 12世紀以後は特にアリストテレス哲学（難解）の修得の場へ

中世の大学の授業形態とその特徴

古典的な大学の様子、ジェノヴァ、
1525年頃

- 「講義」…古典を読む、解説する
- 「討論」…正教授が討論すべき問題をかかげて、学生たちが賛成と反対の見解を述べた後に教授が裁定し、コメントする

- 合理性の追求
- 権威（「正典」）への追随

をしながら、こうした問題を考えていかなければならなくなりました。キリスト教の教義は自然の外にいる神が世界を創ると論じ、一方アリストテレスは神を巻き込まずに物事を論じました。しかし、ここで両者が対立してどちらかが追い出されたということにはならず、双方の折り合いをつける努力がなされました。こうした流れの中で、両者がうまく相互補完し合うような形でスコラ哲学が作られます。その代表がトマス・アクィナスの『神学大全』のようなテキストです。こうして中世時代に共有される学問体系が成立・安定していきました。

近代的精神と「自然的なもの」への視座（17世紀～）

- 宗教改革と懐疑主義（古代ギリシア）の復興→聖書とスコラ哲学の権威が失墜
  - 「私は懐疑のうちに投げ込まれた」（デカルト『省察』1641）

- 人間のバイアスを廃して世界の姿を捉えたい
  - 世界ってそもそも何？　人間／自然
  - 確実性（certainty）の探求 ex.数学と実験・観測

ガリレオの望遠鏡（ガリレオ博物館　フィレンツェ）
1609－1610年頃

近代的精神と「社会的なもの」への視座（17世紀～）

- 「私は懐疑のうちに投げ込まれた」（デカルト『省察』1641）
  - デカルトは数学的確実性を重視
    →他の問題に確実な答えはないのか？
    「良識」のよりどころは？（ガッサンディ、メルセンヌ）

- 神でも世俗の王でもないよりどころをもとに社会の秩序を構想したい
  - モラル（moral）と「理性的な人間」の行動
  - 蓋然性＝確からしさ（probability）の探求

ルソー　『社会契約論』
1762年初版

近代ヨーロッパにおける学問——挑戦と混乱、理性

　しかしその後、こうして作り上げられたスコラ哲学や大学の学問が挑戦を受ける事態が発生します。それはおおよそ2つの方向から起こりました。1つ目は、自然科学がスコラ哲学、特にアリストテレスの宇宙像に疑問を投げかけたことです。もう一つは、社会が変化しアリストテレスのみを手本にする考え方ではうまくいかなくなったことです。

　まず宗教改革が起きてキリスト教が2つに分裂し、その過程で懐疑主義が起こりました。そこで神がいないのではないかと考えたり、聖書や大学

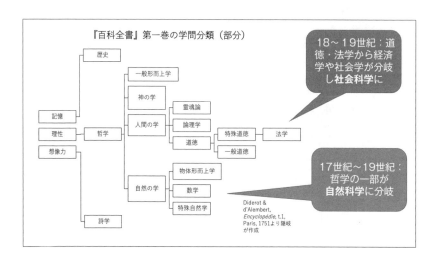

のスコラ哲学に対する不信感が生まれたりしました。

　こうした中でガリレオが望遠鏡を使って木星の衛星を発見したり、デカルトが疑いえないものを求めて『我思う、故に我あり』と考えたりするようになります。懐疑が渦巻く中で人間が見出した方向性の一つに、自然にフォーカスし、数学や実験、観測を用いて確実なものを追求するという、自然科学の基になるものがあります。それと同時に、道徳的なことについて、良識的、合理的、理性的な基準を作ろうという動きも出てきます。中世スコラ哲学の時代だとモラルの答えは聖書に基づいて存在しました。しかし、その権威が揺らいだため、理性的な人間の行動を中心にし、ある程度蓋然性を持った確からしい判断基準を探求しようとします。この流れから、確率論などの数学の話や、社会における人間の行動を考える社会科学が生まれます。神様でも王様でもない、別のよりどころとして理性的な人間を基にした探求が始まり、これまでの学問体系にはなかった経済学などの新しい学問分野が生まれました。社会科学・自然科学はこの頃分化しますが、人文科学の登場はもう少し先のことです。

せめぎ合いの歴史

　大学の歴史というのはせめぎ合いの歴史でした。教養として何を学ばせるか、については中世以降アリストテレス哲学かキリスト教かという争い

近代の諸学における違う方向性
神の視点を奪うか、神の秩序を作り替えるか

人間はバイアスの源泉だ
大量観測と一般化が大事
人間は世界の中心ではない
計量化し数式で記述するの
が容易な対象

人間は価値の源泉だ
個別性に意味がある
人間は主体的に生きて、世
界秩序を作り替える
自然言語で記述するのが容
易な対象

があり、ある程度落ち着きました。そうしたら今度は大学の外に発展した社会科学的なもの、自然科学的なものを、大学にどう取り入れるかが問題になりました。こうした議論を経て、新しいよりどころである近代的学問に関して2つの方向性が出てきました。人間はバイアスの源泉であるから大量観測と一般化が必要、という自然科学に通ずる方向性と、人間は価値の源泉であるから個別性に意味がある、とする人文社会科学に通ずる方向性です。この2つが文系・理系の区分につながっていきます。

近代のリベラルアーツ教育——大陸ヨーロッパ

ここからは、今のリベラルアーツ教育につながる教育課程がどう生じてきたのかをお話しできればと思います。リベラルアーツ教育は大人になるため、一人前になるための教育と言われますが、アメリカとヨーロッパとで異なる歴史的経緯があるというのは前提知識として持っていただけるとよいと思います。大陸、特にフランスは革命で大学が一度全部潰れて蘇っており、その過程で古いものが全部消えています。リベラルアーツは元々の大学学芸学部ではなく、中等教育をはじめとして他のところで教えられているというのがフランス（リセ）、ドイツ（ギムナジウム）の例です。19世紀のフランス中等教育では、昔の学芸学部のような教育が復活し、キケロの読解ふくめ、ラテン語が読み書きできるのが知性を鍛える上で重要な

> # 中等教育における教養教育の争点とその帰結（フランス）
>
> - 19世紀…自然科学重視のあと古典人文学教育の復権→1968年まで続く
> - 古典人文学教育…「理路整然と考え、上手に、はっきりした発音で話す」「学び方を学ぶ」
> - 後に古典語→フランス語（近代語・文学と哲学重視）に転換
>
> - 哲学の重視（例：バカロレア）
>   - 「時間から逃れることは可能か？」（文系、2019年）
>   - 「文化の多様性は人類の統合の障害になるか？」（理系、2019年）
>   - 「労働は人々を分断するか？」（経済社会系、2019年）

のだという思想が再度重視され、1960年代ぐらいまで引き継がれました。その過程ではいろいろな論争があり、19世紀のあいだ、実用主義 vs. 教養教育、百科全書的教養教育 vs. 修辞学、自然科学 vs. 人文学といった軸での対立が起こってもいました。学習内容自体は少しずつ現代のものに変わってきてはいますが、この延長線上に今のバカロレア入試があります。

アメリカの高等教育

　ヨーロッパの特徴を押さえた上でアメリカを見てみたいと思います。アメリカに最初に入植した人たちの多くは強烈な信仰心を持っており、まずは聖職者、指導者層を育成することが大事だと考え、各地に高等教育機関を作っていきました。土地を与えられ、開発しながら地元の有名大学になっていくといった流れも多く、そういった大学では専門家ではなく人格陶冶、ジェントルマンを育てるための教養教育が行われ、教養人で弁舌さわやかに人々を説得できる人材を育てました。

　その後、ある程度入植が進むと一部の大学がドイツ型の専門教育を取り入れ、研究大学を志向するようになります。また市場原理主義的な大学経営も取り入れられ、科目を選択制にして人気のあるものを増やすといったことを行いました。アメリカには特権階級がいないため、知識を持った専門家が政治家と結びついて権力を持つ、といったことも起こるようになり

ました。

近代のリベラルアーツ教育──アメリカ

　こうした高等教育の状況を背景に、リベラルアーツ教育は２つの方向で発展します。１つ目は専門分化・市場原理主義に対応した動きです。大学の専門分化が進んだ結果、一般的な教養を教えられる人が不足するようになりました。また、競争原理を導入した結果、学生が楽な講義をとったり、知識が偏ったりするようになりました。そのため一般的な教育を整える必要が出てきました。もうひとつは、研究大学にならなかった小規模大学が独自性を出そうとして少人数でいろいろなことを学べる教育を行うようになりました。これがリベラルアーツカレッジとして知られるようになります。リベラルアーツカレッジは 1980 年代には衰退の危機を迎えましたが、危機を乗り切り、現在は安定して人気があります。

近代のリベラルアーツ教育にまつわる議論──『二つの文化と科学革命』

　19 世紀にあったような教養教育に関する論争は 20 世紀半ばにも起こりました。そこでは最低限必要な教養というのが、文学的なものなのか科学的なものなのか、そして仮に文学的なものだとしても古典文学なのか近代文学なのか、といったことが問題になりました。代表的な論者としては『二つの文化と科学革命』を著したイギリスのスノウなどがあげられます。

　こうした議論が起こった背景には、社会で影響力を持つエリート層の変化があります。多くの欧米諸国においては人文的教養はエリートの証でしたが、アメリカの高等教育で起きたように、科学的な知識・技能を持つ人もエリートとしてみられるようになりました。また大学が大衆化していくことにより、人々は実学を学ぶために大学に行くようになります。そうした変化も教養に関する議論に影響をもたらしたと言われます。

学術分野の細分化

　さらに近年では、文学的なものと科学的なものという２つの文化を前提にした区分からの変化が見られます。日本における科学研究費の申請区分が、平成 29 年度までは○○系と分かれていたのが、平成 30 年度からは A

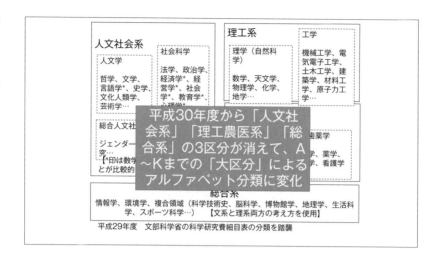

平成29年度　文部科学省の科学研究費細目表の分類を踏襲

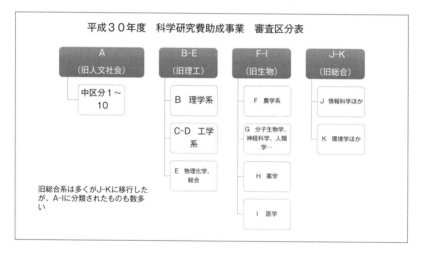

～Kまでの分類になりました。Aが人文社会系、BからIが理工系と、理工系に比重があることがわかりますが、さらにJとKに文理が混じった学際化した区分が設けられました。こういう状況の中では、基礎的な知識、必要なものが何かというのは簡単に答えが出るものではなく、議論していくしかないのではないか、と個人的には考えています。

現代のリベラルアーツ──西欧以外の「他者」との出会い

　1970-1990 年代にかけてもリベラルアーツの定義に対する問い直しが起

「他者」と出会った教養教育 ～権威の動揺・政治的緊張～

- 1990年代～: Culture Wars（米），History Wars（オーストラリア），Science Wars（米）
- なぜ**「死んだ白人男性」の本ばかり読まされる？**
  →**「権威」の動揺／「人間」観の問い直し**
- **学問において「客観性」は可能か？**
  Ex.先住民差別、植民地支配、女性差別
- 米：格差の拡大と新保守主義の勢力拡大
  →対立激化

https://thebaffler.com/outbursts/
culture-wars-are-dead-hartman
A. Hartman, "The Culture Wars are
Dead", The Baffler, No. 39, 2019より

こりました。この話題は人文系の方はよくご存知で、社会科学系や理工系の方はあまりご存知ないかもしれないのですが、キケロに始まりアメリカのリベラルアーツカレッジまで続くリベラルアーツ全体に対する見直しの機運があったのです。それは従来の西洋の価値観で「他者（Other）」とされた、無意識のうちに西洋人の価値観から排除された存在からの「なぜ、死んだ白人男性の本ばかり読むのか」という訴えによりなされました。アフリカや中国にあったかもしれない古典、女性が書いた書籍、そういったものをなぜ読まないのかという異議申し立てが一斉に起きたのです。

その論争は、何を教えるべきかにとどまらず、戦争や歴史をどう扱うか、学問をどのように行うかという問題にまで広がっていきました。というのも、ここで問題になっているのは「人間とは何か」という概念そのものであるからです。キケロの言う人間は全てのホモ・サピエンスを指しませんでしたが、そうした人、例えば女性や黒人たちが20世紀になると大学に来て学問を学ぶようになりました。そうした人々が大学の教育や研究に参加する中で、立場の違いや、性別などで視点が違ったり何をデータとすべきかの共通理解も違ったりすることがわかってきました。客観性というものが可能なのかという問いも出てきました。さらに現代アメリカの白人至上主義のような、異議申し立てに対する異議申し立ても起きました。これまでの権威、古典といったものが一気に揺さぶられた状況が今でも続いて

例：オリエンタリズム

Eugène Delacroix, *The Women of Algiers*, 1834, the Louvre, Paris

Jean-Leon Gerome, The Snake Charmer, oil on canvas, 33 x 48 inches, 1879

います。

　さらに言えば、リベラルアーツの定義が問い直され、変化したその結果も既に「教養」として取り扱われています。最近は高校の倫理政経の科目で「オリエンタリズム」を習うようです。オリエンタリズムとは中東出身でアメリカ市民権を持っていた文学研究者サイードが提唱した概念で、非西洋世界における特定の民族やある集団に対して、単純化したイメージを結びつけてしまうことを言います。例えば、1800 年代に中東・北アフリカ地域の人たちを描写した「アルジェの女たち」や「蛇使いの少年」という作品があります。これらは絵画として非常に高い評価を受けているわけですが、ヨーロッパ人の一方的な思いこみにより描かれているものでもあります。中東・北アフリカ地域の人々が未開で原始的であるという印象を与えるという批判もあります。こうした絵画を見ている人たちは楽しいかもしれませんが、それは現地の人々からすると他者の幻想を押しつけられていると映るかもしれません。またこうした絵画が 1 枚、2 枚だったら良いかもしれませんが、同じような描写の絵画が 100 枚、200 枚と描かれていると現地の人々からして好ましくない思いこみが一人歩きすることになります。他の例をあげると、日本人女性というと華美な着物を着た従順でお人形のような存在とみなすことや、イスラム教徒は黒い服を着てテロを起こすという偏見、そういった描写が繰り返され人々に刷り込まれてしま

うことがオリエンタリズムの暴力なのです。

このように、教養というものはいろいろな時代の思想を吸い込んで今でも変化し続けています。その過程では以前の教養ではよしとされてきたことが、新しく教養とされるようになった考え方により批判されることもあります。さらにはそうした批判が世論形成にもつながるようになってきている。そのことをふまえておく必要があるように思います。

現代のリベラルアーツ──何のためのリベラルアーツか

リベラルアーツや教養というものに対して、何を託しているか、皆様の考えはそれぞれ異なると思います。私の場合は対話の難しさ、ということに関心があります。想定する分野としては2つあり、一つは学問分野です。情報が増えすぎて皆が細分化された知識および情報で話している。そうすると意思疎通が難しいですし、何を教えれば良いのかも迷いが生じます。2つ目は政治で、インターネットが発展したことにより、分裂と対立がより顕著に見えるようになってきています。そこで理性的な対話、すなわち啓蒙思想が目指したような対話がどうしたら行えるのかということを悩んでいます。同じものを見ても価値観が違うと解釈は合わないから無理だ、という人もいます。また、価値観についても、それを変えようとすると感情的な要素を用いないと難しい。感情抜きで価値観を変えてくれる人もいますがそれは本当に一部であり、たくさんの人を相手にする場合は困難です。一方で、感情に訴える方法は危険をもともないます。ナチス・ドイツの宣伝のようになるからです。感情に訴える政治的動員に流されない人を育てるのが教養教育だと思うのですが、どうすれば良いのかは難しい問題です。

キケロは話し方について述べていました。実際にデータやファクトを見せるだけでは駄目で、感情も使って話しかけ、対話をしないといけない。ただ感情だけに訴えてもいけないのです。そのせめぎ合いをどう両立させるのか、ということを考えています。

* * *

Q & A　講義後の質疑応答

Q.　対話とリベラルアーツ

　お話の最後の方で対話の必要性を仰っていましたが、対話をすることは本当に難しいと感じています。価値観が複雑に変化し、しかもそれを伝達するための手段である技術が急速に変化している現代においては、対話をするために必要とされる教養の中身も変化していくのではないかと感じているのですが、どういったことが必要だとお考えでしょうか。

A.　対話手法をどうすれば良いかという問いにはいろいろな方が取り組んでいます。ヨーロッパでは実際の政策ベースで対話手法を開発しようとしているという話を聞きました。例えばブレグジット（イギリスの EU 離脱問題）など、人々の政治行動が感情に引きずられている事象が起こっています。それに対して政治学だけでなく認知科学、さらには人文科学・社会科学・自然科学まで幅広い分野の研究者を集めて人々の政治行動を分析する研究が始まっています。

　まだ具体化はしていないと聞きますが、人々が情動をコントロールしながら民主主義に参加するためにはどのような仕掛けが必要かについて、インターネットやマスメディアのあり方はもちろん、加えて対話の場の設計、例えば建築・部屋のレイアウトといった点まで考慮した検討がなされているそうです。

　民主主義の維持という大きな危機が共有されているからこそではありますが、こうした例のように、対話についてさまざまな人が知恵を出し合っているという段階だと思います。

Q. 西洋発のリベラルアーツと日本

　こんにちの日本でリベラルアーツというと、西洋の流れの中にあるリベラルアーツということが念頭にあると思います。明治時代以前の日本は中国やインドから入ってきた東洋思想を中心とした教養の体系を持っていたように思うのですが、こうした歴史をふまえると私たちはリベラルアーツをどう受容していくべきだとお考えでしょうか。

A. 日本もそうですが、非西洋の国は近代化の過程で大きな苦労を経験したと思います。自分たちの価値基準が分裂していくような感じでしょうか。

　例えば日本では福沢諭吉らが小学校の道徳教育をイギリスやフランスの翻訳教科書を使って全面的に塗り替えようとしました。明治以前の儒教や仏教などの思想が受動的な人間しか生まないと考えたからです。しかし、その教育はうまくいかず、今度は逆に儒教思想が保守的な形で歪曲され、戦前教育のような形に変化していきます。つまり、日本では西洋思想を受け入れる過程でかなり大きな揺れ動きが起こったと言えます。

　このような、在来的価値観と西洋思想との葛藤は、植民地化された国や後から近代化された国では多かれ少なかれ起こっているのだと思います。この分裂、揺れ動きが何なのかということを見ていくことは歴史研究者が取り組むべき課題だと考えています。その意味で日本人は、揺れをずっと感じていた国に生きる人としてある意味豊かな過去を持っており、それを未来に生かしていけるのではないかと思います。

　その上で、私たちがリベラルアーツを考える時に重要なのは、自分なりの価値基準を持ってそれをきちんと言える状態になっていること、そして他の人の価値基準が自分と異なったとしても批判精神を持って自身の見解を提示できることだと思います。

西洋の「もの」の考え方の歴史

瀧 一郎

瀧一郎（大阪教育大学多文化教育系グローバル教育部門
教授）

1959 年東京生まれ。開成中学・高校卒業。東京大学大
学院人文科学研究科美学芸術学博士課程修了。1995-
1997 年フランス政府給費留学生としてパリ第 1 大学（哲
学科哲学史博士課程）に留学、のち現職。文学博士（東
京大学）、DEA（パリ第 1 大学）。専門は、美学、思想史。
(財)天門美術館理事、NPO 法人文語の苑理事。

主要著作に、『ベルクソン美学研究―「直観」の概念に即
して―』（東京大学大学院人文社会系研究科博士文学ラ
イブラリー、コンテンツワークス(株)、Book Park サ
ービス係、2002）、『想像と類比―ベルクソン的直観の
論理』（『美學』224, 2006）、"Les Deux sources ados-
sées à une esthétique de l'analogie", Bulletin of Death
and Life Studies, Vol. 4, Au-delà de la philosophie
de la vie, Les ateliers sur Les Deux sources de la
morale et de la religion de Bergson, Global COE
Program DALS, Graduate School of Humanities and
Sociology, the University of Tokyo, 2008 など。

---- MEMO --------

藤山知彦

　民主主義、市場原理、科学技術はヨーロッパに淵源のある概念です。ですからそこに踏み込みこむ前に西洋哲学史が概観できないか、と考えました。しかし、すぐ、これは無謀と気がつきましたが、それでも、瀧一郎先生なら何とかしてくれるかもしれない、と相談しました。

　瀧先生は第1回にオブザーバー参加してくださいまして、この無謀な要請にオリジナルでしかも我々のテーマにも沿った講義を創ってくださいました。有難いことです。それで、ギリシャ哲学の構造、ヘレニズムとヘブライズム、原子論と個人主義を通した科学と民主主義、そして神秘主義や愛の果たす役割など中身の濃いお話になりました。

　課題図書『思想と動くもの』も結構難しかったし、講義の内容も高度だったので研修生の反応如何と注意して表情を見ておりました。ところが意外にも、つまらなそうな表情よりも非日常の話に興味を持っている感じがしました。哲学における翻訳の重要性、という質問が出たり、愛に関する質問が出たりしたことに現れていると思います。それに、歯が立たないような難しい話を聞くのも大切なリベラルアーツ的経験です。

　この濃密な時間を過ごせたことは、瀧先生のパーソナリティによるところも大きいと思います。先生は「エコエティカ」で有名な今道友信先生のお弟子さんで、ご本人の専攻は哲学でなくて美学です。それで哲学という枠組みでなく、まさに「ものの考え方」というお題を広げてお話しいただけたと思います。また、その語り口が絶妙で学者さんの声音に宗教家の声音が入っているような明瞭な、ゆっくりとした語り口です。瀧先生は日常、美に奉仕をしている修験者なのでしょう。リベラルアーツというのはこういう語り口のようなものも含まれているのだ、ということを思い起こさせてくださいました。(2019・9・17 講義)

```
┌─────────────────────────────────────────────────┐
│                                                 │
│                   目次                           │
│                                                 │
│  序 「もの」の考え方                               │
│                                                 │
│  1 ヘレニズム（古代） 善一者論                       │
│    a 原子論 デモクリトス                            │
│    b 「魂の世話」 ソクラテス、プラトン、アリストテレス、プロティノス │
│                                                 │
│  2 ヘブライズム（中世） 存在論                       │
│    a 創造 『創世記』                               │
│    b 時間                                        │
│                                                 │
│  3 原子論から個人主義へ                            │
│                                                 │
│  結 「愛」に生きる                                 │
│                                                 │
└─────────────────────────────────────────────────┘
```

「もの」と原子論から個人主義まで

　今回お題をいただきまして、趣旨に「西洋哲学の歴史を概観しながら、古代における原子論（atomism）の発生から近代における個人主義（individualism）の成立をへて、グローバリズムの3規範がいかにして形成されてきたかを考える」と書きました。ずいぶん大仰な論旨を掲げましたが、大きく言うと哲学と科学を開扉して、何か問題が見つけられないか、そして一つの切り口として、それ以上分けることのできない不可分者であるatom（自然科学における原子）から、分けることのできないindividual（人文社会科学における個人）への思想史的な変遷に注目しながら、「もの」の考え方の歴史を辿れたらと思います。粗筋を申しますと、「もの」から考え始めて、西洋文化の二大源流であるところのヘレニズムとヘブライズム、それらを融合する形での近現代、というくくりで進めたいと存じます。

「もの」

もの（物）
1　空間のある部分を占め、人間の感覚で捉えることのできる形をもつ対象。〔物質的なもの〕
2　人間が考えることのできる形のない対象。　　　　　　　　　　　　〔精神的なもの〕

「神の異称。人にまれ、何にまれ、魂となれる限り、又は、霊ある物の幽冥に属（つ）きたる限り、其
物の名を指し定めて言はぬを、モノと云ふより、邪鬼（あしきもの）と訓めり。又、目に見えぬより、大
凡に、鬼（『万葉集』740「鬼（もの）」）、魂（『伊勢物語』第23段「魂（もの）」）を、モノと云へり」
　　　　　　　　　　　　　　　　　　　　　　　（大槻文彦『大言海』冨山房、1935）

「もの」の考え方：人生観・世界観・自然観

「もの」と「こと」

全	形而上	根	もの	幽	奥
個	形而下	顕	こと	顕	口

（鈴木重雄『幽顕哲学講話』平凡社、1944）

「もの」と根顕

　最初は「もの」です。皆さん、「もの」という言葉を聞いた時に何を思い浮かべられますか？　多くの方は物質的な何か、目に見え、手で触れることのできる何かを思い浮かべられるのではないかと思います。実際に辞書で引いてみると、一番目に形をもつ物質的なもの、それに対して二番目の意味で形のない対象、精神的なもの、という意味があります。しかし、日本語の歴史を遡って大和言葉に立ち戻れば、昭和10年に出版された大槻文彦の『大言海』によると（「者の意より移る」）「もの」の第一義的な意味は物質的なものではなく、精神的なものだったということがわかります。『万葉集』740では「鬼」、『伊勢物語』第23段では「魂」と書いて「もの」と読んでいます。

　私がこの点を強調しますのは、「もの」と聞いてまず物質的なものを思い浮かべていること自体が、この問題の急所であると思うからです。「人物」の物は物質ではないのですが、今では「人材」というように、材料という物質的なものに人間をなぞらえて言う時代です。この時代に、「もの」ということをもう一度、人生観・世界観・自然観という広い観点から考え

てみたいと思います。

　ちなみに、「ものごと」と一緒に言うこともあります。こちらも「もの」は具体的・物質的なもの、「こと」は抽象的・精神的なものだと思われるかもしれませんが、これも逆です。国学の流れをくむ鈴木重雄が「もの」と「こと」の用例を丹念に調べたのですが、それによれば根っこにある形而上のものが「もの」で、主格であり隠れています。一方それが顕わになって形而下に個々のものとして現れると「こと」と言われます。この「もの」から「こと」へ、「根」から「顕」への流れが、ねあらからながらに変音して、神ながらの道としての神道になります。

原子論と「もの」

　ひるがえって西洋において、心よりも物を優先し、今日の自然科学を基礎づけている考え方が、古代ギリシアに源を発する原子論です。ソクラテス以前のパルメニデスからレウキッポス、デモクリトスへと続く哲学者たちが、原子論をかたちづくっていきます。まず、パルメニデスが「在るもの (to on)」と「在らぬもの (to mē on)」を区別し、「実在は思惟とロゴスによって捉えられる」と主張します。つまり、感覚的に知覚されるものではなくてロゴスによって考えられるものがあり、それは不生不滅・不可分・不変不動であるということです。原子論はこの考えを受け継いだレウキッポスによって創始され、デモクリトスによって大成されます。レウキッポスは「在るもの」の最小単位は何かと考え、質的な差異を持つ種子 (sperma) に対して量的な差異しか持たない原子 (atomon) というものがあるのではないか、と論じます。さらに、デモクリトスはパルメニデスの区別をもとに、諸原子 (atoma) と空虚 (kenon) があるのであり、不生・不滅・不変の諸原子である万物の原理 (archē) が空虚の中を運動しながら集合・離散し、そのあり方によって見かけ上の性質や変化が生み出される、と言いました。パルメニデスは「もの」を真実在と捉えていましたが、デモクリトスは空虚を動く物体のようなものを想定するに至ります。

哲学と体・魂

　Philo-sophia、つまり知を愛する営みとして哲学を始めたのはソクラテ

スであると言われます。彼は「ソクラテス以上の知者はいない」という神託を受け、その真意を確かめるために政治家、詩人、手工業者、ソフィストたちと対話を繰り返します。その繰り返しの中で自分も対話相手も「善や美のこと（kalon kagathon）を何も知っていない」こと、そして彼らは「知らないのに、知っていると思っている」のに対して自分は「知らないことを、そのとおり知らないと思っている」ことを言明します。こうして人間的「不知」から神的「知」へと向かおうとする哲学者ソクラテスは、ちょうど禅僧が弟子の内なる仏性を自覚させるように、対話相手の中にある魂の美しさを産婆のように引き出すべく、対話を続けるのです。

　したがって、彼にとって知を愛することがどういうことかといえば、それは魂の世話をする（epimeleia tēs psychēs）ことだ、と言います。人間は黙っていても飲んだり食べたりして、体の世話をする、ではそれと同じように魂を美しくしたり、心を磨いたりしようとしているかというとそうではないのではないか、と問答を続けました。

死と魂・快楽

　ソクラテスは死についても同様の対話を続けます。死を知っている人は誰もいない。そのような死を最悪のものであるかのように恐れるのは、「知らないのに、知っていると思っている」ことで、恥ずべき無知に他ならない、と批判しました。

　あわせて、彼はアテナイ人に対する批判として、なぜ人は「よく生きる」ことではなく快楽を求めるのか、ということを考え、それは死の恐怖から目をそらすために快楽を求め続けるのだ、と言っています。ベルクソンも『道徳と宗教の二源泉』で次のように言っています。どれくらい来世の信仰が重要であるかを知るためには、人がどれほど快楽に身を投じているかを知るだけでよい。もし人が快楽を、虚無から奪い取ったもの、死を鼻であしらう手段と考えなくなれば、これほど快楽に執着するまい。実際、われわれが永世を確信しているとすれば、絶対的に確信しているとすれば、もはや、その他のことは考えられないであろう。

　さらに、ソクラテスの言葉をプラトンが書き留めています（Phaedo, 68b-c）が、哲学者としての〈知の愛求者〉と〈身体の愛求者＝金銭の愛求

「死にのぞんで嘆き悲しむ人を君が見たら、それは、その人が実は、知の愛求者（philosophos）ではなく、身体の愛求者（philosōmatos）だったことの十分な証拠ではないだろうか。そしてその同じ人は、金銭の愛求者（philochrēmatos）でもあり、名誉の愛求者（philotīmos）でもある―そのどちらかであるか、両方であるかだろう。」(Phaedo, 68b-c)（藤澤令夫訳）

身体の愛求者＝金銭の愛求者＝名誉の愛求者
知の愛求者

人生観→世界観・自然観

「（身体を愛してきた者の魂は）「物（sōma, corpus）」的な性格のもの―すなわち、触れたり見たりできるもの、飲み食いできるもの、性愛のために資することのできるもの―ただそのような存在だけが真実のものだと思いこみ、他方、肉眼には隠されてある不可視のもの、思惟されるだけのもの、哲学（求知）によってこそ捉えられるもの〔イデアと魂（psychē, anima）〕は、これを嫌い、恐れ、逃げるように習慣づけられている。」(Phaedo, 81b)（藤澤令夫訳）

→デカルト『方法序説』第4部
「しかし、多くの人が、神を認識することにも、自分たちの魂（âme）が何であるかを認識することにさえも困難があると思い込んでいる。どうしてそうなるかというと、それはかれらが自分の精神（esprit）を、感覚的な事物を越えて高めることがけっしてないからである。かれらはイメージを思いうかべてでなければ何も考えない習慣にとらわれてしまい―これは物質的事物（les choses matérielles）に特有な思考法だ―、イメージを思いうかべられないものはすべて、かれらには理解できないと思われるからである。」（谷川多佳子訳）

者＝名誉の愛求者〉とを対比しています。また、人は感覚に関わって知覚しうるものだけをリアルな存在と思っていて、知覚にのぼらず身体を使って確認できないものは存在しない、あるいはそこからは恐れるように逃げる、とも書いています（Phaedo, 81b）。デカルトも同じことを書いています。『方法序説』第4部にある「かれら」とは現代のわれわれのことに他なりません。

「もの」、「生き延び」「精神」原理、科学技術・哲学

こうしたプラトンの哲学を基本構図として2つに分けてみると、ただ生きることを求める〈「生き延び」原理〉と、よく生きることを目指す〈「精神」原理〉に分かれます。そして、「精神」原理に基づく哲学が衰退するとともに、「生き延び」原理に着目した自然観から科学・技術が推進されてくる、ということになります。数理哲学者のホワイトヘッド（『科学と近代世界』1932ed.）が言うように、科学が対象とする物質というのは感覚・目的・価値を持ちません。一方、「よく生きる」上では、人間として生きる意味は何か、何に価値を求めるか、を考えることが大切です。しかし、

プラトン哲学の基本構図

- 「生き延び」原理
- 「ただ生きること」
- 身体・金銭・名誉を志向
  死を恐れ、延命を願う。
- 生物的生存への有効性
  〈効率性・利便性・快適性〉を
  求める。
- 「物」の局面にのみ着目する
  自然観

〔⇒科学技術の推進〕

- 「精神」原理
- 「よく生きること」
- 知・真実・魂の卓越性を希求
  死を恐れず、延命を願わない。
- 人間としてのトータルな価値
  〈善〉を求める。
- 「意味」と「価値」と「生命」を
  基本にする自然観

〔⇒哲学の後退〕

（藤澤令夫「哲学の源流プラトン」『ソクラテスの弁明ほか』中央公論新社、2002）

科学や技術が推進されるのに比べて、トータルな善を求めるような哲学に賛同する人は少なく、それゆえに哲学は減退している、と考えられます。

　ここまで見てきたように、紀元前5世紀のレウキッポスとデモクリトスの原子論から物一元の自然観ができてきて、近世以降にそのような自然研究が基本になって、20世紀には科学と技術とが合体し、日本でも科学・技術立国として一国の政治と経済を巻き込むような巨大な運動体に成長しているわけですが、その原理はプラトンの基本構図に従えば、よく生きる〈精神原理〉ではなくて、ただ生きる〈生き延び原理〉にのっとった運動であるというふうに見ることが可能です。

哲学の方法・学問の方法

　このように、科学・技術自体がある原理にのっとった運動であると言えるわけですが、その中をもう少し見てみたいと思います。ベルクソンは、虹のさまざまな色合いについて哲学をする2つの仕方がある、と言います。ベルクソンは唯物論的な第一の方法に加え、霊性論的な第二の方法を形而上学の目的とあわせて述べています。ここで、ベルクソンはアリストテレ

虹の哲学

虹のさまざまな色合いについて哲学する2つの仕方

第一の方法（唯物論的方法）
・赤い色の赤らしいところ、青い色の青らしいところ、黄色の黄色らしいところを捨象していって、ただの色という空虚な抽象的観念に到達しようとする方法
・個々の色合いの差異を消去して、暗黒の暗闇のなかにすべての色合いを溶解させるような否定的な方法
　〔⇒すべての色の絵具を混ぜ合わせると黒くなる。〕

第二の方法（霊性論的方法）
・「青・紫・緑・黄・赤の何千という色合いをとり、これらに凸レンズを通過させることによって、同一の点に集中させる」方法
・この世界にあっては多くの色合いに分散した形で知覚されていたものを、かの世界において不可分の多様性の統一である純粋な白い光として直観しようとする方法
　〔⇒すべての色の光を混ぜ合わせると白くなる。〕
「形而上学の目的は、個別的な存在者の一つひとつに固有の色合いを与えながら、そのことによって存在者を普遍的な光に結びつけている特殊な光線を、個別的な存在者のなかで捉え直し、この光線を発出する元の光源にまで遡ることである。」
　　　　　（ベルクソン「ラヴェッソンの生涯と業績」『思想と動くもの』）

「普遍性や一般性の意味に関するかぎり、〔……〕ラヴェッソンの解釈にもとづいてアリストテレスの方法を説明した〔ベルクソンの〕これらの言葉は、皮肉にもむしろ、〔……〕プラトンのイデア論的思想に、よくあてはまる面をもつといわねばならぬ。」
　　　　　（藤澤令夫『プラトン『パイドロス』註解』岩波書店、1984）

スの方法を解説しているのですが、藤澤先生によれば、この形而上学の目的に沿った方法、つまりこの世で多数に分散されていた光を、その分光前の光源に遡っていく方法はプラトンのイデア論に通じるものです。

アリストテレス哲学が築いた４つの基盤

　アリストテレスは、今のわれわれが拠って立つ基本的な図式をいくつも残しています。まずは学問の区分で、科学や技術がどこに入るかということで大変参考になる区別です。まず当時の学問技術を大きく２つに、すなわち他ではありえぬ（ouk endechetai allōs echein）、必然的なものを対象にする学と、他でもありうる（endechetai allōs echein）、偶然的なものを対象にする学に分けました。前者は理論的な学問（自然学・数学・神学）で、後者は実践的な学問（倫理学と政治学）および制作的な技術（弁論術と詩学）ですが、制作術よりも実践学が、実践学よりもさらに理論学が優れて貴いものとされました。しかし、科学と技術とが相互に推進しあう今日の学問的状況では、この区別は見直される余地があります。

　２つ目として、事物の原因・原理を２つの方式によって説明することを

アリストテレス哲学の基本図式

（1）学問の区分
他ではありえぬ（ouk endechetai allōs echein）・必然的
「見ること」（理論theōria）⇒自然学・数学・神学（←知恵sophia・認識epistēme・知性nous）
他でもありうる（endechetai allōs echein）・偶然的
「行うこと」（実践praxis）⇒倫理学・政治学（←思慮phronēsis）
「作ること」（制作poiēsis）⇒制作学（←技術technē）

（2）事物の原理・原因
・すべての存在をその質料（hylē, materia, たとえば青銅）と形相（eidos, forma, たとえば像型）との結合体として具体的に捉え、
・すべての生成と運動をその可能態（dynamis、たとえばドングリ）から現実態（energeia、たとえばクヌギ）への移行・発展として捉えようとした。

（3）主語：述語＝実体：属性
「SはPである」＝「PはSの述語となる」「PはSに属する」
原子論の世界像に哲学的な根拠を与える。

（4）
エネルゲイア＝霊魂psychēの活動　目的が内在している行為、現在＝完了
キーネーシス＝物体sōmaの運動　「物があって、それが時間・空間のなかで動く」

試みました。一つは事物を質料と形相との結合体で捉えるという説明方式で、もう一つは生成と運動を可能態から現実態への移行・発展として捉える、という説明方式です。後者は、最初に取り上げた鈴木重雄の分類で言えば、幽というのが可能態で、顕というのが現実態です。

　3つ目、これは強調しすぎても足りないぐらいの考え方です。主語・述語を実体・属性という関係で考えるということです。例えば、「SはPである」ということは実体としてのSに属性・性質としてのPが付与され、PはSに属するものと考えることができます。属性は実体に依存して存在するというこの考え方は、不可分の最も小さい原子を実体と考えるような原子論の世界像に哲学的な根拠を与えるものでした。もちろん、アリストテレスはプラトンやソクラテスと同様、原子論は唯物論だとして反対する立場を取りました。しかし、実体：属性＝主語：述語という考え方は、言語構造と一致しているだけに、今でも通用する考え方になっています。

　4つ目はエネルゲイアとキーネーシスとの区別です。先に述べたようにアリストテレスは物質中心的でなく、魂や心を中心に考えるという見方をしました。そこで運動を、目的が内在している霊魂（psychē）の活動（エ

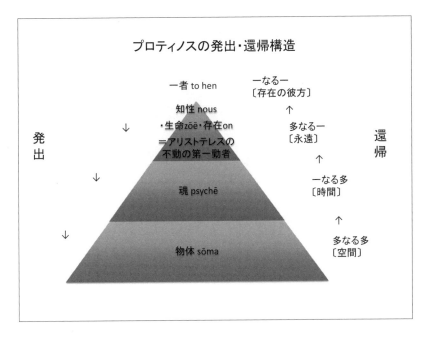

ネルゲイア）と、目的とは切り離された物体（sōma）の運動（キーネーシ
ス）に分けました。例えば家から駅まで歩く、というような場合に、体は
移動していますが、歩いていることそれ自体によって目的が達成されてい
るわけではなく、キーネーシスだと言えます。一方、楽しく踊って、踊り
ながら進んでいるという時には、楽しむという目的がその中で刻々と完了
しているので、エネルゲイアです。魂としての私がその目的を達成しなが
ら活動するのがエネルゲイアである、といった分類をしています。

プロティノスの発出・環帰構造

　ここまでくると、古代ギリシアの思想を一通り大成したという感があり
ます。上の図式は、全てのものがどこから来てどこへ行くのか、という形
而上学的な存在の発出・還帰の構図として見ることができます。あらゆる
ものは、一者（to hen）から発出し、まず知性（nous）、生命（zōē）、存在
（on）が出てきます。これはアリストテレスで言うと、他の全てを動かし
ながら、自らは動かないという不動の第一動者の次元です。この知性から
次に出てくるのが魂（psychē）、そして魂から物体（sōma）が出てくる、

という構造です。一方、時間・空間という観点で見ると、まずは存在の彼方に「一なる一」であるところの一者があり、その下に「多なる一」であるところの永遠がきます。そしてその下に「一なる多」であるところの時間、最も下に「多なる多」であるところの空間という順に発出し、逆方向に空間→時間→永遠→存在の彼方へと還帰していく、ということをまとめた構造になっています。

ヘレニズムと対比したヘブライズム

　最初に申し上げたように、西洋思想の二大源流としては、古代ギリシアの思想であるヘレニズムと西洋中世から近現代への思想であるヘブライズムとがありました。西洋思想においてはこれらが互いに干渉しあってきたわけですが、その前にこの2つの思想は根本的に異なっているということをまとめてみました。

　まず、善と存在について。ギリシアは存在に対する善の優位の思想と言うことができます。ソクラテスもプラトンも善を究極目的と認めていますし、先ほどの通りプロティノスは存在の彼方に存立する一なるものを考えています。これは存在論とは言わずに、善一者論（agatho-henologia）と考えることができます。一方、キリスト教の伝統の方は善に対しては存在が優位をしめる思想、すなわち存在論（ontologia）と言うことができます。

　また、やや大胆にプラトンにおける「分有」と聖書における「創造」を比較します。プラトンにおける分有というのは普遍的なイデアを特殊的な個物が分かちもつことです。具体的に言うと、夕日やモーツァルトの音楽が美しいのは、美のイデアが個々のものに「下降」し分有されることによってそれぞれが美しくなるわけです。一方、聖書における創造は、創造者と被造物の関係になりますが、「上昇」によって創造される感性的世界が、美しいものと認められるというように、逆の方向になっています。

　ものを作る、という制作も同様に逆です。ギリシア・ローマの伝統で言えば、たとえば宇宙の創造神デミウルゴスは設計図であるところのイデアに合わせながら、いろいろな物質を結合し組み合わせて宇宙を作る、という「周辺から中心へ、多から一へ」という過程を経ます。一方、ヘブライズムの方の創造というのは、一なるものが分割されること、例えば生物が

ヘレニズムとヘブライズム

古代ギリシアの思想
（ギリシア・ローマの哲学的伝統）

西洋中世・近現代の思想
（ユダヤ＝キリスト教の宗教的伝統）

存在に対する
善（agathon, bonum）の優位の思想
＝「善一者論agatho-henologia」

善に対する
存在（einai/on, esse/ens）の優位の思想
＝「存在論ontologia」

・プラトンにおける「分有」
・感性的世界は下降によって生じる。
・制作：周辺から中心へ、多から一へ
　　　「物質」から出発する多の結合
・デミウルゴスによる制作
・霊魂psychē-肉体sōmaの二元論（二律背反）
「肉体sōmaはわれわれの墓場sēmaである」
・感性的なものは悪
・個体化は物質による。

・聖書における「創造」
・感性的世界は上昇によって生じる。
・創造：中心から周辺へ、一から多へ
　　　「統一」から出発する一の分割
・神による創造
・霊rūah, pneuma-肉basar, sarxの弁証法
ヘブライ語には「肉体・物質」という語がない。
・感性的はものは善、悪は霊的なもの
・多数性は創造による。

トレモンタン『ヘブル思想の特質』西村俊昭訳、創文社、1963（原著1953）

一つの細胞から細胞分裂をして組織を作って大きくなっていく、というように「中心から周辺へ、一から多へ」と進んでいく過程を言います。

　二元論でも差異があります。これまでの議論のように、ギリシアでは霊魂（psychē）と肉体（sōma）が分かれており、魂か肉体かのどちらか、二律背反でした。そして、肉体ではなく魂に向かうべきである、と肉体は肯定されていませんでした。一方、ユダヤ・キリスト教ではそんなことはなく、霊肉一致という言葉があります。ギリシアと異なり、感性的なものは善とされます。新約聖書でも、「神はお造りになられたすべてのものを御覧になった。見よ、それは極めてよかった」と肉体や物質といった感性的なものに対して良かったと言われる、という伝統があります。

　そして最後に、個の問題も非常に大事です。ギリシアの伝統では、物質的なものにぶつかることによって、個体になるとされます。一方でヘブライズムはそれとは異なり、魂の多数性は神の創造によってなされます。創造による存在の多数性は、神によって欲せられたものであるから、堕落ではなく豊穣である、という考えがヘブライズムにはあると言えます。

科学・技術

近代自然科学的な思考の由来

デモクリトスの原子論＋アリストテレスの実体・属性のカテゴリー

原子論の継承
・エピクロス（Epikouros, BC342/341-BC271/270）原子の落下運動におけるパレンクリシス
・ルクレティウス（Lucretius, BC94ca-BC55ca）『物の本質について *De Rerum Natura*』←physis
・ルネサンス以降の復興
・ガッサンディ（Gassendi, 1592-1655）による機械論との結合
　Cf. デカルト（Descartes, 1596-1650）との論争
　　二元論
　　　substantia cogitans（思惟する実体）＝mens（精神）
　　　substantia extensa　（延長ある実体）＝corpus（物体）
「わたしは一つの実体であり、その本質ないし本性は考えるということだけにあって、存在するためにどんな場所も要せず、いかなる物質的なものにも依存しない、と。したがって、このわたし、すなわち、わたしをいま存在するものにしている魂は、身体〔物体〕からまったく区別され、しかも身体〔物体〕より認識しやすく、たとえ身体〔物体〕が無かったとしても、完全に今あるままのものであることに変わりはない、と。」
　　　　　　　　　　　　　（デカルト『方法序説』第4部、谷川多佳子訳）
古代における「物活論hylozoïsme」と「原子論atomisme」
→近代における「力動論dynamisme」と「機械論mécanisme」

民主主義→利己主義・個人主義

　個人主義（individualism）は、原子論（atomism）が近代に別の形で蘇ってきたものである、と言うことができると思います。自然における原子論が、社会における個人主義として蘇ったのであり、民主主義は人間社会に適用された原子論と言うべきものです。民主主義が個人主義を生み、それが利己主義につながる、と観察をもとに論じたのがトクヴィルです。デモクラシーは祖先を忘れさせるだけでなく、子孫の姿を見えなくし、一人ひとりを、同時代の人々から引き離す。それは各人を絶えず自分だけの所に引き戻し、ついには自分一人の孤独な心に閉じこもらせてしまう恐れがある、とトクヴィルは観察しました。デモクラシーの最も発達したアメリカに人類の未来を見たトクヴィルでしたが、デモクラシーには、このような個人主義から、さらには利己主義への傾向をもっているということが論じられました。

　ベルクソンも『道徳と宗教の二源泉』の最後でデモクラシーについて述べています。デモクラシーは紆余曲折を経ながらも、開かれた社会に向かっての唯一の構想だとします。しかし、デモクラシーが要求する自由と平

等はなかなか両立せず、背き合う特徴をもちます。その２つをかすがいのようにつなぐのが博愛・同胞愛（fraternité）であり、それを全ての上におく、と言っています。共和政の標語は自由・平等・博愛（Liberté, Égalité, Fraternité）ですが、それらは並列ではなく、対立する２つの標語を止揚する博愛、という関係性にあります。

原子論→デカルト→近代科学技術

　先ほどアリストテレス哲学でも取り上げたように、デモクリトスの原子論とアリストテレスの実体・属性のカテゴリーが一つになった時に近代自然科学的な思考が成立した、と言うことができるように思います。原子論はその後順々に継承され、ガッサンディが原子論と機械論を融合させます。

　そして、デカルトはガッサンディと論争しながら、思惟する実体としての精神、延長ある実体としての物体という二元論を唱えます。そして、『方法序説』で二元論をもとに唯物論・機械論的世界観を唱えたと解釈されるのですが、この記述をよく読んでみると、「我思う、故に我あり」と言っている「我」とは「魂」を指している、ということがわかります。つまり、身体は魂に所属しており、私そのものではないということです。したがって、ここには、物が命を持っているとする物活論（hylozoïsme）と、物はそれ同士の幾何学的な差異しか示さないとする原子論（atomisme）という古代の２つの立場が含意されているのです。ここは科学発展上重要な分水嶺で、デカルトの機械論は原子論を継いで発展していくことになります。一方、物活論を継いだのはライプニッツで、力動論がその思想を受け継ぐことになりました。

原子論→個人主義→？

　今回は、「自然における原子（atom）」が「社会における個人（individual）」に変わっていったという変化に目を向けて、その変化が科学だけでなく政治や経済に関わっていった時に近代の問題が起こったという見方をしてきました。私自身、答えは持っていませんが、個人について３つ問いかけてみたいと思います。

　１つ目は、「個人は、体のように他から動かされるものなのか？　それ

原子論から個人主義へ

自然における原子（atom）→ 社会における個人（individual）

個人は（体のように）他から動かされるものか、（魂のように）自らを動かすものか？
　→皆と同じ大衆としての個人、民主主義における大衆迎合、大衆扇動

個人は自己同一的な存在（デモクリトス）か、自己矛盾的な存在（エピクロス）か？
　→スミスからリカードに至る個人主義的立場に立つ資本主義経済学への批判

個人は原子（atom）か単子（monade）か？
　原子＝物質的な最小単位
　単子＝非物質的な単一体
　　・裸の単子（monade toute nue）無意識的表象（perception）
　　・心（霊魂âme, âme sensitive）　意識的表象（apperception）
　　・精神（esprit, âme raisonnable）　一般的な認識（raison）
　→心霊学（la science psychique）の可能性

とも魂のように自らを動かすものなのか？」ということです。大衆としての個人となると、大衆迎合や大衆扇動ということが問題となってきますが、それはどうなのか、ということです。

　2つ目は、「個人というのはデモクリトスの言う原子のような自己同一的な存在なのか？　あるいは自己矛盾を抱えて合理性で説明がつかないようなエピクロス的な原子のような存在なのか？」。スミスからリカードに至る資本主義経済学は個人主義的立場に立ち、合理的な経済人を想定していましたが、それを変える必要はないか、考えてみる必要があるように思います。

　最後は、冗談のようですが、「個人は原子（atom）か？　それとも単子（monade）か？」です。原子だとすると、人は物質的な最小単位として考えられるのですが、ライプニッツの言う単子だと、非物質的な単一体としての人は世界を映すさまざまなレベルを持ち、裸の単子から心・意識的な表象としての単子、最後は精神・一般的な認識のレベル、というように変わっていく、といった考え方もあるのではないか。

　こう考えた時に、科学に対して心霊科学（la science psychique）という

ものが考えられるようにも思います。今の時代において、よく生きるというのはどういうことなのか、を考えるということです。グローバリズムの３規範は、いずれも成立当初においては宗教的倫理性を根底にもっていました。それが今では神や宗教に訴えることがもはやできないとすれば、それに代わるものは何だろうか、それは愛なのではないか。つまり、よく生きることは、今日においては愛に生きることではないだろうか、という提言で話を終えたいと思います。

＊＊＊

Q&A　講義後の質疑応答

Q. 哲学と言葉

　最初に「もの」という言葉の捉え方についてのお話がありました。西洋哲学は多くの場合、原典を日本語に翻訳して入ってきたと思うのですが、翻訳でどんな訳語を使うかによって捉え方が変わってくるように思います。翻訳が哲学やその受容にどういう影響を与えたか、お考えをお聞かせいただけますでしょうか。

A. 言葉の翻訳の問題は重要だと思います。たとえば、よく intellect という言葉を「悟性」と訳すことの是非が話題にのぼります。実際にこの言葉はドイツ哲学とフランス哲学、さらには英米系の哲学それぞれで使い方が異なっており、哲学者の間で問題になることがあります。他にも訳語を巡る問題はきりがありません。

　ただ、私は個人的にそれでも大丈夫だと思うんです。日本が伝統的に翻訳による受容に慣れているということもありますが、テキストは複数の概念の関係によって織りなされます。例えば、悟性という訳の代わりに英知、知性という訳語を使ったらどうなるかと考えることもできますが、悟性と

いう言葉が指すものは、直観との関係でどう読めるか、経験との関係では
どう読めるか、ということを考えて理解していくこともできます。

　星と星座のようなもので、たとえば北斗七星を見た時に、われわれはそ
れが北斗七星であることはわかりますが、一つひとつの星の意味はわから
ない、でも星座が柄杓の形をしていることはわかります。この時私たちは
一つひとつの星ではなく、星同士の関係性を見ているわけです。同じよう
に、言葉一つひとつでなく言葉同士の関係性さえ見失わなければ言葉の意
味を理解することはできる。ベルクソンは、哲学は言葉の遊びではないと
はっきりと言っています。つまり、哲学とは象徴的な記号としての言葉な
しに進もうとする学問であり、言葉を超えた経験そのものに身をおいて、
直観することである、だからこそたくさんの言葉や言説が出てくるのだと
思います。

Q. 哲学と愛 (1)

　お話の結論として愛に生きることが大事だと締めくくられましたが、哲
学の世界で言われる愛は普段私たちが使う愛とは異なる意味を持つように
感じました。どのようなことを指しているか、教えていただけますでしょ
うか？

Q. 哲学と愛 (2)

　科学技術それ自体は「生き延び」原理に基づいているというお話でした
が、たとえば「愛のある科学技術」のようなものを考えることは「よく生
きる」ことにつながるものなのでしょうか。

A. 確かに、愛というものは多様に定義されてきました。キリスト教の博
愛、仏教の慈愛、儒教の仁、ギリシア哲学のエロスなどは、それぞれ異な
りますが、根本において通じ合うところがあります。「愛に生きる」とい
う表現で私が言いたかった愛は、たとえば、市場原理について言えば、ウ
ェーバーが『プロテスタンティズムの倫理と資本主義の精神』で「禁欲的
プロテスタンティズム」の特徴として書いたような、仕事を通じて隣人が
求めているものを良質・適正価格で提供するような隣人愛です。また、民
主主義について言えば、自由と平等という相反する２つをつないでいた博

愛・同胞愛（fraternité）もそうです。これらの愛の問題、つまり atom であるところの個人同士がどうつながるかという問題はキリスト教、さらには他の宗教の中にも必ず存在しており、これまでは神という存在を通じ実感をもって共有されてきました。宗教や神が遠い存在となっているわれわれにとって、こうした問題をどうすれば共有しやすいかと考えた時に、「よく生きる」だと自己愛のようになってしまい、善というと宙に浮いてしまう。そこで、自分ごととして考えられ、日々の実践に関わってくるように、「愛に生きる」という言葉でお伝えしてみました。

　愛をこのようなものだと考えてみると、「愛のある科学技術」という捉え方は素晴らしいと思います。例えば、伝染病にかかった方に対して手を差し伸べようとする際に、医学の知識や手立てなしに愛の力のみで立ち向かうということもできるでしょうが、本当に治癒につながるか、安全に手が差し伸べられるのかという問題があります。しかし、科学技術の力があれば効果的に、また感染のリスクを下げながら手を差し伸べることができます。

　「鬼手仏心」という言葉があります。外科医の手術は、患者の体を切り裂く鬼のように残酷な技術ですが、その心には患者を救いたいという仏のような慈悲があるというのです。この物質面の「鬼手」と精神面の「仏心」とが相即して表裏一体となっているのも、「愛のある科学技術」の一例と言えるでしょう。

　こうした科学技術は核兵器や生物兵器の開発に使われることがありました。何を目的として科学技術を使うか、見誤ってはなりません。そして愛を動機として科学技術が使われるということが常に望ましいことだと思います。

II 民主主義

3 規範の揺らぎ
藤山知彦
黒田昌裕
吉川弘之

リベラルアーツ
歴史観
隠岐さや香

西洋思想
瀧 一郎

	民主主義	市場原理	科学技術
歴史	トクヴィルなど 宇野重規	アダム・スミスなど 堂目卓生	科学の社会史 古川 安
現在	ポピュリズム 水島治郎	経済学の役割 吉川 洋	生命倫理とELSI 橳島次郎
課題	デジタルゲリマンダー 湯浅墾道 西田亮介	ネオマネー 松元 崇	AIとビッグデータ 中島秀之

宗教と
世俗統治
伊達聖伸

東洋思想
竹村牧男

SDGs
沖 大幹

第4講

民主主義に関する歴史的考察

宇野重規

宇野重規（東京大学社会科学研究所教授）
1996 年 3 月東京大学大学院法学政治学研究科博士課程修了、1996 年 10 月-2000 年 3 月千葉大学法経学部助教授、2000 年 8 月-2002 年 7 月フランス社会科学高等研究院（在外研究）客員研究員、1999 年 4 月-2007 年 3 月東京大学社会科学研究所助教授、2007 年 4 月-2011 年 3 月東京大学社会科学研究所准教授、2010 年 5 月-2011 年 3 月コーネル大学（在外研究）法科大学院、2018 年 4 月-7 月ベルリン自由大学（在外研究）東アジア研究科客員教員、2011 年 4 月より現職。著書に『政治哲学へ——現代フランスとの対話』（東京大学出版会）、『未来をはじめる——「人と一緒にいること」の政治学』（東京大学出版会、2018 年）、『トクヴィル 平等と不平等の理論家』（講談社学術文庫、2007 年サントリー学芸賞（思想・歴史部門）2019 年増補新装版、2019 年）ほか多数。

藤山知彦

　民主主義の「歴史」というとギリシャを思いだす方が多いと思います。勿論、それで正解だし、実際の講義でもそこから始まったのですが、ギリシャ時代の民主主義は直接民主主義であり、市民、男性に限られたものでありその点、近代グローバリズムの規範になったものとは異なります。その転換点になったのは、何と言ってもトクヴィルの『アメリカのデモクラシー』であると認識していたので、トクヴィルについて書かれたものをいくつか見るなかで宇野先生に白羽の矢をたてました。科学技術振興機構研究開発戦略センター編の『科学をめざす君たちへ』のなかでも「IT革命はなぜアメリカで起こったか？」という講演でイノベーションを生む知的土壌について話されています。これは3規範を横断するようなテーマ設定でしたので是非、宇野先生にお願いしようとアポを取りました。

　先生にはすぐ快諾していただいたのですが、その時に「これは講座の構成が非常によくできている、と感じたので出させていただくことにしました」と言われたのは私としては本当に嬉しく感じました。

　毎月1回のリアル開催をしていたリベラルアーツ企業研修会でしたが、このころは既にコロナの緊迫感が始まっていたころでした（結果的にリアル開催の最後になりました）。それでイントロで私が2003年のSARSの際に北京駐在していた話をしました。SARSの時、王岐山が北京市長代理になって情報公開が始まって市民が落ち着いた、という話をしましたら、宇野先生が王岐山こそ中国でトクヴィルをはじめに勉強した人だ、と話を始めてくださいました。お話の中で、民主主義と自由との関係について掘りさげていただいたことは現代への重要な問いかけになったと思います。

　先生の話し方が親しみやすいものだったので、質問も過去から現在の話、諸外国の話、会社の中の民主主義なども出て活発な意見交換ができました。

（2020・2・19講義）

トクヴィルと王岐山

　藤山さんから、王岐山という政治家についてご紹介がありました。王岐山といえば北京市長としてのSARS対応や習近平国家主席の側近として知られていますが、私は最初少し違うルートからイメージをいだきました。私は『アメリカのデモクラシー』を書いたトクヴィル思想家の研究から出発したのですが、王岐山という人は非常にトクヴィルに熱心で、彼の作品を次々に中国語に翻訳し、政治局委員内で配っているという話を耳にしたのです。中国におけるトクヴィル導入の急先鋒が王岐山だったわけです。彼がどういうつもりでトクヴィルを読んだのか。『アメリカのデモクラシー』を読んで、中国の民主化を考えていたとすれば素晴らしいと思いますが、あるいはむしろ、トクヴィルのもう1つの著作、フランスのアンシャン・レジーム（フランス革命前のブルボン朝下の政治・社会体制）はなぜ滅びたのかを論じた『旧体制と大革命』を読んで、中国の体制維持のためのヒントを得ようとしたのではないか、と少しうがった見方をしていました。

民主主義は大丈夫？

　近年、民主主義の危機を論じるさまざまな本が刊行されています。レビツキーとジブラットの『民主主義の死に方』は、これまでであれば民主主義を脅かすのは軍の将軍によるクーデターであったのが、今や民主的に選ばれた政治家自身が民主主義を否定していると論じています。ヤシャ・モンクの『民主主義を救え！』は原題が "The People vs. Democracy" で、人々とデモクラシーが敵対しつつあるとします。そういう類いの本が次々に話題になっています。

　このシリーズで千葉大学の水島治郎先生からポピュリズムとは何かというテーマでお話があると思いますが、水島先生は民主主義とポピュリズムは切り離せない関係にあると主張しています。つまりポピュリズムとは現代のグローバル社会の中での、経済的な意味での敗者、格差の被害者である人々の異議申し立てであり、必ずしも民主主義を否定するわけではあり

ません。グローバル化によってメリットを受けたのは、先進国の数％のお金持ちと、中国やインドなど新興国の中産階級です。先進国に限っていえば、中産階級からそのやや下くらいの層は、深刻なダメージを受けているわけです。グローバル化の恩恵を受けた人よりダメージを受けた人の数の方が多いので、彼らが異議申し立てをするのは民主主義として何らおかしいことではない。その表れがポピュリズムだとすれば、イギリスのブレグジット、アメリカのトランプ現象などは民主主義そのものと言えなくもないのです。

　民主主義は中産階級がしっかりしていて、世論がある程度中道に寄っている時は安定する。しかしそれが右と左に分極化してしまうと、左右の極端主義ばかり出てきて、不安定化する一方になる。そうなると民主主義は持たないのではないかという懸念が世界中に広がっています。ヤシャ・モンクの『民主主義を救え！』には、アメリカの30代以下の世代で代議制民主主義を信用すると答えた人が3割を切っているというショッキングな数字が出てきます。戦争を経験した70代以上は7割以上が民主主義を信じている。しかし、しばしばミレニアル世代と呼ばれ、変革思考が強いとされ、多文化主義に対しても非常に親和性が高く、政治的な意識も高いといわれる今のアメリカの若い人ですら、30代の多くは民主主義を信じていないわけです。ちなみに日本も同じで、今、日本で30代以下の方に、あなたはこの国の代表制民主主義を信じられるかと聞くと、信じている人は3割に満たないですね。こうなってくると、いや、民主主義って本当に大丈夫なのかと思えてきます。

いつかは必ず民主化する？

　習近平しかり、プーチンしかり、金正恩しかり、今、世界の指導者の中で目立つ者は独裁者ばかりですね。逆に、いわゆる民主的な国家といわれていた国々の指導者ほど、どんどん国論が分裂する中で、不安定化し、立場を危うくしている。こうなると民主主義を不安視する声が聞かれるのも無理はありません。

　特に中国は、民主主義の歴史にとって深刻な問いを投げかけています。皆さんも、市場経済と自由民主主義というのは、手に手を取って発展する

世界の独裁的指導者

ものであるとどこかで勉強してこなかったでしょうか。どういうことかというと、独裁国家では、個人の所有権すら保障されない。為政者の恣意的な判断によって、経済のルールもすぐに変わる。こういう不安定な社会では、決して経済は成長しない。したがって、十分に市場経済を発展させるためには、自由民主主義の諸制度が必要である。そして、自由民主主義の制度があればあるほど、経済が発展する。逆もしかりで、フィリピンや台湾のように開発独裁といわれた国々でも、いったん経済成長が始まると、次第にミドルクラスに属する人々が増えてきます。そのような人々は、生活の自由を得て、政治的な自由すらも求めるようになる。こうして、一定数以上中産階級が育つと、その国はおのずと民主化する。美しいストーリーですね。

　しかし、それが今、本当にそうだろうかという事態になっています。中国では、ミドルクラスが増大しています。今までの政治学の常識からすれば、当然、民主化するはずです。しかしどうでしょう。胡錦濤時代の中国はまだ最終的には複数政党制を含む、欧米型の民主主義を目指していると掲げていました。それが習近平体制になって、そのような言い方は後退し、

「中国モデル」を強調するようになった。彼らが言うには、大切なのは、秩序を確立して人々の生活を安定させることであり、そのためには中国共産党の指導力が重要である。何も欧米的な民主主義を唯一のモデルとする理由は全くない。ヨーロッパもアメリカもポピュリズムで混乱するばかりではないか。むしろ、中国の現在の体制のほうが、社会も安定し、政治も安定し、その下で経済が成長している。民主主義と市場経済の発展というのは、必ずしもセットではないんじゃないか、ということです。むしろ、技術変革が激しい今の時代、意思決定に時間をかけていては乗り遅れるわけで、そうすると民主主義よりも中国の権威主義の方が今やモデルなのではないかということがいわれるようになっている。それが現在の状況だと思います。

民主主義の誕生

　そもそも民主主義とは何なのかを振り返りましょう。時は紀元前8世紀。今でいうギリシャやトルコの辺りにポリスという都市国家がたくさん登場します。古代ギリシャというのはこの時代の文明においては辺境でした。壮大なペルシャ帝国の中心から遠いギリシャは、けっして豊かだったわけでもありません。

　民主主義の大前提である政治は英語で politics ですが、語源はこのポリスであり、古代ギリシャ人がつくった都市国家のことを指す言葉です。ちょっと不思議な話ですよね。なぜギリシャ人の都市国家が政治という語の語源になったのかといえば、男性市民が相互に自由で平等であり、人々が言葉を介して議論をし、結論を出し、その結論に強制されるのではなく、自発的に従う、これが政治だという理念が生まれた場所だったからです。当時4、5万人の市民がいる中で、マイクもなければ警官隊もいない中、広場に集まって、皆で議論して物事を決める。自分も政治に参加しているから、人に強制されるのではなく、自ら納得して政治に従う。こうした独特の考え方が古代ギリシャで生まれたのです。

　しかしこれは直ちに民主主義とは呼べませんでした。なぜなら初期は広場に集まれるのは限定的な人ばかりで、多数の貧しい人は生活のため参加できなかったからです。ところがポリスは次々と戦争をしました。職業軍

民主主義の誕生

- 紀元前 8 世紀の古代ギリシャ

- 壮大な古代文明の周辺部、戦士の共同体

- ポリス（都市国家）と「政治（politics）」

- 自由で平等な市民による、言語を媒介とした意思決定

人はいませんから、基本的に一般市民が自腹で武装して、戦争に参加します。そうすると、自分たちも体を張って国のために戦ってるんだから、自分たちのいうことも聞いてくれていいではないか、と思う人が増えてくる。これによってポリスの政治は次第に民主化していくのです。

民主主義とは

　画期的だったのはソロンの改革とクレイステネスの改革です。ソロンの改革は、今の時代と同じ、経済が成長して格差が拡大する中で、債務奴隷を禁止するものでした。当時、負債のある平民は最終的に破産すると自分の身を質に入れてお金持ちの奴隷に転落することが多かったのですが、ソロンはこれを禁止した。民主主義のためには、市民は平等でなければいけないという理念がソロンによって示されたわけです。

　クレイステネスの改革はさらに面白くて、紀元前 508 年にアテナイというポリスを構成していた 4 つの部族を解体して 10 のグループに分けた。この新たに導入された 10 の部族をデーモスと呼び、これがデモクラシーの語源と言われています。紀元前 508 年が民主主義が生まれた年とされる

ゆえんです。皆さん、高校生時代、4のグループを10に再編したことの
どこが民主主義に関係あるのか疑問に思われませんでした？　これ、何の
ために10部族に再編したかというと、長老やら名門やら貴族やらが必ず
牛耳る伝統的な血縁に基づく共同体を解体するというのが第1の趣旨でし
た。血縁のつながりをばらばらにして、地縁で国を再編し直す。これによ
って伝統的な名門貴族の力を奪ったわけです。さらにクレイステネスの改
革は徹底していて、当時のアテナイを都市部、山地区、海地区の3つに分
けて、それぞれを10に分けるんです。そして都市部、山部、海部から1
つずつを集めてきて1個のデーモスを作りました。特定の地域だけで1つ
の単位にすると、地域の顔役みたいな人が力を持つからです。本当に民主
主義をやろうとしたら、地縁、血縁含めて、人々のしがらみを徹底的に解
体する。ありとあらゆる社会的しがらみから解放して、初めて人は自由、
平等に物をいえる。当時のギリシャ人たちは本気でそう考えていたわけで
すね。

民主主義の完成

　最終的にアテナイでは、全ての市民が参加する民会で決定したこと以外
は、一切、公的な決定はできないということになりました。裏を返すと、
有力者が裏に隠れて意思決定をするということは認めないということです。
皆さん、選挙って民主主義だと思ってらっしゃると思うんですけど、選挙
は民主主義ではないというのが、古代ギリシャの発想です。選挙をやれば、
ある種の有名人が選ばれてしまうので、全ての人がランダムに公職に就く
のでなければ、民主主義ではない。特定の有力者が、選挙で選ばれたから、
自分は人々に代わって政治を行う資格があると言わせてはいけない。だか
ら公職は抽選で選ぶ。徹底してますね。

　裁判も専門の法律家だけでやれば、専門家が牛耳るようになる。だから
全てアマチュアの市民から成る民衆裁判を行わなければならない、としま
した。

　こうした制度には、厳しい責任追及がセットでした。ソロンにしろ、ク
レイステネスにしろ、あるいはペリクレスという一番有名な指導者にしろ、
みんないつかは必ずどこかで訴えられ、裁判にかけられ、有罪にされてい

民主主義の完成

- 全ての市民による民会

- 民衆裁判

- 公職は抽選

- 厳しい責任追及

ペリクレスの演説

- 全ての市民による民会「たとえ貧窮に身を起こそうとも、ポリスに益をなす力を持つ人ならば、貧しさゆえに道を閉ざされることはない。われらはあくまでも自由に公につくす道をもち、また日々互いに猜疑の眼を恐れることなく自由な生活を享受している」（トゥキュディデス『戦史』2巻37節）

ます。

　さらに陶片追放、オストラシズムという独特な制度もありました。市民皆で投票して、一番票を集めた人は国外追放になるわけです。なぜかというと、皆から人気を集める人はいつかクーデターを起こしかねず危険だからです。ただ悪いことをしたわけではないので、10年したら帰ってきていいし、財産も保存される。ともかくも有力者が出るのを防ぐ制度なわけです。ここまで徹底した民主主義というのは、歴史上結局この後、二度となかったと思います。

　ペリクレスは「たとえ貧窮に身を起こそうとも、ポリスに益をなす力を持つ人ならば、貧しさゆえに道を閉ざされることはない。われらはあくまでも自由に公につくす道をもち、また日々互いに猜疑の眼を恐れることなく自由な生活を享受している」と紀元前5世紀とは思えない演説をしているわけですが、リンカーンのゲティスバーグ演説は明らかにこれを下敷きにしています。ペリクレスは、これをペルシャ戦争の軍人たちの葬式で話した。みんな、よく戦ってくれた。でも諸君の死は無駄ではない。何しろ、アテナイの国はこんなに自由な、いい国なんだ。君らは、こんな自由な国の民衆のために死んだのだから犬死にではない、とペリクレスは演説をしたのです。リンカーン大統領も、南北戦争で多くの人々が死んだゲティスバーグで、諸君の死は無駄ではない、アメリカという国は、of the people, by the people, for the people の国だ、民主主義のために戦ったんだ、と語りかけた。あのとき、リンカーンの頭の中にあったのはペリクレスです。

プラトンの民主主義批判

　民主主義の良い話というのは大体ここまでで、この後は悪い話が出ます。最初はプラトンです。アテナイの民主主義がうまくいったのは、ほぼ200年といわれています。プラトンの時代はまだアテナイの民主主義の最盛期でした。にもかかわらず、プラトンは激しく民主主義者を批判したことでよく知られています。

　例えばソクラテス裁判です。プラトンの師であるソクラテスは、先ほど出てきた民衆裁判によって処刑されます。己にうそをつかない生き方を

よう、と若者に向かって倫理的覚醒を訴えたソクラテスは、怪しげなことを言っている、若者をたぶらかしている、ポリスの神々を信じさせないようにしているなどという告発を受け、さらに反省の色を見せなかったので人々の怒りを買って死刑になったんですね。これにショックを受けたのが、弟子であるプラトンです。ソクラテスみたいな立派な人を処刑するような民主主義というのは、なんであるのか。単に数が多い連中が幅をきかせているだけで、みんなで決めたからって、結論が正しいという保証には全くならないのではないか。極めてまっとうな批判ですよね。

　哲人王と善のイデアというのをプラトンは説きます。イデアとは、例えば幾何学でいうと、点は本来は面積がないので、本当は目に見えない。目に見えるのは厳密には点ではありません。二等辺三角形だって測れば正確には辺の長さは同じでない。だがそれは点や二等辺三角形が存在しないことにはならない。その本当の実在がイデアであるという考えです。政治についても同じで、正しい答えがあるんだったら、みんなで議論して、何の意味があるのか。クラスで討論して、三角形の内角の和を議論しても、意味はありません。プラトンにいわせれば、そういうことなのであり、プラトンの民主主義批判は、いわば独裁の正当化であるといわれた由来であります。

アメリカ建国の父たち

　アメリカの二大政党は民主党と共和党です。英語でいうと、Democratsと Republicans。どこが違うのかと思ったことはないでしょうか。日本の政治教育で欠けているのはこの部分で、民主主義と共和主義の区別がつかない。でもアメリカでは、この2つの思想が100年以上も対立しているわけです。

　ものすごく単純化していうと、デモクラシーというのは、言葉の語源からして、人々の力、民衆の力を意味するものです。しかも民衆のうち多くは貧しい人々ですから、数ばかり多い貧民の支配という含意が、デモクラシーという言葉には抜き難く付いています。結果として民主主義とは、しばしば数の多い平民・多数者の利益を目指す考えを指します。

　これに対し共和主義とは何か。言葉を辿ると、元は古代ローマで共和国

を表す言葉がレース・プブリカでした。レースは「モノ」、プブリカは「公共の」で、古代ローマ人は、自分たちの国のことを、公共のモノと呼んだのです。特定の個人や貴族や王様のために国があるのではない。社会全体の公共の利益のために、この国はあるのだというのが、ローマ人が己の国に付けた名前の理想です。したがって、今でも共和主義という言葉は、公共の利益を重視する政治という含意があります。

　つまり、多数者の利益と公共の利益、どちらが大切なのかという話なわけです。民主党はクリントンさん以来だいぶ変質しましたが、もともとはアメリカのメインストリームから外れた人たち、北部よりは南部、白人ではなく黒人、資本家ではなくて労働者、さらに東部出身者のインテリやユダヤ人など、どちらかというと社会の中で虐げられているマイノリティーの人たちが結集して作った党でした。ですから、かつては公民権運動で黒人の政治参加に対して非常に熱心でしたし、第二次世界大戦後は、さまざまな公共政策を通じて、人々の雇用を保障する福祉国家の推進を目指してきました。

　これに対し共和主義は、多数者の利益はあくまで部分集団の利益に過ぎないというプラトン以来の批判に基づき、人がただ政治に参加すればいいわけではなくて、エリートが社会全体の公共の利益を冷静に計算して実現するほうがいい、という含意を持った考えです。この考えは特に建国期に顕著で、初期のアメリカ大統領は、全員、地主で大金持ちか、さもなければ、弁護士のような知的職業です。彼らは自分たちがエリートだという自負があります。政治というのは、きちんとした知識もあれば、教養もあり、判断力もあるエリートが導くべきだという思想を、彼らは持っていました。したがって彼らは慎重にリパブリカニズムとデモクラシーという言葉を区別しており、デモクラシーが全ていいわけではないということを、盛んに強調しています。

　アメリカの大統領選挙は、ご存じのとおり、市民が直接投票せず、州ごとに選挙人を選んで、その選挙人が投票するという独特な形式を取っています。これはアメリカの初期の建国の父たちの、ある種の偏見の表れですね。一般の民衆が直接大統領を選ぶとろくなことにならない。一般の民衆がやっていいのは、優れた判断力を持つ選挙人を選ぶところまでで、エリ

ートである選挙人が選べば大統領は間違いないというわけです。

　建国の父たちの思想を示す『ザ・フェデラリスト』という本があります
が、ここでは露骨な民主主義批判がなされています。さらに、派閥がある
のがいけないのではなくて、派閥が正々堂々と競争すればいいんだという
多元主義の思想がこの本にはあって、これは今日に至るアメリカ人の発想
ですね。アメリカは民主主義の国といわれつつ、民主主義という言葉にか
なりひねりを加えていると私は思います。

ルソーの人民主権論

　日本の教科書に不思議と定着してしまっているホッブズ、ロック、ルソ
ーという3人の思想家がいて、私も教科書会社に「いいかげん、この3人
のセットはやめましょうよ。他にも思想家はいるし、社会契約論だけが政
治理論ではないし」と言うのですが、変わりませんね。このルソーという
のが面白い人で、彼は時代錯誤な人でした。『学問芸術論』という本でデ
ビューするんですけれど、何を書いたかというと、世の中の人は学問だ、
芸術だ、文明だと言っているけど、そういうことをいう人に限って、ろく
なやつはいないって言うのです。学問とか芸術とかいうと、みんな教養を
競うようになる。しかしそういうのはインチキだ。俺が俺がというやつに
ろくな人はいない。そういうのが跋扈しているのが文明社会だというので
す。では何が理想なのかというと、古代ギリシャの、特にスパルタのよう
なひたすら戦争をやって、経済的利益とか商業とかを一切排除する国が素
晴らしいという。本来ルソーというのはこうした時代錯誤の極みのような
人ですね。

　ただ彼には一種、素朴なラディカルさがあって、後に本格的に政治に関
心を持ち、なぜこの世の中に不平等があるのかを考える『人間不平等起源
論』という本を書きました。彼の結論はこうです。かつて全ての大地は全
ての人に等しく開かれていた。ところがある日、いきなり土地に線を引っ
張って、くいをコンコンと打って、「ここは、俺の土地だ」と宣言する大
ばかものが出現した。やがて、そういう連中が国家をつくり、国家は、そ
ういう一部の金持ちのための利益ばかりを追求している。したがって、今
の政治体制は全部ぶち壊さないと、みんな平等にならないという、身もふ

ルソーの人民主権論

- 『学問芸術論』と文明批判

- 「全ての人と結合して、しかも自分自身にしか服従しない」は可能か＝社会契約

- 人民主権：全員が市民かつ臣民、一般意志に自発的に従う

たもないといえば、身もふたもないんですけど、ある種の起爆力のある議論を展開しました。

　そして、彼は第3弾として、『社会契約論』を書いた。この本は「全ての人と結合して、しかも自分自身にしか服従しないことは可能か」という面白い問いを考えています。彼は、みんなと一緒にいながら、自分が1人でいるときと同じくらい自由であることを目指したのです。彼の答えはこうです。全員で集まって、自分の体と財産を提供して、その政治体の意思決定に等しく参加して、その政治的共同体の意思決定を一般意志と呼び、この一般意志にみんなで自発的に従えばよい。自分も加わってみんなで決めた決定には従うべきだ。一般意志にみんなが自発的に従えば、人々は、人と共にいながら、自分自身の意志にのみ従って自由である、と。

　素晴らしい答えだとルソーは言っているのですけれど、今からしてみると本当に素晴らしかったのかなって感じです。現代の民主主義論の迷走って、大体、このルソーに起源がありますよね。一般意志（民意）というのが社会にはあるとルソーは言うんですけれど、そんなのどこにありますかね。

　ルソーはさらに、一般意志に従わない人がいたら、強制すればよい、一般意志に強制されることによってその人は自由になるのだ、という怖いことも言っています。このようなルソーの議論には、直ちに批判が出ます。それが自由主義です。

民主主義と自由主義

　私の研究しているフランス人のトクヴィルと、それからイギリス人のジョン・スチュアート・ミルは、19世紀の自由主義を代表する理論家として、皆さんもよくご存じかと思います。彼らと比べると知名度は下がるかもしれないですが、バンジャマン・コンスタンという人がいます。彼はこう言います。ルソーというのは、いい人だったかもしれないが、しかしあまり頭は良くなかった。ルソーは自由の心情は持っていたけれど、自由の論理は分かってなかった。だから、ああいう結論になったのだ、と。ルソーは、一人ひとりは自由であると同時に、他者と共に一緒にあるためには、みんなで一緒になって、1つの社会を形成して、1つの意志をもって、人民主権によって政治を行えばいい、と言ったわけですが、コンスタンにすればこれは論理の飛躍です。コンスタンは言いました。1人で物を決めるか、少数者で物を決めるか、みんなで物を決めるか、それは確かに1つの論点だ。人民主権は、みんなが政治に参加して、意思決定する。それはいい。しかし、それと個人の自由がきちんと守られるかどうかは、全く別問題である。1人の独裁者の下で、個人の人権が侵害される、これはよくある。少数の連中が政治を独占して、それ以外の連中をいじめる、これもある。でもさらにいえば、民主主義的な権力が個人の権利を侵害することだって、十分にありえる、と。つまり、権力の担い手が、1人か少数か多数であるかどうかと、その権力が個人の権利を侵害するかどうかというのは、論理的には全く関係がない。なのに、単純なルソーは、この2つをくっつけてしまった。しかし民主的な権力の下でも個人の自由は脅かされるというのがコンスタンの主張でした。

　トクヴィルとミルは、さらにこの議論を推し進めました。トクヴィルは皆さんもご存じのとおり、「多数者の専制」という言葉を主張しました。民主的な社会においても、世の中の多数者の人々が少数者を抑圧する事態

は起こり得るし、自治や結社の活動がなく、中央権力に依存する民主的社会の人々は、往々にして、民主的な権力だったら何をやってもいいと権力に全てを委託してしまう。かつてであれば、何か自分の身の回りで問題があったら、隣の人と相談して、互いに議論して解決したのに、ひとたび民主的な権力ができると、全て中央権力で決めてもらおうとする。かつての伝統的な封建制社会のほうが、まだ人々は身近なことは自分たちで考えていた。これに対し、ひとたび民主的な中央集権国家が生まれると、全て中央権力にやってもらわないと、何も決められなくなる。したがって民主的な名の下に権力が全てを決定し、個人の自由を侵害するということもあり得るだろう、と言ったわけです。

　ミルは、父がベンサムという功利主義者の熱心な支持者で、その父から英才教育を受け、功利主義者の論客として若くから活躍します。ところが20歳くらいになって悩むわけです。自分の人生は父の作り物ではないか、功利主義の理想は本当に自分の理想なのだろうか、と。最大多数の最大幸福というけれど、世の中には多様な人がいて、なのに多数者の利益ばかり尊重されたら、少数者は抑圧されるのではないか。そこで彼は、ある意味極論ですが、他人に危害を加えない限り、何をやってもいい、その人のやっていることが仮に愚行であっても本人がやりたいというならやらせてみろ、という考えに至ります。これを愚行権と呼びます。これが自由主義の大原則です。

　この人たちは皆19世紀の思想家ですが、民主主義と個人の自由とは相性があまり良くないと考えていたことが分かると思います。自由民主主義と簡単にいうから、話がごっちゃになるのであって、自由と民主主義は本来違うものだといったほうが、ある種、すっきりするかもしれません。

シュンペーター vs. アーレント

　20世紀には、長らく悪口であった民主主義が、一気にプラスの意味の言葉になります。それはアメリカが2度の世界大戦に参加するにあたって、戦争の大義としてデモクラシーという言葉を掲げたからです。しかし同じ20世紀に、ナチスのようなファシズム権力が民主的な選挙を通じて生まれたことで、世の中の多数者というのは、必ずしもまともな判断力を持つ

２０世期の民主主義論

- 「デモクラシーの世紀」

- シュンペーターのエリート民主主義論

- アーレントと参加民主主義

ているとは限らないという民主主義批判も展開されました。

　実は政治学の本を読んでいると、皆で決めたからいいとは限らないという議論ばかりです。例えばイノベーションの経済学で有名なシュンペーターは、エリート民主主義論を展開しました。民主主義を否定はしないが、政治に関心もなければ知識もない世の中の大半の人に政策を論じろというのは無理がある。ならばどうするか。人々は正しい政策を選ぶ力はないが、誰が正しい指導者かは選べるだろう。したがって民主主義というのは、まっとうな知識を持って政治を行うエリートたちを選ぶことに限定されるべきであって、そのエリートたちが決定する内容までを民衆が決めるべきではない。こういう議論です。さらにシュンペーターは、人々が正しいエリートを選ぶ能力があるかすら怪しい、けれどエリート間に競争があることそれ自体はいいことなので、そのために選挙をやるのだ、と強調します。

　対極にあるのがハンナ・アーレントの理論です。彼女はそれでも政治は大切だ、と説きます。古代ギリシャに立ち帰り、人がきちんと他の人間を認めて、言葉を通じて、みんなで物事を話し合っていこう。互いに異なる人間同士が話し合ったり、議論したり、そして一緒に生きていく政治をし

よう、というわけです。だから、ハンナ・アーレントは選挙だけやっていては駄目なんだ、エリートに政治を任せてはいけないんだ、普通の人が政治の場に参加して、自分とは違う立場の人たちと議論を交わしていくのが大切なんだ、と言います。これを受け継いで、参加民主主義を擁護する議論も今日根強くあります。

　今日の民主主義はいろいろな議論があってなかなか結論が出ません。民主主義は本当に人類の普遍的理念でしょうか。仮に民主主義はいいものだとしても、相当条件を絞らないと、うまくやっていけないのではないでしょうか。選挙で代理人を選ぶ代議制民主主義を本当に民主主義と呼べるでしょうか。もっと素朴に、この辺りのことを議論することが必要なのだと思います。

* * *

Q&A　講義後の質疑応答

Q.「民主主義」という言葉

　「民主主義」の元々の言葉は「デモクラシー」だと思うのですが、その言葉が「民主主義」と訳されていることに違和感を持っています。テクノクラシー、アリストクラシーといった言葉から考えると「クラシー」という言葉は権力と結びついた言葉のようにも聞こえます。日本でこれが「民主主義」と訳されたことで問題が生じていることはないでしょうか。

A. 確かに訳語として「主義」という言葉を用いたことは不適切だったと思います。「主義」という言葉が用いられた理由には当時の時代背景などさまざまな要因がありますが、「クラトス」は力や支配を意味する言葉、つまり「デモクラシー」が示すのは具体的な多数の人々の実践や物事の決め方のことです。ジョン・レノンが歌った"Power To The People"が近

いでしょうか。彼はベトナム戦争の文脈であの言葉を使ったわけですが、名も無い普通の人々が声を上げることの重要さを歌ったのです。これはデモクラシーに通じます。

　古代ギリシャでも最初の頃に民会に集まって意思決定に関与できたのはごく少数の有力者だけ、貴族や名門の人ばかりでした。そこにそうでない人たちが「私にも話をさせてくれ」といって異議申し立てをし（これをイセゴリア——平等の発言権といいます）、そのための実践や制度を作っていきました。この総体をデモクラシーと呼んだのです。

　『アメリカのデモクラシー』が書かれた当時のジャクソン米大統領は教養のない大統領といわれ、その様子を見ていたトクヴィルはデモクラシーを支持すべきかどうか悩みました。しかし、ニューヨークの商人たちの勤勉さや、ニューイングランド地方の田舎の人たちが地方自治について堅実な意見を述べる様子を見て、デモクラシーの良さに気づきます。政治的な意思決定にいろいろな人が自分ごととして関わり、そこでの決定に従う、このようなデモクラシーを良くしていくことが重要なのではないかと考えたのです。

　訳語の問題はありますが、日本においてデモクラシーを考える際にも、この基本的な部分は共有されるべきだと思っています。

Q. 「民主主義」のコスト

　民主主義的なプロセスの重要性は非常によく分かりますが、コストがかかりすぎる部分があると感じます。世の中がこれだけ早く動いていると、もう政治家や専門家に任せたい、決めてほしい、というある意味危険な思考停止のような状態になってしまうのではないか、特にSNSなどではそういう雰囲気が作られやすいのではないかと感じます。そのような状態になってしまうことや、ならないための条件についてどうお考えでしょうか。

A. 古代ギリシャでデモクラシーという言葉が生まれたとき、顔を突き合わせて議論するということが大前提でした。当時のポリスの市民は4、5万人ですから、ある程度どんな人がいるか分かり議論をする上での信頼関係が築けたのです。現代はマスデモクラシーとでもいいましょうか、それ

とは比べ物にならない数の有権者がいます。その状況でギリシャと同じ方法でデモクラシーを実現しようとするのは難しいでしょうし、かといって国民投票で国民の意見を一気に集めれば良いというのも違うでしょう。どういう形で人々が声を上げる仕組みを作るかというのは難しいのです。

　このような状況だと、政治も他人任せで良いと考えてしまいがちですね。その一方で、ろくに知識や情報もないのに、いろいろなことに口を出すのが現代の有権者です。それを批判したのが『大衆の反逆』を著したオルテガです。彼は、大衆が政治に参加するようになった後の人々の姿勢を「甘ったれたおぼっちゃん」と呼びました。暮らしの土台となっている文明社会を誰が作り、誰がどう維持しているか、どれだけのコストが払われているかということに皆が無自覚に好きなことを言っていることを批判したのです。そして、大衆が頼る専門家や科学者についても「専門家こそ、最もあしき意味での大衆である」と指摘します。科学者は本来宇宙の原理など、文明がどうもたらされているかを考えるべき人なのに、専門分化された科学者の中にそうしたことを考えている人がどれだけいるのか、かえって後退してしまっているのではないかと批判しました。その上で、狭い分野しか知らないにもかかわらず専門外の分野についても偉そうなことを言う、と痛快なことを述べています。

　こうしたことを踏まえてみると、私たちは今後インターネットを使ってデモクラシーをどう成り立たせるかを考える時期に来ているのだと思います。デモクラシーが「政治に参加できなかった人たちの声を拾い上げ、その声が政治を動かすこと」だとすると、現代のインターネットはデモクラシーを活性化する可能性を持っています。2010年代後半からはむしろインターネット上の情報が独占化されたり、専制に使われたりとデモクラシーにとって負の方向に使われることも見られていますが、それを乗り越えた使われ方を考えていくのがこれからなのだと思います。

民主主義とポピュリズム

—— 「中抜き」時代の到来

水島治郎

水島治郎（千葉大学法政経学部教授）

1999 年 東京大学大学院法学政治学研究科博士課程修了 博士（法学）、日本学術振興会特別研究員（PD）、甲南大学法学部助教授、千葉大学法経学部助教授、同准教授、同教授を経て現職。専攻分野はオランダを中心とするヨーロッパ政治史、ヨーロッパ比較政治。

著書に、岩波書店『ポピュリズムという挑戦』（岩波書店、2020 年）『反転する福祉国家』（岩波文庫、2019 年）、『ポピュリズムとは何か』（中公新書、2016 年）

藤山知彦

　民主主義の「現在」のテーマはポピュリズム、と決めていました。幾つか本を読んでいる中で 2017 年度の石橋湛山賞を受賞した水島先生の著作『ポピュリズムとは何か』は語り口が平明でしかも時事問題を豊富に扱っていてくれていたので分かりやすいのではないか、と思いました。

　それに白状しますと、私の「ポピュリズム」理解というのは先生自身がガラパゴス的訳語ではないか、とおっしゃっている「大衆迎合主義」という文脈で意識していました。つまり、視点を政治家側において「大衆の受け入れやすい私的な利益に対する迎合的な政治手法」というような理解をしていたわけです。

　そうではなくて、「特権エリートに対抗する、あるいは既存政党に代表されない普通の人々を代表すると主張するような政治哲学・運動で、右とか左とかいうよりも下からの対抗運動である」（先生が挙げてくれた先哲の言葉の複合で文責は私にあります）というような理解をすることができたのは新鮮でした。そうみれば、価値を伴った言葉ではなく、現象・事実として受け止めることができます。価値を判断する前に事実を知る必要があるからです。

　実は、このリベラルアーツ講座は 2 月にリアルで開催して、その後、コロナの第 1 波で開催を見合わせており、この日、オンラインを採用した最初の講義でした。幸い、水島先生も研修生たちもオンライン会議・講義にはある程度習熟しており、司会する側としては極めてスムースに移行することができました。特に水島先生に上（既成政治志向）―下（ポピュリズム志向）と右派・左派の 4 象限の座標を使って米・仏・独・伊・日の政治状況を解き明かせていただけたのは画面共有を使ってヴィジュアル的にも非常によかったと思います。

　民主主義の規範としての力はコロナによってさらに揺さぶられている状況にあります。一党独裁国家の中国が強権によるロックダウンを成功させているのに対し、先進民主主義国家がコロナ制圧に時間がかかっていることが影響しています。この問題は今後、真正面から議論されることが必要でしょう。

（2020・6・23 講義）

ステイホームとアンネ・フランク

　今回は、コロナで数カ月研修会が中断した後の復活第1回ということですね。数カ月に及ぶ「ステイホーム」の日々を過ごしたことを踏まえ、歴史の中のステイホームについて少し考えてみましょう。

　私の研究分野はヨーロッパ政治史ですが、狭い意味での専門はオランダ政治史です。オランダで一番有名な人といえばアンネ・フランクでしょう。彼女は今から80年前に、望まざるステイホームをせざるを得なかった人です。第2次世界大戦中、ドイツは占領地域でユダヤ人の迫害を大規模に進めて、多くのユダヤ人が強制収容所で死んだわけですが、その1人がアンネ・フランクでした。

　ただアンネ・フランクの場合、多くのユダヤ人と違っていたのは、2年間にわたり隠れ家に住んだ点です。アムステルダムで彼女は、家族と共に隠れ家で、オランダ人の知り合い、友人、家族などに助けられ息を潜めて生活していたわけですが、そこで彼女が綴っていたのが『アンネの日記』です。もちろん、アンネ・フランクをはじめとするユダヤ人たちのステイホームと、私たちのステイホームとでは、状況が違うでしょうが、彼女の言葉の中には、この数カ月の私たちの体験と共鳴する部分があると思います。

　『アンネの日記』には、ステイホームの持つ重さがあります。例えば1944年2月12日に、彼女はこう書いています。「わたしはあらゆるものにあこがれています」。彼女は2年にわたりほとんど外に出られなかったわけですが、その中で彼女がしたかったことは何か。次のように書いてあります。「ひとと話したい、自由になりたい、お友達がほしい」。

　この「ひとと話したい」というのは、皆さんもよく分かると思います。もちろん今はインターネットでコミュニケーションが取れますが、人と実際にリアルで話すときのコミュニケーションとはやはりだいぶ違う。ニュアンスは伝わりにくいし、本音も言いにくい。

　「自由になりたい」。家の中にずっと閉じこもっていると、そこには自由

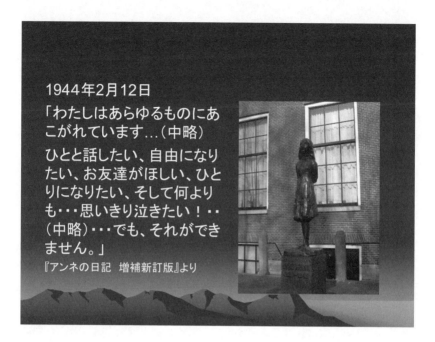

1944年2月12日
「わたしはあらゆるものにあ
こがれています…（中略）
ひとと話したい、自由になり
たい、お友達がほしい、ひと
りになりたい、そして何より
も…思いきり泣きたい！…
（中略）…でも、それができ
ません。」
『アンネの日記　増補新訂版』より

はありません。外を出歩いて自分の好きな所に行くことが、どれだけ自由
であるか、ステイホームのときに初めて実感させられた人も多いと思いま
す。

　そして「お友達がほしい」。ステイホームを何カ月も強いられていると、
新しい人と知り合うのも難しい。アンネ・フランクは実はかなり社交的で、
隠れ家に入る前は多くの友人がいて、広場でがき大将のように走り回って
いました。その彼女が友達を欲しがるのは当然のことだろうと思います。

　ただ、その次に彼女はこうも書いています。「ひとりになりたい。そ
してなによりも…思いきり泣きたい！」。

　「ひとと話したい」「お友達がほしい」というのは、人と積極的に交流し
たいということなので、ひとりになりたいということと、一見矛盾してい
るように思えます。でも、これも恐らく皆さんがこの数カ月、体験したこ
とかもしれない。アンネ・フランクは同じ狭い家の中で、家族や家族以外
のユダヤ人と1日中顔を突き合わせているわけです。そこではいろんな感
情の行き違いがあり、苦しい思いをします。やはり家族といえども、いき
なり昼間からずっと長い時間一緒にいると、普段話さなかったようなこと

が話せる一方で、思いのすれ違いや要求の衝突もある。私たちはこの数カ月間、ひとりになりたいと思うこともあったのではないでしょうか。そして何よりも「思い切り泣きたい」。でも、それができません。家族がいる場合は、ひとりでどこか部屋の隅で思い切り泣くのは、社会人にとっては難しいところです。

　このように見ると、アンネ・フランクは80年前に、すでにステイホームの本質的な部分を捉えて書き綴っていたと思います。『アンネの日記』はご存知の通り、オランダ人の知人が保管してくれていた日記を戦後、父親のオットーが出版して世界的に有名になったものです。この時期のユダヤ人たちは他にもいろいろ書き残しているのですが、その中で圧倒的にアンネ・フランクの日記が有名になったのは、やはり彼女の書いたものの中に普遍的なメッセージがあり、同じ体験を共有していない人にも自分たちの人生の本質を示す何かがあったからだと私は思っています。

ポピュリズムとは何か

　それでは本題に入りましょう。まず、ポピュリズムとは何かを簡単に説明すると、最大公約数的な理解としては、people に依拠してエリートを批判し、人民の意思を直接政治に反映させようとする急進的な改革運動だといえます。19世紀の末から20世紀の初頭にアメリカの中西部などで一気に広がり、その後、弱体化し消滅していったポピュリスト・パーティー（人民党）の「ポピュリスト」が転じて、20世紀に政治経済エリートに対抗する人民の運動をポピュリズムと呼ぶようになった。それが20世紀の末頃になって先進国でかなり広がっている状況といえます。

　ここで重要なのは、エリートに対抗して人民の意思を体現するという主張です。もちろん本当に体現しているかは誰も保証しないわけですが、少なくともイデオロギーとして見た場合は、人民、people の中心性を外すと、もうポピュリズムとはいえないということになります。

　日本でも何冊も本が翻訳されているツヴェタン・トドロフという人物は、ポピュリズムに関して次のように端的に表現しています。「ポピュリズムは右や左である以上に、下に属する運動である」と。既成政党は、右も左もひっくるめて上の存在であり、その上に対する下の対抗運動がポピュリ

ズムであるということです。これは『民主主義の内なる敵』（みすず書房）という本に書かれていますが、要するに現代では、民主主義の外側に敵がいるのではなくて、民主主義が自らが生み出した敵に対処せざるを得ない。すなわちある意味では民主主義の本質的な部分である民衆の政治が、逆説的に民主主義に対する一種の挑戦を突きつけている、ということです。

　ポピュリズムについて、英英辞典の説明を見てみると、「普通の人々を代表すると主張する（claiming to represent the common）」、あるいは「特権的エリートに対抗する人々の権利と権力を支持する政治哲学（a political philosophy supporting the rights and power of the people in their struggle against the privileged elite）」ということで、政治をエリートのものにするのではなく、民衆に政治権力を返そうと主張するのがポピュリズムだと説明しています。

　日本では、しばらく前まで大衆迎合主義という訳語が使われることが多かったですが、大衆迎合というのはやや意訳です。いま日本語表記をするのであれば、カタカナ表記でポピュリズムとするか、人民主義、あるいは人民第一主義とするのが良いでしょう。要するに、中心は people にあるというわけです。

　ポピュリズムとデモクラシーとの関係を端的に表すと、次のように言えます。民主主義には、どこに重点を置くかで2つの理解がある。1つ目は立憲主義的な民主主義理解で、民主主義の中でも特に権力分立や法の支配を重視する。少数派の権利保護や、中央集権的で絶対的な権力の抑制など、一種のリベラリズム的な理解をする民主主義がある。他方では人民主義的な民主主義理解があって、これはデモクラシーというのはそもそもデモスの支配であり、人々が意思決定に直接関わることこそ大事なんだという理解です。ポピュリズムというのはこの後者、すなわち人民主義的な理解に力点を置いた民主主義です。その点でポピュリズムはデモクラシーではあるが、リベラリズムに対しては否定的であって、リベラルデモクラシーというよりは「デモクラティックなデモクラシー」のようなところがあると言えるでしょう。

　このように話すと、ポピュリズムというのは一体何なのか、右なのか、という疑問が出てくると思います。ポピュリズムというと排外主義、極右

などと結び付くと思われがちですし、実際に結びついている面もあります。ただ、ポピュリズムそのものは、ツヴェタン・トドロフの話で出したように、右や左というよりは「下」のものなんですね。

　実際、ポピュリズムの中には右派も左派もあります。右派ポピュリズムは排外主義、特に反イスラム主義が、フランスやドイツ、オランダなどで目立って伸びてきています。他方で、反緊縮、反格差を合言葉に、ギリシャやイタリア、スペインなどでは左派ポピュリズムが力を伸ばしています。

　このように、右と左のポピュリズムがあるわけですが、しかし既成の政治家や政党を批判し、自由貿易や国際主義に反発して自国第一主義的な立場を取る点で、実は左右は共通している。要するに、今の政治はグローバリゼーションや自由貿易といった枠組みを重視して自国民をないがしろにする、一部のエリートの思うままになっている。そうではなく自国民を優先すべきなんだ、という主張では、右も左も同じわけです。

　ではなぜ左右のポピュリズムが分かれてくるのか。概して格差の大きい国では、エリートは金持ちであり、かつ政治も握っている連中だということになるため、左派ポピュリズムが台頭します。ところが、福祉がある程度発達した国では、逆に格差がそこそこ縮小しているので、福祉国家から権益を引き出している新しい特権階級がいて、彼らが問題だ、という議論になります。例えば生活保護受給者や、ヨーロッパでは移民が、福祉制度に依存して国家をむしばんでいるという主張になるわけです。これが右派ポピュリズムです。

　そもそも福祉があまり発達しておらず、再分配機構が人々に目に見える形でない場合には、福祉に依存している移民というのは全く根拠がない議論になってしまうので、それは主張しない。むしろ「本物の金持ち、エリートこそが問題で、彼らをどうにかしろ」と主張する左派的なポピュリズムが支持を受けることになります。

　左派ポピュリズムは今まであまり馴染みがなかったと思いますが、近年、日本でもその動きが出てきました。例えば昨年（2019）出た『左派ポピュリズムのために』（明石書店）という本があります。この本は、新自由主義を容認し、弱者切り捨てに加担する既存の左派を批判する左派ポピュリズムをテーマとし、これに期待をかけるシャンタル・ムフという有名な政

治学者が書いた本です。実は「れいわ新選組」の流れと、この左派ポピュリズムの流れは近いところがあり、「れいわ」に近い人々はこの左派ポピュリズムの議論を読んでいる。その意味で、左派ポピュリズムは今の日本でも、一定の影響力を持ち得る部分があるという感じがします。

　ポピュリズムはかつて「大衆迎合主義」と呼ばれていたわけですが、この『左派ポピュリズムのために』という本を『左派大衆迎合主義のために』と訳せるかというと、これはもうタイトルとして成立しないので、やはり大衆迎合主義という呼ばれ方は今後廃れていくでしょうね。

ポピュリズムの演劇的特徴

　ポピュリズムが人々の際立った関心を引き付ける背景には、「演劇的である」という、他の政治イデオロギーとやや違った特徴があるでしょう。カリスマ的なリーダーによるレトリカルな演説が、ポピュリズムにつきものです。既存のエリートをこき下ろし、それまで高みにいた人々を地べたに引きずり下ろすような演説が出てくる。ダイナミックな逆転劇が存在し、エリートたちが栄光から転落していく。一種のポピュリスト・モーメントというものがあります。

　演劇的なポピュリズムでは、観客による民衆への感情移入、高揚感、一体感があるわけです。例えばシェークスピアの『ジュリアス・シーザー』のクライマックスは、殺されたシーザーの追悼演説をアントニウスが行う場面です。シーザーを亡き者にして自分たちが権力を取ろうとするエリートたちを、地べたに引きずり下ろして大逆転劇を行う。その大転換がまさにポピュリスト・モーメントです。

　ポピュリズムは演劇にしやすい。頭でっかちの学者たちのイデオロギー闘争とはまた違うわけです。イプセンの『民衆の敵』もポピュリズム的な話ですし、アルゼンチンのペロン大統領の妻の物語である『エビータ』もそう。ペロン大統領は南米で最も有名なポピュリストでしたが、夫妻の歩みをドラマチックなものとして描き得たわけです。

各国の現在のポピュリズムの動き

　以上を踏まえて、ここ数年の各国のポピュリズムの動きを考えてみたい

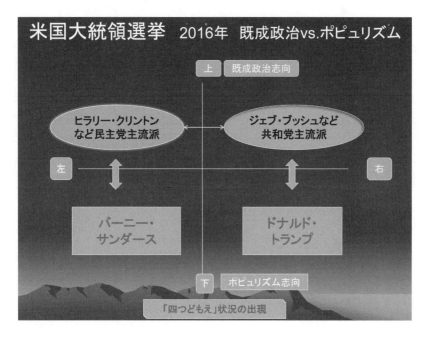

と思います。まずはアメリカについてです。ご存知の通り、2016年の選挙は、もともと共和党の主流派対民主党の主流派の構図になるはずでした。共和党主流派はジェブ・ブッシュなど、民主党主流派はクリントン。基本的にアメリカ大統領選挙は、予備選で共和党の主流派と民主党の主流派が勝利して、この主流派同士で争います。しかし2016年の選挙においては、共和党でドナルド・トランプ、民主党でバーニー・サンダースが出てきて、従来の右対左という対立のみならず、上対下という争いが表面化し、四つどもえ状況が生じたわけです。

　トランプもサンダースも、自分の党の主流派を攻撃することが最大の眼目でした。民主対共和でなくて、下対上という戦い方で上を追い詰めていった。バーニー・サンダースは予備選では負けたものの、クリントンを相当追い詰めました。トランプは共和党主流派を全て打ち倒して、最終的にはクリントンにも勝ち大統領になるわけです。クリントンがサンダースに追い詰められ、痛手を負っていたのが大きかったのは間違いありません。

　同様の構図は2017年のフランス大統領選にも当てはまります。フランスの大統領選は伝統的に保守本流対左派本流、共和党対社会党で争うのが

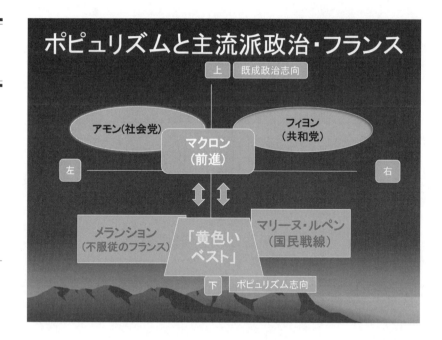

ポピュリズムと主流派政治・フランス

上　既成政治志向

アモン（社会党）　　フィヨン（共和党）

マクロン（前進）

左　　　　　　　　　　　　　　右

メランション（不服従のフランス）　「黄色いベスト」　マリーヌ・ルペン（国民戦線）

下　ポピュリズム志向

デフォルトだったわけですが、2017 年には下にマリーヌ・ルペンとメランションが出てきて、いずれも右と左の陣営の中で上をたたくことに専念しました。結果、フランスの場合は上の共和党も社会党もぼろぼろになってしまって、大統領選挙の決選投票に既存の二大政党から 1 人も候補者を出せない異例の事態になります。

　その中で彗星のごとく出てきたのがマクロンです。マクロンは、もともと社会党の閣僚なので、既成政党の一員ではあります。ただ、彼は政治感覚が優れていて、社会党の閣僚をしている限りは自分には芽がなく、むしろ既成政党に見切りをつけて新しい動きを起こした方が選挙民には受けがいいと読んでいました。実際マクロンは、清新なイメージを持って大統領選挙に参入し、マリーヌ・ルペンと決選投票で一騎打ちになる。こうなるとマリーヌ・ルペンに入れたくない人が右も左もマクロンに入れることになるので、勝利したわけです。

　ただマクロンの場合は、もともとグランゼコール出身のエリートで、本来は「上」の人物です。そのマクロンへの「下からの」失望が現れたのが、黄色いベスト運動ということになります。特に問題となったのが燃料税、

ガソリン税です。地方の公共交通機関が発達していないところで、自家用車に頼らざるを得ない人々の生活を直撃することになり、パリのエリートであるマクロンが民衆をいじめたという構図が成立し、人々が凱旋門、シャンゼリゼ通りを占領して騒ぎになりました。

この黄色いベスト運動を担ったのはだれか。実は具体的なリーダーがいるとは言い難い。マリーヌ・ルペンの支持者もいれば、メランションの支持者もいて、とにかく右も左も関係なく、マクロンの「上」に対する「下」の抵抗運動として集まった、まさに上対下が街頭で演出された運動であるわけです。

ドイツにおいても、戦後のドイツの首相は CDU（ドイツキリスト教民主同盟）・CSU（キリスト教社会同盟）と SPD（ドイツ社会民主党）という二大政党の中から全て出ているわけですが、この二大政党の対抗軸に割り込んだのが 2017 年の AfD（ドイツのための選択肢）です。さらに緑の党も伸びたので、二大政党はいずれも、2017 年の選挙では戦後最低の得票率に沈むことになり、苦しいところに追い詰められました。

イタリアにおいても伝統的に保守と左派が対立してきましたが、そこに五つ星運動が反既成政党を前面に掲げて出てくる。また、右の下のほうには右派ポピュリストとして同盟が勢力を伸ばして、結果的に選挙後に成立したのは五つ星運動と同盟からなるポピュリスト政権でした。

2019 年 5 月には欧州議会選挙で、これも 1970 年代末から基本的にキリスト教民主主義系グループ（EPP）と社会民主主義系グループ（S&D）が圧倒的な議席を得てきたわけですが、その構図が崩れました。二大勢力が初めて合計で 5 割を切った。右の下から右派ポピュリズム、左の下から急進左派が出てきて、上を脅かす状況が、実はヨーロッパのほとんど全ての国で起こっているわけです。

現代日本のポピュリズム

日本についても、簡単に見てみましょう。日本では基本的に自民党対、かつては社会党、その後は民主党という形で、保守対中道左派勢力の対抗軸があって、それ以外に公明党、共産党があるという状況でした。これが次第に変化していったのが 21 世紀に入ってからで、維新が右の下に現れ

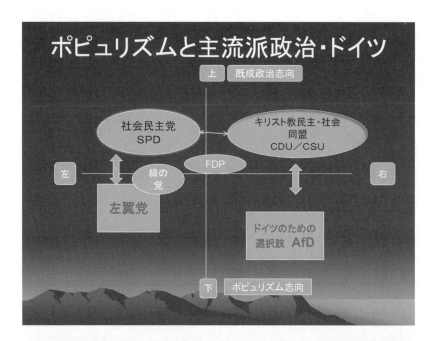

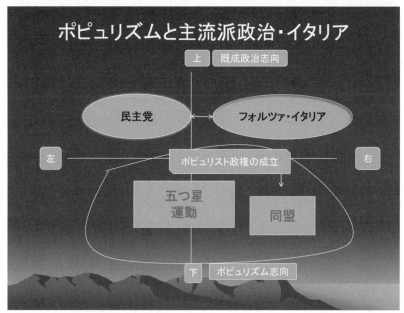

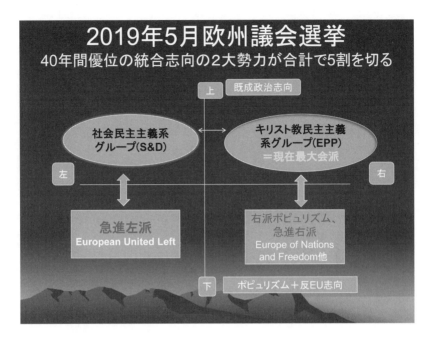

ました。2017年の選挙では、さらに空いている空間を捉えて希望の党が
出てくる。小池百合子氏は、ポピュリスト的なスタイルで自民党と異なる
新しい政治を演出し、自民党に代わる政権を取ろうとしました。ただ、実
際にこれはうまくいかず、結果的に希望の党は分裂して、左に立憲民主党
がくることになりました。

　ただ、下のほうに空間が開けたのは、この数年の日本政治でも明らかで
す。そこに入ってきたのがN国とれいわです。この2つの党は昨年(2019)
の参議院選挙でいずれも議席を獲得しましたが、主流派メディアは投票の
直前までほとんど報道に取り上げませんでした。ところがインターネット
上ではそれぞれ100万回以上の閲覧を得て、学生たちに聞くと、N国とれ
いわについてはよく知っていると言うわけです。投票するかどうはまたち
ょっと別ですが、少なくともインターネット世代の間で明らかに注目度が
高かったのはN国とれいわでした。

ポピュリズムの伸長と「中抜き」民主主義

　このようなポピュリズムがなぜ伸びているのか。幾つか理由があって、

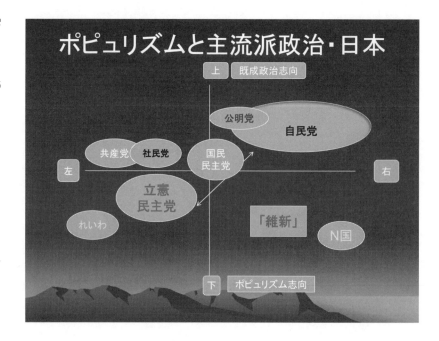

冷戦の終結と左右対立の変容、既成政党や既成団体の弱体化、産業構造の変容とグローバル化、さらにヨーロッパにおいては、ヨーロッパ統合の進展などが挙げられます。20世紀型政治の終焉といえるでしょう。中でも既成政党の衰退は著しい。ここで生じているのは、いわゆる右傾化と単純に言うことはできません。実際、人々が右傾化している証拠はほとんどなく、全般的に見ればリベラル化している面も強いわけです。例えば男女平等に関して、30年前と今とどちらが保守的だったかというと、全然比べものになりません。

いま起きている変化は、そういった右か左かという問題ではありません。20世紀型の代表制民主主義が信頼を失っている、すなわち代表者に代表されていないという不満が高まっていることです。かつてわれわれが前提としていた、選挙で代表者を選出し、その代表者が行動した結果に関しては基本的に信頼するという枠組みがうまくいかなくなってきている。グローバル化、情報化をはじめとして、手の届かない動きが自分たちの生活を左右しているのではないかという思いが広がっています。

そこで出てきているのが、「中抜き」の民主主義です。近年、日本の有

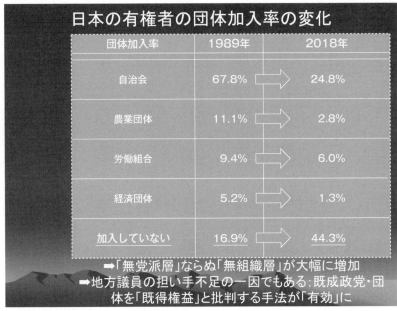

日本の有権者の団体加入率の変化

団体加入率	1989年	2018年
自治会	67.8%	24.8%
農業団体	11.1%	2.8%
労働組合	9.4%	6.0%
経済団体	5.2%	1.3%
加入していない	16.9%	44.3%

➡「無党派層」ならぬ「無組織層」が大幅に増加
➡地方議員の担い手不足の一因でもある：既成政党・団体を「既得権益」と批判する手法が「有効」に

出典：明るい選挙推進協会『第15回参議院議員通常選挙の実態──原資料』（1990）、『第48回衆議院議員総選挙　全国意識調査　調査結果の概要』（2018）。

人が入っていたのが、今では4分の1程度しか入っていない。農業団体、経済団体といった保守的な地盤を持つ団体も、左派政党の基盤である労働組合も、団体加入者が半分以下に減っています。唯一「加入していない」が2倍以上に激増していて、今や無組織層が最大グループです。

　かつてはこれらの団体構成員が選挙に駆り出されていましたが、今はそのような動員がかなり弱体化しています。つまり何らかの団体に属し、その団体と密接な関係を持つ政党を支援し、そこにアイデンティティと信頼感を持つ構図が変わってしまっている。

　無組織層が多くなるとどうなるかというと、結局、無組織層は団体を通じて動員できないので、逆に既成政党や既存の団体を既得権益と位置づけて批判し、自分の縛りのなさを強調するやり方が評価されることになります。昔は団体の支援を得たら当選確実という時代があったわけですが、今は逆に既存の団体を批判する方が、受けがいいことさえあるわけです。

　このような中抜き政治はヨーロッパではもっと進んでいて、オランダで

はウィルダース率いる自由党という、党員が 1 人しかいない右派ポピュリスト政党が、フォロワー 80 万人を抱え、選挙では 100 万票以上を獲得し、現在、第 2 党であるという状況です。支持団体も、政党組織も事実上存在しないわけですが、このような個人が Twitter でセンセーショナルな主張を展開し、支持を広げるわけです。

こうした中で、日本でも中抜きの政治のあり方に対応しようという動きが出てきています。2017 年総選挙でも、立憲民主党が SNS を介したリベラル無党派層へのアピールを行い、ある程度成功しました。枝野氏もこうした議論を踏まえているのか、「もう右や左ではなくて、上対草の根である」という言い方をしています。

維新も中抜きの手法が鮮明で、組織より無党派層にいかに浸透するかを重視して、選挙を展開しています。2019 年の参議院選挙においてはれいわと N 国が、これまた既存の具体的な組織に頼ることはほとんどなく、インターネットを通じた宣伝で多くの人に届くことを狙いました。もはや団体や政党組織が「見えない」時代になっています。

このような中抜き状況は、社会の全般で進んでおり、経済、政治、社会、メディア、教育現場など多方面で、20 世紀にわれわれが前提としてきた中間的存在、権威というものが弱まっています。何らかの権威が世の中の議論をまとめて提示し、それを多くの人々が信じる・学ぶという構図が崩れているのは間違いないでしょう。

経済分野ではメルカリに象徴されるように、直接取引やシェアリングの形で中抜きが進んでいます。メディアにおいては SNS を通じた情報収集や発信が一般化し、既成メディアも、何か主張したらネットで批判されるようになっている。かつて就職人気最上位を占めていた新聞業界は、今は全然上位に出てこない状況になりました。

社会運動は、さらに中抜きの最前線を走っていると言えます。グレタ・トゥンベリさんをはじめとする、気候変動問題の対処を訴える世界の若者の運動などは、既存の団体をほとんど介していません。かつてなら、グリーンピースのような組織力を持った環境保護団体が主導したところですが、今回はその存在が見えてこない。むしろ若者たちがインターネット、Twitter などを通じて緩やかにつながりながら運動を起こしているのが実

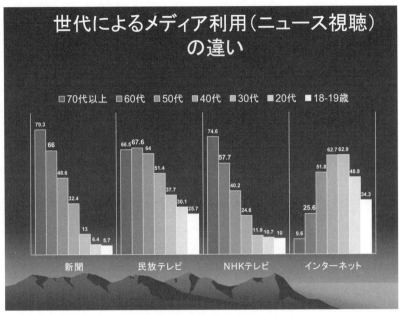

出典：新聞通信調査会『メディアに関する全国世論調査　第12回』(2019).

情です。

世代によるメディア利用の違いとその利用

　メディア利用も顕著に違いが出ています。日本では70代以上の人の79.3％が新聞を通じて、74.6％がNHKのテレビを見て情報を得ている。ところが、新聞を読む人は世代を下ると下がっていき、30代では13％しか読んでいません。NHKを通じてニュースを見ている人の割合も、新聞と相関しています。民放テレビは若干パターンが異なっていて、70代以上の人はそんなに民放によるニュースに親近感を覚えておらず、見ているのはもう少し下の世代になります。

　世代間格差が最も現れるのはインターネットで、70代以上の人はわずか9.6％のみインターネットを通じて報道を見ているのに対し、40代、30代では3分の2近くがネットで見ている。ここまでツールが違うと、見える世界が相当変わってくるのは言うまでもありません。

　このように中抜きはさまざまなレベルで起きていて、それをうまく使え

るかどうかが現代社会ではかなり重要になります。実は前天皇も、生前退位のプロセスの中でこの中抜きの手法を使ったといえるのではないか。もともと前天皇は、2010年頃から退位の希望を周りに伝え、それは政府側にも伝わっていた。しかし、政府の側から退位をお膳立てしようという動きは最後まで起きませんでした。そこで前天皇は、2016年にテレビを通じて国民に直接言葉を語りかけたわけです。政府や与党、あるいは野党などの中間的な存在を介さず国民に呼び掛けることで、結果的に政治を動かしたことになります。この件に関しては、与党はもちろん野党の側も動きが鈍かったところ、世論は圧倒的に天皇の「退位したい」という意向を支持し、結果的に物事は天皇の希望する方向に進みました。

　ちなみに前天皇は、ヨーロッパの動きもかなりよく把握し、かの地の動きを踏まえて行動しています。2010年代の前半、オランダ、ベルギー、スペインで相次いで3人の国王、女王が退位の意向をテレビを通じて表明し、それを国民が受け入れて退位が実現していました。それと同じ方法を使ったわけです。

「中抜き」時代に大切なもの

　「中抜き」時代においては、中間的な組織を支配してきたエリート層が影響力を弱めています。「何々の権威」という言い方も昔はよくしましたが、今はもう聞きません。では誰が正しいのか。エリートが正しいのか、民衆が正しいのかという議論もあり得ますが、私はその議論にあまり意味を感じません。なぜならどちらも間違えるからです。やはり大切なのはダイアローグだと考えています。

　エリート層への不信が広がっていたEUでは、一方で近年、別の試みも見られます。ヨーロッパでは2018年に、夏時間廃止の問題が大きく扱われていたのですが、ポピュリズムが秩序を揺るがしていた時代にエリートの独断は避けたかったのか、EU市民におけるネットアンケートを行いました。夏時間を廃止したいかどうかを聞くと、460万人が参加して、84%が廃止に賛成ということになりました。このネットアンケートを経て、欧州議会における廃止決議、そして最終的には各国ごとに決めるという形で物事が進んでいたのですが、このプロセスに関しては、文句が出てこない

んですね。なぜかというと、民意をアンケートで集め、具体化に関しては国が決めていくことで、どこか一部の上か下の人々が自分たちの意見を押し付ける形になっていないからです。毎回全てこのようにうまく回るわけではないでしょうが、ここから言えることは、どちらが正しいという議論をするのではなく、いろんなレベルで議論をしながら合意を得ていく、対話、ダイアローグが必要なのだということだと思います。

　最初にアンネ・フランクの話をしましたが、恐らくステイホームは彼女の本意にかなうものではなかったでしょう。1942年に隠れ家生活に入るまで8年以上にわたって、彼女はアムステルダムの隠れ家とは反対側の南東部にあるメルウェーデ広場周辺を根城としていました。今はアンネ・フランクの銅像も立っているこの広場で、彼女は多くの子どもたちと出会い、友情を育み、駆けずり回って人生を謳歌していたわけです。アンネ・フランク・ハウスといえばオランダでは隠れ家のことですが、私自身は、本当の意味でのアンネ・フランクの家は、このメルウェーデ広場を囲む、彼女の育った場所だったのではないかと思います。

　広場といえば、フォーラムです。産学フォーラムのフォーラムです。ステイホームの時期、いろいろ考えざるを得なかった私たちは、改めてそのフォーラムの意味を問い直すことが必要ではないでしょうか。

＊ ＊ ＊

Q&A　講義後の質疑応答

Q. ポピュリズムをうまく使った政治

　ポピュリズムの難しさを中心にお話をいただいたと思いますが、一方でポピュリズムはまだまだ続くと感じ、付き合い方を考える必要があるのだと考えました。ポピュリズムで表出された民意をうまく取り込んで政治を行えている例はあるのでしょうか。

A. ポピュリズムを取り込み、民意をうまく捉えて自己改革してきた国は、やはりアメリカだろうと思います。アメリカは共和党と民主党という二大政党がありますが、両党とも150年の歴史を持っています。この二大政党が国内のさまざまな動きをうまく吸収できるシステムを整えているのです。19世紀末のポピュリスト党は、民主党に取り込まれて終わりました。『11の国のアメリカ史』（岩波書店）という本があるのですが、これを読むとアメリカが地域によってほとんど国が違うというぐらいまで、多様性を持った国であるということがわかります。この多様な集団たちが時に共和党、時に民主党を支持し、政権交代を伴いながら民意を反映させているといえます。

　なお、ポピュリズムと政治を考える上でCOVID-19は興味深い状況を生み出しています。外国人の流入を止める、飛行機を飛ばさず化石燃料排出量を下げる、国民に一律でお金を配る、左右のポピュリストが主張するような政策が、いずれもCOVID-19によって実現されてしまったわけです。

Q.「中抜き」と情報通信技術

　現在、急速な技術革新が進み、特に情報通信技術の進歩は目覚ましいと言われます。そうすると新しい情報通信技術を使ってどんどん情報が発信・収集され、人々はその情報にしたがって行動するわけです。中間団体のない「中抜き」の状況下で人々が不確実な情報に直で触れて行動することによるリスクをどう抑えるか、新しい中間団体が情報技術を適切にコントロールしていくということが必要だと思うのですが、いかがでしょうか。

A. 現代の状況を考える上で、宗教改革期のできごとは参考になると思います。宗教改革が起こる上で、活版印刷による情報拡散の高速化が大きく役立ちました。カトリックの腐敗が問題とされ、活版印刷を通じてカトリックに関する風刺画やプロパガンダがどんどん拡散されました。現代でいえばフェイクニュースのようなものです。これに対してカトリック教会側は、活版印刷術の活用に慎重でした。しかし、その間にプロテスタント派が活版印刷を使って情報をどんどん流していきます。ルターが作ったドイ

ツ語版聖書もその１つです。カトリック教会は後れを取ってしまいます。そのカトリック教会の中で内部改革を志して出現したのがイエズス会でした。彼らは新しい技術を用いて、プロテスタントに対抗するという意識を強く持ちながら反転攻勢に出て、日本や東アジアなどに進出したわけです。

　結局、テクノロジーを積極的に応用する勢力が世の中を席巻していく流れは止められないのだろうと思います。そうしたときに、既存の体制の改良・革新にテクノロジーをうまく使える集団が出てくるかどうかが重要なのではないかと考えています。余談ですが、2013 年に就任したフランシスコ教皇は上記のイエズス会の出身であり、ヨーロッパ外（アルゼンチン）出身でポピュリズムもよくわかっている人物です。カトリック教会は 21 世紀に入り危機を迎えるわけですが、その状況を何とか打開できる教皇として期待されています。民衆と乖離したカトリック教会であってはならないと、困難を抱えている人と積極的に関わり、（1 代前のベネディクト教皇時代からですが）Twitter でメッセージを発信したりされています。

Q.「中抜き」とイノベーション

　COVID-19 の感染拡大を受けてテレワークを経験しました。そこで感じたのは、「質の高い対話」がイノベーションにつながる積極的な議論に必要ということであり、そのさい対話のための前提となる言語を共有できていることが重要なのではないかということです。「中抜き」の状況は前提の共有、また質の高い対話という両方の観点で難しさを生んでいると思うのですが、お考えをお聞かせください。

A.　中抜きでイノベーションが可能なのか。そもそもイノベーションには、集団の中から起こせるものと集団の外から起こせるものと両方あるのだと思います。スイスは州が集まってできた国であり、分権的で非効率な政治体制で対話を繰り返して物事を決めていくわけですが、経済的な国際競争力は非常に高い。一方で、先ほどのカトリック教会のように集団の外（プロテスタント）からの圧力を受けて革新をしていくものもあります。ポイントは、「中抜き」のような状態に陥った時にそれぞれが対話を拒否せず、新たな対話を生み出そうとしているかどうではないか、対話が難しいと

言っているが実はやりようはあるのではないかという気がしています。

　政治や会社において、これまでの中間集団のあり方が機能しなくなってきているときに、その集団にしがみつくのではなく、自分たちでネットワークを作り、中間団体に代わる新たなものを作って行動していくことが必要なのでしょう。そうしたネットワークを作る過程で個々人が力を備えたり、対話のあり方を見直したりしていくことが重要なのだと考えています。

第 **6** 講

民主主義と AI ネットワーク

湯淺墾道・西田亮介

MEMO

藤山知彦

　3規範それぞれに歴史、現在、課題と割り振った講義を企画する中で、民主主義の課題は新しい情報社会の中での民主主義への影響、ということは早くから決めていました。まだ、新しい分野なのでどなたに頼むのが良いのか分かりませんでした。そこで科学技術振興機構の同僚に相談すると何人かの先生と論文をご紹介いただきました。湯淺先生のデジタルゲリマンダーの論文が問題意識に近いと思い、連絡を取り、小原事務局長とお話を伺いに行きました。

　1時間以上もお話ししたでしょうか、その間に、この問題は当初、私が考えていたような双方向メディアの開発によるマーケティングノウハウを利用した選挙手法、民主主義の変化というだけにとどまらず、「フェイク」というものの定義、取り扱いなどもっと認識論も含めた人間としての根源的な問題だということが分かってきて慄然としたのを覚えています（ちょうど、科学技術の課題のところは情報科学を主題にして認識論にも造詣の深い中島先生にお願いするので、共鳴しあうところがあるかもしれないとも考えました）。

　この日の質疑のところで、プライバシーに関して湯淺先生の「中国ではプライバシーは全体のために犠牲となるのは当然と考えられ、ヨーロッパではプライバシーは依然重要な侵すべきでない権利でそのために科学を管理するべきと考えている。米国ではプライバシーは、守りたい人はお金を払って守る、開示して自分の利便を得たい人はそうする、つまり財産権になりつつある」という話には啓発されました。

　そう考えると、日本のプライバシーをめぐる国民としての統一的価値観はまだ形成されていないのだ、という気づきにもなりました。

　湯淺先生のお話の後、日本の政治が新しいメディアをどう使おうとしているかについて、西田先生にお話をしていただきました。(2019・11・11 講義)

i　民主主義とAI

湯淺墾道

湯淺墾道（明治大学公共政策大学院ガバナンス研究科教授）講義当時＝情報セキュリティ大学院大学教授

1970年生まれ。慶應義塾大学大学院法学研究科博士課程退学。九州国際大学法学部専任講師、助教授、准教授をへて2008年4月より教授。同年9月より九州国際大学副学長。2011年4月より情報セキュリティ大学院大学教授、2012年4月より学長補佐、2020年4月より副学長を併任。2021年より現職。九州大学・中央大学・愛知学院大学非常勤講師、各自治体の個人情報保護関係の審議会委員、ベネッセホールディングス情報セキュリティ監視委員会委員、日本選挙学会理事、総務省情報通信政策研究所特別研究員などを務める。

民主主義と AI は相性が悪い

　総務省の AI ネットワーク化推進会議で、AI で今後将来がどうなるかということを議論していたのですが、そこでは発言時間が短く、なかなか自分の考えていることを全て発言することができません。そこで「言いたいことを書きましょう」ということで作ったのが課題図書『AI がつなげる社会』です。そこで私が担当した章の冒頭にも書いたのですが、民主主義・選挙と AI というのは相性が悪いのです。まずは、なぜ相性が悪いのかということを世界史のおさらいをしながら見てみたいと思います。

ギリシア・ローマ・中世ヨーロッパ時代の民主主義

　民主主義が教科書で初めに出てくるのは古代アテネの陶片追放です。いわゆる独裁者の出現を防ぐために、「この人は追放すべき」という政治家の名を陶器のかけらに書いて、一定数以上集まったら追放するという、今日のリコール制度のようなものが最初にできたと言われています。続いて、ローマ時代、カエサル後の帝政時代には都市に自治制度がありました。今日で言う市議会議員にあたる、参事会会員という制度があり、彼らは選挙で選ばれていました。

　中世イギリスで 1295 年にエドワード 1 世が招集した模範議会が今日の議会制度の始まりだと言えます。その後、ヨーロッパ各国では等族議会、三部会と呼ばれる議会制度が採られました。平民・貴族・聖職者の 3 つの身分からそれぞれ代表を出し合う議会が開かれていたのです。

民主主義の変遷──代表民主制の限界

　こうしてみると、民主主義はリコール制・直接民主制から始まっていると言うことができます。もちろん、奴隷や女性など当時は有権者に含まれていない人たちはいるのですが、有権者全員が参加する直接民主主義的な制度から始まったということは押さえておく必要があります。そこに、参事会制度や模範議会といった代表民主制が取り入れられ、等族議会ではそ

れぞれの身分から代表者を送るというような代表民主主義に変化をしていった、こういう過程を見て取ることができます。

　今日でも多数代表制、少数代表制、比例代表制など様々な代表民主制が取られています。多数代表とは選挙区のマジョリティが議席を取る制度で、アメリカの国政選挙やイギリスの選挙、日本の国政選挙で取られている小選挙区制（トップ当選者を代表とする）やアメリカの一部の自治体で取られている大選挙区完全連記制（1つの選挙区に複数名当選者が割り当てられ、投票用紙には選挙区内の定員全員分を記入して投票）などが当てはまります。続いて少数代表は少数派もある程度議席を持つことができる制度で、大選挙区制限連記（1つの選挙区に複数名当選者が割り当てられ、有権者は当選者より少ない複数の候補者に投票できる）や大選挙区単記（1つの選挙区に複数名当選者が割り当てられ、有権者は1名だけ投票できる）といった制度があります。比例代表制は北欧諸国で主に取られており、政党への投票数に比例して議席が配分される仕組みです。

　しかし、このような制度が最善かと言われると必ずしもそうではないでしょう。例えば東京都の区議会議員選挙は大選挙区単記式が採られています。しかし、有権者は大選挙区ながら1名にしか投票できないため数十人の候補者から1名を選ぶことになります。下位当選者だと、当落差が1票、あるいは0票のこともあります。この当落は民意を反映しているのか、疑問が残ります。

代表の観念と矛盾1——「代表」の2類型

　根本的な問題として代表となる「議員とは何か」ということがあります。中世における身分制のもとでの議会は身分それぞれを代表して議員が選ばれ、彼らはそれぞれの身分の権利を主張しました。この時の議員は、代表者というよりは代理人だということができます。これを専門用語で強制委任、命令的委任と呼びます。こうした議会は会期が長引くことがありました。例えばフランス革命前の17-18世紀には議会で法案が出ると、議員はそれぞれ自身の選出母体に帰って法案に対する賛否をうかがい、それを議会に持ち帰ってまた議論する……、というやり取りをしていました。こうしたやり取りが何往復もされ、また移動にも時間がかかるという調子で、

2つの代表の観念

■ **身分制議会、等族会議における代表**
- 議会は身分的特権の主張の場
- 各議員は身分代表、選出母体の意思に拘束される(<u>強制委任・命令的委任</u>)
- 代表＝選出母体の「代理人」としての性格

■ **市民革命による代表の変化**
- 「国民主権」原理
- 議員＝人格代表、全国民の代表として、全国民の一体的利益を代表
- 議員は選挙民の意思に拘束されず(<u>自由委任</u>)

この頃のフランス議会の1会期は数年に及ぶこともありました。

　フランス革命やイギリス名誉革命以降には身分制が撤廃され、国民主権という原理が生まれます。そうすると議員は特定の身分、選挙民、地域に拘束されることなく、全国民の一体的な利益を代表すべきである（これを自由委任と呼びます）という考え方が生まれます。

強制委任 vs. 自由委任

　この自由委任の考え方を取り上げたのはイギリスの思想家エドマンド・バークです。彼が選挙に立候補した際にイギリスのブリストルという場所で行った演説の一節にこんなものがあります。「諸君は確かに代表を選出するが、一旦諸君が彼を選出した瞬間から、彼はブリストルの成員ではなく王国の議会の成員となる」。結果的にバークは落選するのですが、ここに議員の矛盾が現れています。もし議員が代理人なのであれば、民意の反映方法としては議員でなく、都度住民投票などをする方が良いかもしれません。一方で、議員が国民の一体的利益を代表するのであれば議員は当選後、その議員を選んだ選挙民の意思・意向から離れて行動することになり

■エドマンド・バークの「ブリストル演説」

● 議会は決して多様な敵対的利害関係を代表する諸使節団から成る会議体ではない。そしてこの使節個々人はそれぞれが自己の代表する派閥の利害をその代理人ないし弁護人に対して必ず守り抜かねばならないような種類の、会議体ではない。議会は一つの利害つまり全成員の利害を代表する一つの国民の審議集会であり、したがってここにおいては地方的目的や局地的偏見ではなく、全体の普遍的理性から結果する普遍的な利益こそが指針となるべきものである。諸君は確かに代表を選出するが、一旦諸君が彼を選出した瞬間から、彼はブリストルの成員ではなく王国の議会の成員となるのである。
『エドマンド・バーク著作集 2』（みすず書房、1973年）

ます。代表民主制は常にこの矛盾を抱えています。

　日本において議員は「全国民の代表」と自由委任の原理を採用しているため、議員が支持母体のために行動するのは建前として良くないとされています。一方で、そうしてしまうと票が取れませんから議員さんは少なからず支持母体を意識することになります。一方、アメリカ下院議員は任期が2年しかないため、次の選挙活動のためにアピールをします。選挙区や支持母体への利益誘導の法案がたくさん出て、それは多くの場合否決されるわけですが、その行動自体は当たり前とされています。

政党の存在と社会学的代表

　この問題をさらに難しくしているのが政党の存在です。フランス革命以来、民主主義は国民と政治を直結させるべきだという考え方が主だったのですが、複雑な政治には政党が不可欠だと考えられるようになり容認されていきました。そこで、有権者と議席の間に入った政党の存在を位置付けるために社会学的代表という考え方が生まれました。議席は民意の分布を反映すべきだが、全ての問題について民意を反映させることは難しい、そ

れをある程度政党への支持に置き換えよう、有権者の投票数が政党間の議席配分に反映されるようにしようということになりました。日本でも比例代表制が導入され、すぐに比例代表で当選した議員が政党を移る、ということがあり問題になりました。これは2000年公職選挙法改正で議席を喪失することになったのですが、比例代表で当選した議員が無所属になる、新党を立ち上げる、ということは容認されています。

代表の観念と矛盾2——民主主義の担い手の変容

次の矛盾点は、民主主義の受け手が広がったことにより生じました。当初、民主主義の担い手となったのは市民（ブルジョワジー）と呼ばれる人々で、利害関係に決定的な断裂がなく働かずに食べていけるような経済的に余裕のある人たちでした。こうした人たちがゆっくり物事を考え議論をすれば、代表民主主義はうまくいきます（古典的な意味での熟慮の民主主義）。しかし、普通選挙運動のおかげで今の我々の社会の主人公は市民ではなく大衆になったといえます。大衆の特質として原子化されていること、お互いに異質であること、合理的な判断ができず、不安感や無力感、疎外感に苛まれていること、そして政治に無関心であることがあげられます。こうした人たちが政治決定をしているという現実があります。

民主主義の担い手の変容を踏まえた政治

これを批判したのがスペインの哲学者オルテガで、彼は大衆が少数のエリートに代わって政治をすることになったことの問題点を述べています。しかしながら、この議論を真正面からすることはなかなか難しいでしょう。オーストリア出身の経済学者シュンペーターは現代の民主主義の現実を皮相的ながら実態としてよく捉えた議論をしています。彼は建前としての民主主義と、大衆が政治決定をする力を持たないという矛盾の解決方法として、大衆は誰に決定してもらうかを決めれば良い、と競争的民主主義を説きました。大衆がエリートを決め、エリートが政治決定を行う。しかし、エリートが固定されると貴族主義・身分制になってしまうためエリート同士が競争する仕組みを作る必要があり、それが選挙だというのです。

おそらく、現代社会において先進国の選挙は正直なところ、この考え方

オルテガ『大衆の反逆』

情報セキュリティ大学院大学
INSTITUTE of INFORMATION SECURITY

- ■ ホセ・オルテガ・イ・ガセット（José Ortega y Gasset 1883 - 1955）
  - ◆ スペインの哲学者。
    母ドロレス・ガセットはスペインの有力新聞『公正』の創立者の娘、父ホセ・オルテガ・イ・ムニーリャは『公正』の主幹で、作家・ジャーナリスト。マドリード大学卒業後、1910年に弱冠27歳でマドリード大学教授となる。哲学者としての著作に『ドン・キホーテをめぐる省察』（1914）があるが、1930年に発表した『大衆の反逆』で文明批評家として高名となった。1936年のスペイン内乱勃発により45年まで亡命生活。

シュンペーター

情報セキュリティ大学院大学
INSTITUTE of INFORMATION SECURITY

- ■「競争的民主主義」

政治指導者（エリート）

競争　　　指導者選出

人民（大衆）

- ■ 人民（大衆）は「決定を行う者（エリート）を決定」だけすればよい
- ■ エリート間の競争により民主主義を確保

16

に基づいているのが現実です。この後話題にあげるデジタルゲリマンダーやSNSによる世論誘導などをみていると、有権者は政策をこうして欲しい、というのではなく誰が選ばれるべきかをみている、それが現代政治、現代選挙の実像なのだろうと思います。

代表の観念と矛盾3──ゲリマンダーや誘導、フェイクのデジタル化

　Facebook社が感情伝染実験というのを行って話題になりました。Facebookのユーザーを3グループに分け、それぞれ選挙に関して何も情報をあげない、知人・友人の投票行動を写真とテキストで投稿する、知人・友人の投稿をテキストで投稿する、ということをした結果、それぞれ投票率に明らかに差が出たというのです。Facebookはこれを実験として行い、"Nature"誌に投稿しました。その後2016年の米国大統領選挙でロシアが世論誘導をしたということが話題になりましたが、私はこの問題の責任の一端はFacebookにあると思っています。世論誘導ができるということを示してしまったわけで、実験のグループをそれぞれ恣意的に分けるということができてしまう。サーチエンジンも検索結果を操作できるという話もあります。昔からゲリマンダー（恣意的な選挙区割り）や世論誘導はありましたが、その頃はターゲットが「特定の集団」でした。性別や所得層、職種などをターゲットとした世論誘導は行われていましたが、デジタルになるとそれが個人単位でかつリアルタイムで行えるようになってしまいます。さらにはこうしたウェブサービスのアルゴリズムは特許となっており、企業は絶対開示しない。そうすると、とても不透明な状態が残されてしまう、ということが社会学者ジーナップ・トゥーフェケッチによって指摘されています。

フェイクの分類──政治的意図の深さ × 対象

　今日、フェイクニュースやディスインフォメーションといったものが問題になっていますが、これはいくつかの分類ができると考えています。政治的意図があるかないか、また対象が個人か集団かで分類してみます。
　まず政治的意図が濃く、かつ個人を対象とするのは世論誘導です。この人だ、というのをターゲットにしてその人を誘導するというのはSNSを

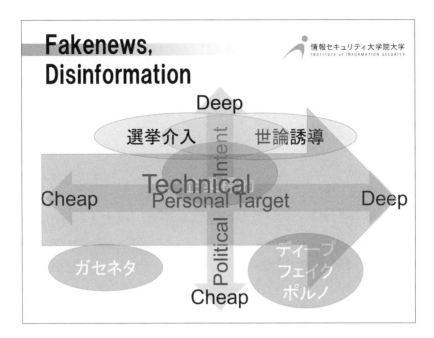

通じた世論誘導問題として扱われます。次に、政治的意図が濃く、集団に
対して介入するのは選挙介入です。選挙介入の場合にはある程度特定の集
団からマスとして票を集める必要があるので、集団よりになります。政治
だけでなく企業に対しても同様の攻撃はあります。ある程度政治的な意図
を持って、企業に対する印象操作や誘導をするという事例も存在します。

　個人を対象としながらも政治的意図が薄いのが今アメリカで問題になっ
ているフェイクポルノです。有名人や子供の写真を使い、ディープフェイ
クを作るといったことが行われています。集団かつ政治的意図が薄いのは
ガセネタです。熊本で起こった震災時に「動物園からライオンが逃げ出し
た」と騒ぎになったことがありました。

政治的フェイクに応用される広告・マーケティング技術と対応の方法

　世論誘導をされる際には、広告技術・マーケティング技術が多く流用さ
れています。20年ぐらい前のインターネット広告は代理店が行う程度の
シンプルなものだったのですが、最近は全ての広告がアドマーケティング
プレースに一度集約され、またリアルタイムで広告の入札が行われるよう

になっています。ウェブページを見ている時にはいろいろな情報が送信さ
れ、その瞬間にリアルタイムで広告入札が行われて我々に合った広告が提
示されます。今アドマーケティングを規制しようという動きもありますが、
こうした広告はインターネットメディアだけでなく全国紙をはじめとする
マスメディアのウェブページにも掲載されるほど身近になっており、一律
に規制するのは難しいでしょう。

　こうした問題に対して各国は様々な方法で規制をしています。選挙と世
論誘導のところに限って規制しようとする国もあれば、ヘイトスピーチも
含めて全般的に規制する、あるいはポルノを規制しようとする国もありま
す。規制する対象や方法も Twitter や Google などのプラットフォーマー
に対して規制をかける、あるいは自主規制のようなものを設定する、選挙
干渉に対して制裁をするなど様々です。

各国の対応

　日本では総務省（当時）の谷脇康彦さんが『サイバーセキュリティ』と
いう新書を出されるなど、意識が高まっています。一番神経質にやってい
るのは EU でしょう。EU では組織的にフェイクニュース、ディスインフ
ォメーションに取り組むことになっており、プラットフォーマーに自主規
制を依頼することで特に選挙干渉・世論誘導を防ごうとしています（一部
フランス・ドイツは法的規制をかけています）。一方、シンガポールやマレー
シアは対象を広げ、違法発信全般を規制しており、言論統制とのバランス
が難しいところです。アメリカは自国に Facebook と Twitter を持ってい
るのでなかなか規制をしたくないということはあると思いますが、外国政
府が選挙に介入したということが分かった段階で経済制裁をかけるという
対応をしています。

フェイクニュース、ディスインフォメーションと AI——規制、防止の観点

　AI を使うとフェイクニュースを作ったり発信したりすることができます
が、一方でフェイクニュースなどを分析することもでき、プラスとマイナ
スの両面があります。インターネットを作ったアメリカの DARPA (De-
fense Advanced Research Projects Agency: 国防高等研究計画局) は、数年

		規制する内容	
		選挙干渉・世論誘導	違法情報発信全般
規制する対象	プラットフォーマー規制（共同規制）	EU	
	プラットフォーマー規制（直接規制）	ドイツ SNS 法 フランス情報操作との戦いに関する法律	シンガポール、マレーシア（＋情報発信者規制）
	使嗾者（外国政府等）制裁	アメリカ大統領令 13848 台湾	

37

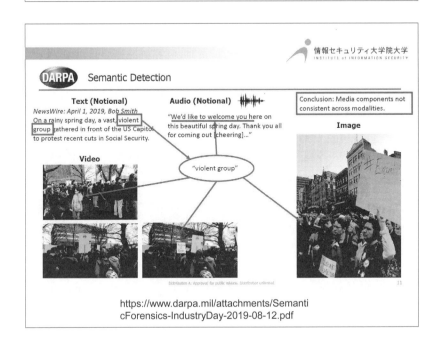

https://www.darpa.mil/attachments/SemanticForensics-IndustryDay-2019-08-12.pdf

前からフェイクニュース研究に高額の予算をつけています。ただし効果は限定的で、その画像・映像・テキストが加工されたということは分かってきているのですが、誰がなぜそれをやったのかは分かっていません。そこで、今度はセマンティックフォレンジックスというプロジェクトで、画像・映像・テキストを組み合わせてそのデータが本物か、また誰がどのように加工したかを明らかにしようとしています。

　例えば、立て看板を持って暴動をしようとしているという動画が流れたとします。この時に音声の様子などをみて「抗議はしているがヴァイオレントグループではない」ことや、こうした動画を誰が流そうとしているか、を検出しようとしています。この流れを受けて 2019 年には Facebook 社のマーク・ザッカーバーグ CEO が AI を使ってフェイクニュースやボットを排除する、ということを言い出しました。Twitter 社は政治的広告を一切排除するということを言いましたが、Facebook はさほど踏み込んでいません。EU では、Facebook や Twitter が月に 1 回、フェイクニュース対策をどうしているかということを EU 政府に報告しているようです。日本ではそうした活動はなされていないようですが……。

民主主義と「擬制」

　最後に、冒頭に触れたように現代の民主制・選挙は「擬制」の上に成り立っています。擬制というのは「そういうことにします」という意味です。有権者皆に知る権利があり、適切に情報収集を行う能力があり、合理的判断ができる、それをもとに政治家を選出し、監視できる人たちが選挙に参加している、という擬制があります。

　例えば成年後見を受けている知的障害者の方が選挙権を持つことができるようになったのは、日本が障害者条約に加入してからです。公職選挙法が改正されて成年後見を受けている方が知的障害者も含めて選挙権を行使できるようになったのですが、彼らが複雑な投票制度に則って投票行動する上では困難も多い。しかし、投票の秘密があるので、投票所の職員は声がかけられません。その結果、投票所の中でずっと立ち尽くしている、といったことがあったそうです。さらに言えばシルバーデモクラシーの問題があります。認知症の方が増えてきていますが、AI が認知症の方の投票

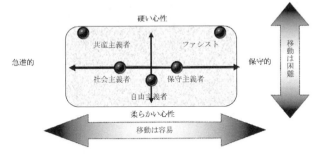

イデオロギー・心性とAI

情報セキュリティ大学院大学
INSTITUTE of INFORMATION SECURITY

■アイゼンクの政治意識論

硬い心性

共産主義者　　　ファシスト

急進的　　　　　　　　　　　　　　　　　保守的

社会主義者　　　保守主義者

自由主義者

柔らかい心性

移動は容易

移動は困難

- ●AIがイデオロギーを支援可能としても……
- ●AIは心性の支援も可能か?

をサポートできるかもしれない。そうすると選挙に参加できるのではないか、それはダメだとするなら、こうした方々はどうやって政治参加するのか、ということになります。

　AI が政治判断をサポートできる、場合によっては代理もできる、ということであれば団体・法人・地域ごとに投票しても良いかもしれません。人格代表という擬制に対して AI がどう貢献できるかという議論ができます。さらに社会学的代表と AI ということであれば AI は民意をより正確に把握できうるでしょう。民意の政治反映も測定できると思います。そうすれば住民投票・インターネット投票の可能性も広がるかもしれません。

　他方、AI は民意の操縦・誘導を巧みに行いえます。さらには、AI が我々の政治判断を助けてくれるようになれば、我々は AI に判断をどんどん依存していくでしょう。価値判断を伴う意思決定を AI がすることも可能になりうるわけで、それは我々が自立性を失っていくことにもつながるかもしれません。しかしながら、大衆社会論的な話に戻れば、大衆はそもそも合理的に判断していないという冷たい見方もあります。そうであれば AI は、オルテガが指摘していた大衆による圧政の危険性を減らすことに

つながるかもしれません。

　またアイゼンクが政治意識をイデオロギーと心性を組み合わせて説明し、イデオロギーは移動しやすく心性は移動しにくいとしているのですが、AIは人間の心性も支援可能なのでしょうか。最近ではAIによる人格のコピーということも夢物語ではなくなっています。AIと政治についてどう考えたら良いのか、正直なところ私も結論が出ていません。

ii 日本における民主主義と情報

西田亮介

西田亮介（東京工業大学リベラルアーツ研究教育院准教授）
1983 年京都生まれ。慶應義塾大学総合政策学部卒業。同大学院政策・メディア研究科修士課程修了。同大学院政策・メディア研究科後期博士課程単位取得退学。2014 年に慶應義塾大学にて、博士（政策・メディア）取得。同大学院政策・メディア研究科助教（有期・研究奨励 II）、（独）中小機構経営支援情報センターリサーチャー、東洋大学、学習院大学、デジタルハリウッド大学大学院非常勤講師、立命館大大学院特別招聘准教授等を経て、2015 年 9 月より東京工業大学大学マネジメントセンター准教授。2016 年 4 月より現職。

日本における民主主義と情報

　社会学を専門とし、大きく3つの専門分野について取り組んでいます。
1つ目は情報と政治に関してで、選挙や民主主義、選挙のキャンペーン・
広告といった問題に関心を持って研究しています。2つ目は民主主義の普
及に関してです。社会の中で民主主義がどのように教育され、受容され、
実践されていくのかといった問題についての研究です。またこれらとは別
に、若年無業者に関する研究にも取り組んでいます。今日に関連するテー
マで言えば、メディアの実務にも関わっています。2013年に公職選挙法
が改正され、日本においてインターネットを使った選挙運動が解禁されま
したが、その年の夏の参議院選挙において各政党や候補者がインターネッ
ト選挙をどのように実施しているかという調査を毎日新聞社と行い、その
後も同紙でネット選挙報道の紙面づくりに協力しました。最近では、マス
コミ倫理懇談会全国協議会内に新設された「ネット空間における倫理委員
会」に学術顧問として関わっています。

　湯淺先生も指摘された通り、民主主義とビジネスの大きな違いは「価値
に関する問題を扱う」こと、そして「合理性の衝突や立場によって異なる
合理性の問題を扱う」ということです。民主主義について考える際には、
ある観点から見て合理的でないことがあったとしても、一方で異なる価値
の観点からそのことを擁護する立場がある、ということを念頭に置く必要
があります。

プラットフォーマーと政治広告

　現地時間の2019年10月30日、Twitter社CEOのジャック・ドーシー
氏が自らのTwitterアカウントで「有料で行われている政治広告を制限す
る」旨の発言をしました。少し踏み込んで申し上げると、はっきりとは表
明していませんが意見広告についても制限するという意向に言及していま
す。最近の報道を見るに、Google社も同様の立場を取りそうだと言われ
ており、またTikTok社は既に政治広告について規制する立場を表明して

います。一方、このタイミングで Facebook 社はそういう立場を示しておらず、プラットフォーマーが政治広告にどう振舞うかの判断は分かれました。

日本の政治と SNS

2019 年 11 月現在、Twitter の政治広告制限はまだ実装されていませんが、Twitter 社の選挙報告書サイトを見ると 2019 年の日本選挙でどの政党が有料広告を出したか（フォローされていない人にも tweet が表示される）を見ることができます。日本では政治活動と選挙運動が区別されています。選挙運動は選挙運動期間中において特定の候補者への投票を呼びかけるようなもの、政治活動はそれらを除く政治家や政党の一般的な活動を広範囲に含んでいるものとさしあたり捉えていただければ良いのですが、Twitter で公開されているのはそのうち選挙活動に関わる部分です。

SNS と日本の政党──自民党

現代の政治広報で SNS の活用は活発に試行錯誤されています。2018 年に行われた自民党総裁選では、安倍陣営と石破陣営の両方が Instagram アカウントを開設し様々なキャンペーンを行いました。安倍陣営が短い動画＋BGM で過去の実績をアピールする動画を大量に投稿し、一方の石破陣営は自身の政策を 47 都道府県全てについてとうとうと語っていくというものでした。再生回数は安倍陣営が圧倒的に多かったのですが、いずれの陣営も SNS をフルで活用した選挙戦が行われていたと言えます。また、2019 年の春先にはハッシュタグ自民党 2019 という大型の政治活動キャンペーンを行いました。中でも注目を集めたのが、講談社が発行する 10 代後半から 20 代前半の女性向けファッション雑誌『ViVi』の Instagram アカウントとのタイアップで、ハッシュタグをつけて投稿した方に自民党の「NEW GENERATION」と書かれた T シャツをプレゼントするというものでした。この T シャツの着用モデルを ViVi ガールズという『ViVi』系列のモデルたちが務め、講談社と自民党が組んだ大々的なプロモーションとなりました。これについて、講談社と自民党が結託した世論操作なのではないかという批判がなされ炎上するということがありました。これは、

先ほどの分類で言えば選挙運動ではなく政治活動にあたりますが、自民党
にも講談社にもかなりの批判が集まりました。

SNS と日本の政党——共産党

　別の政党の例として、共産党は 2019 年 3 月に日本の政党の中で初めて
TikTok のアカウントを開設しました。TikTok は本元の中国では YouTube
のような短編動画サイトとして扱われているのですが、日本では EDM
（エレクトロニック・ダンス・ミュージック）を BGM にして踊る動画を投稿
するというのが話題になっています。共産党のアカウントで最初に投稿さ
れたのは志位書記長がショパンを演奏するというもので、続いて投稿され
たのは党の職員の方が踊る動画でした。後者は Twitter にイリーガルな形
で投稿されたのですが、結果的に 26 万再生、2500 件のリツイート、6000
件の「いいね」がつくなど、ネット上で存在感を見せました。

SNS と日本の政党——政治のイメージ化

　2017 年 3 月には首相官邸も Instagram アカウントを開設し、総理の日
常の動向を投稿するなどしています。こうした現象を抽象化してみると、
まず社会が変化するとともに様々な社会的・政治的イメージというものが
立ち上がってきているといった変容が起こっています。しかも 2018 年の
情報通信白書によれば、インターネットへのアクセス数でスマートフォン
が PC を初めて上回るなど、モバイル化が進んでいると言えます。

　一方で、そうした変容が起こっているにもかかわらず、有権者の政治意
識や民主主義認識はそれに追いついているとは言えません。この理由とし
ては政治に関する教育も、政治に関するメディアの取り上げ方もほとんど
変わっていないことなどが挙げられますが、そうした中で政治に関するあ
る種のイメージが政治争点化されていきます。政治というのはこうした変
化に最も敏感に適合していくという特徴を持ちますので、こうして新しい
政治イメージが社会に対して投げかけられていきます。

イメージ政治と政治参加の在り方

　現代の政治状況をイメージ政治と呼んでいます。湯淺先生のお話にもあ

ったように、今の大衆と呼ばれる層や、特に若年層は政治に対する関心が低いと言われますし、相対的に投票率も低い状態です。また、現実政治を理解するための知識と、認識のための道具が教育を通して行われていないという日本独特の問題があることも重なり、ある種の脊髄反射的な状況が生じていると言えます。そうした中で、イメージによって政治が駆動される状況が生じていると考えています。

　こうしてみると、理性的な政治とはかけはなれた状況が起きているわけですが、両極端を考えて整理を試みます。片方にはある種の自動政府のようなもので、完全無欠なＡＩ化された統治機構があり、人間は政治に関わらない。もう片方はフルコミットメントを要求されるようなアナログの統治機構がある。しかし、実際には政治の体感可能性や管理コスト、利益構造と分配問題といったものが調整コストとして入ってくるため、それらを総合した妥協の産物として現実政治の在り方が決まっていく、と捉えることができます。要するに、政治は結局いつも不完全です。

＊＊＊

Q&A　講義後の質疑応答

Q. ICT・AI と政治責任・トレーサビリティ

　現在では選挙で政治家が国民の審判を仰ぐことで政治責任が、また政策形成に関わった文章を後年歴史家や政治学者が研究することで一定のトレーサビリティが担保されているとされますが、ICT や AI が政治的な意思決定に関与することになった場合、こうした政治責任やトレーサビリティを担保するあり方は変わっていくのでしょうか。

A.（湯淺）

　行政の分野では、地方自治体が住民からの問い合わせに回答するために

AIを用いたチャットボットシステムを導入し始めています。導入にあたっては入札形式が取られ、大手企業複数社が応札しているのですが、使っているAIの仕組みはどの企業もほぼ同じということがあります。つまり、表面上会社は違うがどれを選んでも同じ結果になるというわけです。政治にAIが活用されるようになった時にも同様の問題が起こりえます。政治家は違っても後ろで動くAIは変わらず、政治的な決定の内容も変わらない、そうすると政治家を選ぶことの意味が薄れてしまう。本来はAI間に競争があることが望ましいのですが、なかなか難しいと思います。

　トレーサビリティについては、政治研究者の間でも話題になっています。昔の政治家は日記を書いており、研究者は数十年後に内容を見ることができます。近年の政治家はブログやSNSなどデジタルなデータを残していますが、これが数十年後に残っている保証はありません。これらをどの範囲で、どのようにアーカイブするかということがまず問題になると思います。また、一時期論争になった特定秘密保護法は一定期間経ったら情報を公開するところがポイントでした。このような情報公開に関する制度もあわせて整備されるべきだと思います。ただ、講演の中でも触れられたように、最近は政治決定がイメージ化しているという指摘もあります。政治決定の際にそもそもトレース可能な議論やデータが用いられて政策決定がされていないのではないか、だとすれば何をトレースすべきなのかという点についても検討が必要だと思います。

Q. 政治体制や宗教とAI開発

　AI開発が各国で進んでいますが、AIは人が作るものである以上、国や宗教などの影響を受けるように思います。各国の政治決定に使われるようになるであろうAIがそうした影響を受けうるのではないか、特に政治決定において重視される公平性を備えたAIの開発は難しいのではないかと考えるのですが、いかがでしょうか。

A. （湯淺）

　AIと政治の議論については、シンギュラリティ以前と以降に分けて議論をする必要があると思います。「AIは公平だがブラックボックス化して

いる」という論調はシンギュラリティ以降の話で、シンギュラリティ以前の場合にはおっしゃるように「設計する人の意思が反映されたAIである」ことが問題になるのだろうと思います。各政党は自分たちの支持を集めるように行動しますので、AIを設計する際にそれぞれの政党を支持する人たちがそれぞれの思惑を反映しようとするでしょう。宗教的価値観の話は現在の政治とAIの議論においてあまり触れられていませんが、例えば中絶を支持するかどうかに対してYesと答えるAI、Noと答えるAIのどちらが作られるか、宗教観で価値観が対立する問題に対してどちらの立場を取るAIが作られるか、そしてそれは支持されるのかなど難しい問題が残っています。

　また、AI開発にあたってはプライバシーについての考え方が大きく反映されると思います。米国では個人情報は財産のようなものだとしてやり取りされ、中国では保護よりも利便性の方が優先される傾向にあると思います。一方、ヨーロッパはナチズム下での秘密警察や、内戦・紛争時の人種間対立などの経験から個々人の情報をプロファイリングすることにとても慎重です。こうした考え方の違いにより、AI開発に用いられるデータがどんな種類、どの程度集まるかは国や地域によって異なるでしょう。

Q. 有権者の政治的判断を支援するAI

　AI技術が進歩すれば、情報提示などを通じて有権者の政治的判断を支援することができるようになると思うのですが、その際にどの程度の提示をするのかということが問題になると考えます。情報検索を支援するといったプル型の提示であれば問題ないと思いますが、ホームページ閲覧時に意図しない形で政治広告が目に入ってしまうようなプッシュ型提示はある程度規制されるべきだと思います。この辺りの塩梅について、どうお考えでしょうか。

A.（湯淺）

　ボートマッチ（政策に関するアンケートに回答することで政党や候補者との政治的立場の近さが分かるサービス）のようなプル型のサービスについてはあまり問題にはならないでしょうが、確かにプッシュ型の情報提示を規制

すべきかどうかは論点であり、その意味で先ほど取り上げた Twitter 社の政治広告に対するポリシーは注目すべきだと思います。ただし、そうした情報提示を全て禁止すれば良いかというとそう単純なものでもなく、例えば Twitter 社のようなプラットフォーマーが政治広告を完全に禁止したとしてもそれ以外の手段でプッシュ型の情報提示がなされることは十分考えられます。全面禁止ではなく、情報提示を認めながらも選挙報告書のような形のレポートを出すことによって最低限の情報透明性を担保するようにするのが良いのではないでしょうか。

　また、こうした情報提示を誰のために使うかということも考える価値があると考えます。全ての人に……、とするといろいろな議論が出てきますが、例えば認知的判断力が落ちてきた高齢者の方に対して、過去の政治選択傾向から取るべき行動を提案する、といった使い方などは第一歩として価値があるように思います。

　さらに、AI 活用以前ながら、各政党は既にデータ分析を用いたウェブマーケティング的な介入を行っていることにも注意が必要です。ウェブサービスにおいて、消費者の無意識な行動の隙を突く「ダークパターン」が問題となっていますが、同じような仕組みを使って有権者の脊髄反射を促すような情報提示がなされ、有権者が意図しないうちにある政治判断を下す状況になっている、ということも十分考えられます。

III　市場原理

3 規範の揺らぎ

藤山知彦
黒田昌裕
吉川弘之

リベラルアーツ
歴史観

隠岐さや香

西洋思想

瀧　一郎

		民主主義	市場原理	科学技術
歴史		トクヴィル など　宇野重規	アダム・スミスなど　堂目卓生	科学の社会史　古川　安
現在		ポピュリズム　水島治郎	経済学の役割　吉川　洋	生命倫理とELSI　橳島次郎
課題		デジタルゲリマンダー　湯浅墾道　西田亮介	ネオマネー　松元　崇	AIとビッグデータ　中島秀之

宗教と
世俗統治

伊達聖伸

東洋思想

竹村牧男

SDGs

沖　大幹

第**7**講

市場原理と共感
——経済学が辿ってきた道

堂目卓生

堂目卓生（大阪大学大学院経済学研究科教授・社会ソリューションイニシアティブ（SSI）長）
1959年生まれ。岐阜県育ち。慶應義塾大学経済学部卒業後、京都大学大学院博士課程修了（経済学博士）。立命館大学助教授などを経て、現職。18世紀および19世紀のイギリスの経済学を専門とし、経済学の思想的・人間学的基礎を研究。おもに英語圏の学術誌で論文を発表してきた。著書『アダム・スミス——「道徳感情論」と「国富論」の世界』（中公新書）でサントリー学芸賞受賞。2019年紫綬褒章。

MEMO

藤山知彦

　市場原理や資本主義というグローバリズムの規範を考えるうえで、歴史からどう学ぶか、ということは大切なテーマです。1つは、封建共同体が貨幣経済の進展により崩壊し、自由な都市で産業資本が活躍するようになる経済史を概観していただくという手があります。もう1つは政策科学としての経済学の歴史を概観するというものです。結局、アダム・スミスと共感のお話をお願いしたのは次のような問題意識によります。

　直近でこそ、地球環境問題は市場原理だけに委ねるわけにはいかない、とか企業は株主だけがステークホルダーではなく従業員、取引先、地域社会なども含まれるべきで CSV（Creating Shared Value）を重視するなどの価値観の修正が進行中ですが、前世紀の終わりからつい10年くらい前まで 「新自由主義」という今一つ定義が統一されていないが「企業や個人は欲望する主体として、法に触れぬ限り自由に市場を信頼して行動すればよく、倫理や政府の規制は必要ない」という考えが幅を利かせていたことがありました。私は経済行動を実際に行っている商社員としても非常に違和感を覚えたし、その思想を支える経済思想家としてアダム・スミスやハイエクの名前が挙がっているのも大変な誤解があると考えていました。調べてみると、10年くらい前に「日本アスペン研究所創立15周年記念座談会」でパネリストとしてご一緒した堂目卓生先生がアダム・スミス研究の権威で、既に私の感じた違和感をきちんと訂正されていることが分かったので、早速お願いすることにしました。

　堂目先生は共感という概念を基盤に J. S. ミル、アマルティア・センらの思想家を紹介してくださり、しかも現在先生ご自身が中心になって社会ソリューションイニシアティブ（SSI）という活動をされている、という素晴らしい講義をしてくださいました。行動することもまた、リベラルアーツであり良いヒントになりました。(2019・12・10 講義)

『アダム・スミス』とリーマンショック

これまで 30 年近く、19 世紀のイギリス経済学を研究してきました。産業革命が起こった頃に人びと、特に知識人がそれをどう受け止めたか、そこから近代経済学がどのように生まれたか、ということを研究してきました。現在、AI やロボット、再生医療など、いろいろなものが変わっていくと言われますが、18 世紀も、機械化・産業化が同じように大きな変化を起こしていました。

今回課題図書とした『アダム・スミス』は 2008 年 3 月に出版しました。私はこの中で、経済学の祖と言われるアダム・スミスが 18 世紀に「市場経済は、共感にもとづいた道徳的な抑制がなければ維持できない」ということを述べていたことを示しました。出版当時はリバタリアン的な風潮というか自由至上主義的な風潮というものがあり、その風潮の源となる学者としてアダム・スミスとフリードリヒ・ハイエクという経済学者の名前がよく使われていました。こうした風潮は目指すべき社会の方向性とは異なるのではないか、そしてアダム・スミスがこうした見方の根源であるというのは、もし彼が生きていたら極めて不本意なのではないかと思い、筆を執りました。その直後同年 9 月に、私も想定していなかったリーマン・ショックが起き、この本が一気に話題になりました。今日はスミスの思想にも触れながら、私たちは今後どういう社会を目指していくべきかを考えていきたいと思います。

エコノミーと経世済民

経済は英語でエコノミーと言いますが、語源を辿るとギリシャ語に行き着きます。エコは「オイコス」で家・生活圏という意味、ノミーは「ノモス」で法という意味です。これらを合わせると、家や生活圏のための法という意味になります。つまり、同じ家や生活圏に住む人びと同士で限られた資源を配分する、分かち合うことがエコノミーの語源であるオイコス・ノモスでした。この言葉が日本に入ってきた明治時代には、福沢諭吉など

```
┌─────────────────────────────────────────────────────────┐
│                                                         │
│              アダム・スミスの時代と生涯                   │
│                                                         │
│   スミスの時代                    スミスの生涯            │
│   1688  名誉革命                                        │
│   1701  スペイン継承戦争（−1713）                       │
│   1707  スコットランドの合邦                             │
│   1740  オーストリア継承戦争（−1748）  1723  税関吏の次男として生まれる │
│   1744  フランスと植民地戦争を始める   1737  グラスゴー大学に入学     │
│   1745  ジャコバイトの反乱           1740  オックスフォードに学ぶ    │
│   1756  英仏七年戦争（−1763）        1751  グラスゴー大学の論理学教授 │
│   1763  フランスからカナダを割譲      1759  『道徳感情論』          │
│   1764  ジェニ，紡績機を発明         1763  グラスゴー大学を退職。貴族の家 │
│   1765  ワット，蒸気機関を発明             庭教師となり，ヨーロッパを旅行 │
│   1775  アメリカ独立戦争勃発         1766  イギリスに帰国          │
│   1776  アメリカ独立宣言            1776  『国富論』             │
│   1783  アメリカの独立を承認         1778  スコットランド関税委員に就任 │
│   1789  フランス革命勃発            1790  没す               │
│                                                         │
└─────────────────────────────────────────────────────────┘
```

当時の知識人がいろいろな訳語を考えました。「理財」などの候補もあったのですが、最終的には中国語の「経世」と「済民」という言葉を組み合わせて「経世済民」、そこから一文字ずつ取って「経済」という言葉が定着しました。経世は世を治める（「経」は「経線」のように区切るという意味があります）、済民は民を救済する、という意味で、合わせると民を貧困の苦しみから救って世を治めるという意味になります。つまり、自分だけでなく皆が生きていくための活動が「経済」であり、そのためにはどうしたら良いか、ということを考えるのが「経済学」だと言えます。さて、経済学をこのように定義した上で、ここからはアダム・スミス、ジョン・スチュアート・ミル、そしてアマルティア・センの3名の経済学者を追いながら彼らがどのような社会を構想したかを見ていきます。

アダム・スミスの受け取られ方

　スミスが世に出した2つの書物、すなわち1759年の『道徳感情論』は倫理学の本、1776年の『国富論』は経済学の本だと言われています。スミスの記した言葉で最も有名な言葉といえば「見えざる手」ですが、意外

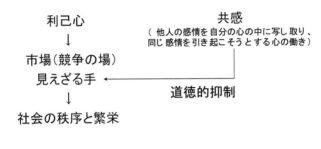

スミスの通俗的イメージと真意

利己心
↓
市場（競争の場）
見えざる手 ←
↓
社会の秩序と繁栄

共感
（ 他人の感情を自分の心の中に写し取り、
同じ感情を引き起こそうとする心の働き）

道徳的抑制

にもその言葉が使われているのは『国富論』と『道徳感情論』の中でそれ
ぞれ1回だけです。アダム・スミスが紹介される時にはこの「見えざる
手」に「神の」が付けられることがありますが、2つの原著の中では付い
ていません。

「見えざる手」と共感

「見えざる手」とは、利己心にもとづいた個人の利益追求行動を社会の
繁栄につなげる競争的な市場のメカニズムだ——スミスの議論はこう受け
取られました。評価されるときにも、非難される時にも、この解釈が前提
とされます。しかし、スミスは、「見えざる手」が機能するためには共感
を原点とした道徳的抑制が必要だと考えていました。スミスの言う共感は、
他人の感情を自分の心の中に写し取り、それと同じ感情を引き起こそうと
する心の働きを言います。

共感のしくみ

共感は、他人が行っている感情表現や行為に関心を持つという人間の本

性から始まります。他人の感情や行為に関心を持った上で、他人の立場に自分を置いて、自分だったらどんな感情や行為を起こすのかを想像してみる。そして、想像した感情と他人が表している感情や行為を比較し、一致していればその感情や行為を是認し、違っていれば否認します。是認が相手に伝われば、相手は自分の感情や行為が他人から認められたことを知って快適になりますが、否認が相手に伝わると、自分が認められなかったことに対し、不快を感じます。これが共感の基本形です。

こうした観察と共感を続けていくうちに、やがて、私が他人をこのように観察するように、他人も私を観察していることを知ります。私たちは、自分が表している感情や行為が他人から是認されれば快適ですが、否認されれば不快です。スミスはこの是認、社会学で言う承認が私たちの人生にとって一番大事だと言います。

公平な観察者

しかし、他人というのは様々です。価値観が違えば、利害関係も異なります。近い人、親きょうだいや友人は、自分が何をしても是認してくれる、一方で敵対関係にある人は自分が何をしてもどんな気持ちを表しても是認しようとはしないでしょう。そこで、そのどちらでもない中立的な人びとが自分を是認してくれるならば私たちは無事に生きていけるだろうと考えます。これが「公平な観察者」と呼ばれる概念です。公平な観察者たちが是認してくれる行為は社会的に適切である、と判断できるわけです。

そして、公平な観察者が自分のことをどう評価してくれるかを経験によって学び取っていくことで私たちはそれを内面化し、「胸中の公平な観察者」を持つことができるようになります。スミスはイギリスの経験主義的な倫理学の系譜（ジョン・ロックが言ったように、私たちはタブラ・ラサという白紙の状態で生まれてくる、というもの）を引き継いでいます。ヨーロッパ大陸ではデカルトの議論のように、理性の中に基本的な道徳が初めから書き込まれているという哲学もありましたが、スミスは、そのようには考えませんでした。

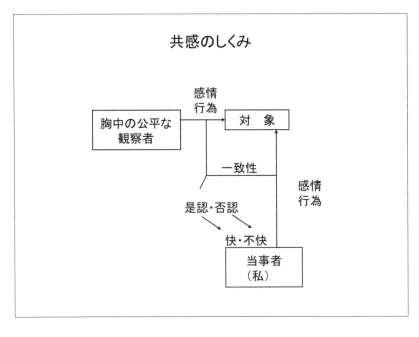

共感のしくみ

私と、胸中の公平な観察者

　こうして私たちは自分の中にもう一人の自分を作ることになります。当事者である生身の自分は、何かの感情を起こしたり、行為したりします。一方で、「胸中の公平な観察者」は、公平で冷静な立場から、「それは良い」「それはまずい」と是認したり、否認したりします。これが内部の声、良心の声と呼ばれるものです。

実在の観察者と、胸中の公平な観察者

　このように考えると、私たちは2つの方向からの声に常にさらされていることになります。1つは、実在の観察者の声、世間と言ってもよいかもしれません。もう1つは胸中の公平な観察者、自分の内部の声です。これら2つの声のそれぞれが是認・否認をします。多くの場合にはそれらは一致するのですが、片方が是認しもう片方が否認するという、食い違う場面も出てきます。そうした時に、私たちは2つの声のどちらに従って生きていけばよいでしょうか、またどちらに従って普段生きているでしょうか。実在の観察者、つまり世間からどう言われているかが大事だとする人がい

```
┌─────────────────────────────────────────┐
│                                           │
│          社会秩序を導く人間本性            │
│                                           │
│            他人に関心を持つ                │
│                   ↓                       │
│          他人の立場に自分を置く            │
│                   ↓                       │
│        他人も自分に関心を持つことを知る    │
│                   ↓                       │
│        胸中に公平な観察者を設定する        │
│                   ↓                       │
│            一般的諸規則の設定              │
│                   ↓                       │
│              正義感覚と法                  │
│                   ↓                       │
│                社会秩序                    │
│                                           │
└─────────────────────────────────────────┘
```

ます。スミスはこれを「弱い人（weak man）」と呼び、富や名声、肩書・地位などを求める人だと言います。反対に、胸中の公平な観察者、自分の中にある良心に従って生きていくことを重視する人がいます。スミスはこれを「賢人（wise man）」と呼び、心の平静を求める人だと言います。スミスはこの心の平静が幸福の基礎だと考えました。これは古代ギリシャのストア派の幸福論に近いと言えます。

人間の実際のあり方と社会秩序の作られ方

　しかし実際のところは完全に弱い人もいないし、完全に賢明な人もいない――人は自分の良心に従って行動することもできるが、世間の評価を気にして浮き足立ってしまうこともある。賢明さと弱さの2つの間で右往左往しているのが人間だ、というのがスミスの人間観です。私たちはなるべく胸中の公平な観察者に従って生きていこうとしますが、これまでの議論で分かるように、それは難しい。そこで、次のような一般的諸規則を置くことになります。

　1つ目は「胸中の公平な観察者が処罰、あるいは非難に値すると判断す

る全ての行為は回避されなければならない」です。非難に値する行為というのは、主として他人の生命、身体、財産、名誉を傷つけるといったことを指し、これらを回避することをスミスは「正義」と呼びました。この正義はやがて法、さらには社会秩序へと発展します。2つ目は「胸中の公平な観察者が報償、あるいは称賛に値すると判断する全ての行為をするためのあらゆる機会が求められなければならない」です。他人の利益や幸福につながることをしよう、そうすれば胸中の公平な観察者が称賛してくれる、というわけです。スミスはこれを「慈恵」と呼びました。慈恵が法によって強制されることはめったにありません。強制された慈恵はつまらないものになってしまうからです。

　ここまでの議論をまとめると、まず人は他人に関心を持ち、他人の立場に自分を置きます。逆に他人も自分に関心を持って是認・否認をすることを知ります。そこで、胸中に公平な観察者を設定します。そして上記のような一般的諸規則を設定し、正義感覚と法を通じて社会秩序が実現します。

スミスの構想した世界

　こうした社会秩序を前提に、スミスは、資本家たちのフェアな競争を通じて経済成長を起こし、結果的に労働者に雇用を生み出すというトリクルダウン的な社会を構想していました。フェアな競争とは、独占、結託、偽装、権力との癒着がなく創意工夫や資本を使ってより良いものをより安価に提供していく競争です。競争のプロセスに入れるのは資本を持って事業を拡大していく中産階級や資本家（当時のイギリス国民の5-10%）のみですが、フェアな競争によって、資本が効率的に使われて経済成長が起こり、結果的に競争のプロセスに参加できない労働者も仕事と収入を得ることができる、という社会です。

　当時は東インド会社やギルドなどの国王や議会から排他的特権を与えられた株式会社や組合が経済を独占する時代でしたから、スミスの考え方は相当ラディカルだったと言えます。

スミスの構想で残された課題

　しかし、スミスの構想では「競争に参加できなかった人びと（つまり労

スミスが構想した社会

共感にもとづいたフェアな
競争を通じて物質的豊かさ
を追求する社会

雇用　　　雇用

競争

働者たち）をどう包摂するか」という課題が残っていました。スミスの思
想は階級制を前提としており、地主・資本家・労働者の階層は固定されて
いました。この階層を崩すための方法については、スミスは積極的な議論
を示していません。また、社会秩序に関するスミスの議論は1国を対象と
していました。

　国と国の間の秩序については、スミスは自由貿易、それを通じた商人同
士の共感を通じた秩序形成を考えていたというのが私の解釈です。商業の
英語コマース（commerce）は交際という訳語、つまり人同士の付き合いと
いう意味も持ちます。貿易をして付き合うためには共感しなければならず、
コマースが広がると国と国との関係は友好的になるでしょう。また、戦争
が起こった場合に一番困るのは商人ですから、戦争はある程度の期間で終
わることになるだろう、こうして国同士の秩序が形成されるのではない
か——こうスミスは考えたのではないでしょうか。こうした考え方はモン
テスキューも『法の精神』で述べていますし、スミスもそのつもりで著書
のタイトルを“The Wealth of Nations”（ウェルス・オブ・ネイションズ）
と複数形を使ったのではないかと思います。

J. S. ミルの時代と生涯

ミルの時代		ミルの生涯	
1830	マンチェスター・リバプール間に鉄道開通	1806	ロンドンで誕生
1832	第一次選挙法改正	1809	父の厳格な教育始まる
1834	救貧法改正	1823	東インド会社に入社
1837	ビクトリア女王即位	1826	精神の危機
1840	アヘン戦争	1836	父死す
1844	銀行条例、金本位制の確立	1848	『経済学原理』
1845	アイルランド大飢饉	1851	ハリエット・テーラーと結婚
1846	穀物法廃止	1854	母死す
1848	ヨーロッパで革命起こる	1858	ハリエット・テーラー死す
1849	航海条例廃止	1859	『自由論』
1851	ロンドン万国博覧会	1861	『代議制統治論』『功利主義論』
1858	インド統治法通過	1869	『女性の解放』
1867	第二次選挙法改正	1870	土地改革保有協会の設立
		1873	フランスのアビニョンで死す

　当時は保護貿易、重商主義、植民地経営の時代でしたから、スミスはそうした政策や思想に真っ向から反対したと言えます。しかし、国際秩序については、これ以上に踏み込むことはできませんでした。

　したがってスミスが残した課題は、地主・資本家・労働者という階級の区切りをどう超えるか、宗教も文化も違う国の間を超えて共感の範囲をどう広げていくかということになります。私は経済学の歴史にはこの問いに答えていこうとする歩みがあると考えていますので、以下、この線に沿ってミルとセンを取り上げたいと思います。

J. S. ミルの時代と思想

　ミルが生きた時代はイギリスが名実ともに世界の工場、最先進国になっていく時代でした。インドを中心に自由貿易を御旗に第二帝国を建設していく時代でもあり、1851 年にはロンドンのハイド・パークで世界初の万国博覧会が開かれました。博覧会では、水晶宮という鉄骨をアーチ型に組んでガラスをはめ込んでいくパビリオンが建築されました。今では当たり前ですが、当時これを造れる技術を持つのはイギリスだけで、訪れた人を

ロンドン万国博覧会（1851）
（『パンチ素描集』より）

キング・コレラの王宮 （1852）
（『パンチ素描集』より）

A COURT FOR KING CHOLERA.

非常に驚かせました。しかし、同じ時代のロンドンの裏側はスラム化して
いました。スラムでは、人々が汚物にまみれながら生活していました。当
然ながら、そういった環境では伝染病、コレラがはやります。表には水晶
宮、裏にはコレラの王宮、と格差が目立ってくる時代でもありました。

　こうした状況を見たミルは「個人は質の高い快楽、幸福を求めるべきで
ある」と考えました。ミルは、哲学者ジェレミー・ベンサムが提唱した功
利主義を引き継いでいました。功利主義では快楽が善とされ、人々の快楽
が足し合わされた全体量が最大になる「最大多数の最大幸福」が目指され
るべきだとされましたが、ミルはそれに加えて「快楽、幸福は質の高いも
のでなければならない」と言ったのです。

質の高い快楽と自由の原理

　当時の労働者は酒、特に度数の高い酒を好んで飲みました。もしも当時
幸福度調査があって、「あなたは何をしている時が一番幸せですか」と尋
ねれば、「酒を飲んでいる時が一番幸せだ」という回答が多かったかもし
れません。その場合、功利主義の原理に従えば、酒、特に強い酒を大量生

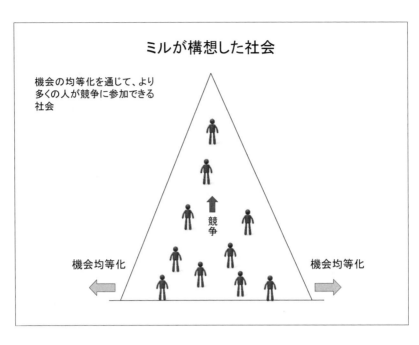

ミルが構想した社会

機会の均等化を通じて、より
多くの人が競争に参加できる
社会

競争

機会均等化　　　　　　　　　　機会均等化

産すれば最大多数の最大幸福ということになりますが、ミルはこれを質の
高い快楽の最大化とは考えませんでした。労働者がなぜ酒を好むかという
と、それ以外の快楽の求め方を知らないからなのです。質の高い快楽とい
うのは多様な快楽の追求を経験してみて、その中で自分がこれをしている
時が一番幸せだと感じたものなのではないか。その上でお酒と答えるので
あればそれは良いが、まずは個人が性格に応じて自由に快楽を追求できる
多様性を容認する社会になることが重要なのではないか、とミルは考えま
した。ここからミルの提唱する「自由の原理」が出てきます。労働者であ
れ、女性であれ、全ての人にあらゆる機会が開かれるべきであり、開かれ
ているだけではなく、そうした機会を提供するために社会が積極的に働き
かける必要がある。これがミルの自由論です。

　こうした考えに立って、ミルは労働者のための教育の普及、女性の政治
参加、相続税を用いた財産平等化など、人びとに与えられる機会を平等に
するための施策を提案しました。また、この頃は海の向こうでカール・マ
ルクスが社会主義革命の準備をしていた時期でもありました。ミルはマル
クスに同調していたわけではありませんでしたが、社会主義による失敗・

成功がどのような場合に起こるかを実験しておくべきだという考えから、生産協同組合など、労働者による資本の所有と経営を奨励しました。

　スミスの構想した社会と比べ、ミルが構想した社会はより多くの人を競争のプロセスに包摂しようとするものでした。機会の均等化によって、労働者にも競争するチャンスを与え、できる限りスタートラインを揃えてフェアな競争をする、そうすることによって経済成長と平等分配を両立させる、というスミスから一歩進んだ社会を構想したのがミルでした。

アマルティア・センの思想

　センは1998年にノーベル経済学賞を受賞したインドの経済学者です。彼は、「人生はケーパビリティを最大にするために与えられた時間だ」と考えました。ケーパビリティには「選択の幅」、「潜在能力」など、いろいろな訳語が与えられていますが、ケーパビリティは「しようと思えば選択できることの幅」という意味です。センはケーパビリティを最大にすることが人生の意味であり、人はそのためにエージェントとして行動すべきだと考えました。ここで、エージェントは積極的主体ということを意味します。対義語はペイシェント、受け身な人を意味します。選択の幅は本人の積極的な行動によって拡げられるべきだとセンは考えます。

　そして社会は、個人がエージェントとして活動できるように「手段としての自由」を整備すべきだと論じます。具体的には経済的便宜（物質的豊かさ）や政治的自由（政治への平等な参加）、社会的機会（開かれた教育や医療サービス）、透明性の保障（情報へのアクセス）、保護の保障（危機管理の整備）、これら5点が整備されるべきだとしました。こうしたセンの考え方は、国連開発計画に影響を与え、人間開発指数（Human Development Index：HDI）という指数の測定につながりました。国連開発計画は、1990年より国ごとのHDIのランキングを発表しています。

　センの考え方を図示すると、5つの「手段としての自由」からなる五角形のステージが、水平を保ったまま上がっていくイメージになります。経済的な便益だけが突出していても、政治的な自由がなければ、ステージは水平を保つことはできず、社会は安定した状態ではない、つまり個人がケーパビリティを伸ばす状態ではありません。どれかだけ良いのではなく、

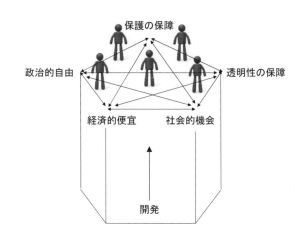

人間開発の手段としての諸自由

保護の保障

政治的自由　　　　　　　　　　　　　　　透明性の保障

経済的便宜　　　社会的機会

開発

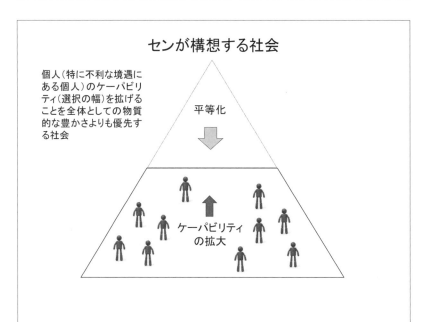

センが構想する社会

個人（特に不利な境遇に
ある個人）のケーパビリ
ティ（選択の幅）を拡げる
ことを全体としての物質
的な豊かさよりも優先す
る社会

平等化

ケーパビリティ
の拡大

全てのレベルがバランスを保って上がっていくことが重要なのです。

　センが構想した社会は、全体としての物質的な豊かさよりも不利な状況に置かれた人々のケーパビリティを広げることを優先するものだと思います。ケーパビリティの開発が進んだ恵まれた人々に資源を集中させ、経済成長を起こし、その成果をケーパビリティが開発されていない人に配分するというのが従来の「開発」の考え方でした。しかし、センは、全体としての経済成長にはつながらなくとも、ケーパビリティが開発されていない人々の境遇改善を優先すべきだと考えました。これは、ミルの機会均等化をさらに平等主義の方向に進めた考え方だと言えます。

スミス、ミル、センの思想の共通点

　以上が、スミス、ミル、センが構想した社会です。3人の間には考え方の違いがあります。しかし、財とサービスの生産に貢献できる人——「優れた人」と呼ぶことにしましょう——を社会の中心に置いて、生産に貢献できず消費だけする人——「弱者」と呼ばれている人——に財とサービスを分配する方法を考えるという点では共通しています。経済学はこの考え方を基礎に、様々な学説を打ち出してきました。現実の社会においても、財とサービスの生産への貢献を基準に人間を「優れた人」と「弱者」に分ける見方が定着したと言えます。

発想の転換

　私は、今や、この発想を転換する必要があると思います。静岡市に「かなの家」というのがあります。これは世界で150以上ある「ラルシュ」（L'Arche）と呼ばれる知的障がい者のホームです。かなの家の特徴は、知的障がい者を自立させたり、なるべく健常者に近づけて社会復帰させたりする施設ではなく、健常者が一緒に暮らし、健常者の中にある恐れや差別意識などの「心の壁」を取り除くことを目的とした施設だということです。私も何度か「かなの家」を訪ねました。

　かなの家は、次のような考え方にもとづいて運営されています。障がいがある人が持つ人を一方的に助けるというのではなく、障がいがない人が持つ人と共に生活し、彼ら彼女らの心の傷や友情の求めに向き合い、心を

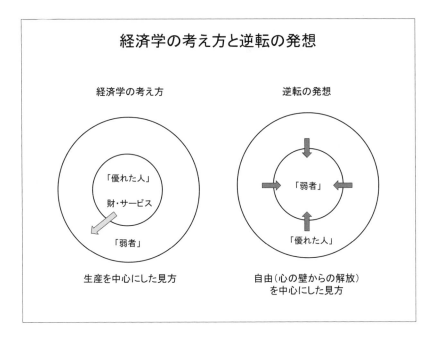

経済学の考え方と逆転の発想

経済学の考え方

「優れた人」
財・サービス

「弱者」

生産を中心にした見方

逆転の発想

「弱者」

「優れた人」

自由（心の壁からの解放）
を中心にした見方

開くことによって、自分自身の心の壁をとり払うことにあります。人間は
誰もが過去に受けた心の傷や恐れを封じ込めるための壁を心に作って自分
を守るとともに、傷や恐れを思い起こさせる他人を嫌い、遠ざけ、排除し
ようとしています。差別や暴力の根源は、こうした個人の心の壁にあるの
です。人類が差別や暴力のない平和な社会に向かって進むためには、世の
中から排除された人々に目を向け、接し、共に生き、友情を取り結んでい
かなくてはなりません。心の壁を取り払わなくてはならないのは、排除さ
れた人々よりも、むしろ排除する人々なのです。この意味で、知的障がい
者をはじめとする、世の中から排除されている人たちこそ、人間を解放し、
社会の未来に貢献できる「命の輝き」を持っていると考えます。

　経済学では、生産への貢献という視点から「優れた人」を社会の中心に
置きますが、かなの家では「弱者」を中心に置きます。そして「優れた
人」——正確には生産への貢献という視点から「優れているとされている
人」——が周辺を取り囲み、弱者に出会い、友情を取り結んでいくことに
よって、自分の心の中にある壁を崩し、自分自身を解放する見方です。伝
統的な経済学の見方とは逆です。

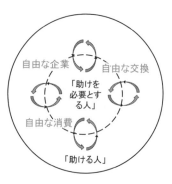

共感資本主義社会

自由な企業　　自由な交換

「助けを
必要とす
る人」

自由な消費

「助ける人」

目指すべき社会──共感資本主義

　以上の研究を踏まえ、私自身は現時点で上図のような社会を構想してい
ます。今後、震災や台風等の災害、感染症、気候変動、水不足、紛争等の
社会課題が深刻化することが予想されます。そのような中で、誰もが「弱
者」、あるいは「助けを必要とする人」になりえます。

　上図は、これを踏まえ、今後、私たちが目指すべき社会を示しています。
それは、「助けを必要とする人」を中心に置き、「助ける人」が周りを囲む
社会です。誰が「助けを必要とする人」で誰が「助ける人」かは固定化さ
れず、流動的です。重要なのは、「助ける人」が「助けを必要とする人」
を助けるだけでなく、「助けを必要とする人」が「助ける人」を助けると
いう「かなの家」が示す関係があるということです。さらには、こうした
人間関係の背後で、自由な企業、自由な交換、自由な消費からなる経済が
維持されなくてはなりません。流動的な「助けを必要とする人」と「助け
る人」が共感によって助け合い、しかも財とサービスが自由な市場を通じ
て配分される社会。私はこれを「共感資本主義社会」と呼んでいます。

　このような社会の実現は夢物語のように思われるかもしれません。しか

し、実現に向けたいくつかの兆候が見られます。例えば、「誰一人取り残さない」(No one will be left behind) を唱える SDGs、そして「いのち輝く未来社会のデザイン」(Designing Future Society for Our Lives) をテーマに 2025 年に開催される大阪・関西万博などに見られます。私自身は、大阪大学内に「社会ソリューションイニシアティブ」というシンクタンクを立ち上げ、2050 年を視野に持続可能な社会を構想しています。

私たちが為すべきこと

　最後に、私たちが為すべきことについて述べます。私たちが為すべきことは、まず、目指すべき社会を構想することです。今日、紹介したスミスやミル、センのように、自分が置かれた時代文脈をつかみながら、次に来るべき社会を考えなくてはなりません。すぐには思い浮かばないかもしれませんが、様々な社会現象に目を向けながら、いつも考えなくてはなりません。

　次に、目指すべき社会を見据えながら、自国の社会、そしてグローバル社会において何が課題か、その課題の解決のためには何が必要か、あるいは何ができるか。こうしたことを、考えていかなくてはなりません。

　最後に、職場や地域など、それぞれが与えられた場において、仲間を作り、行動に移さなくてはなりません。小さなことでもかまいません。そして一人で抱え込む必要はありません。仲間を見つけ、仲間と一緒に何かを始めることが大切です。

　個々の取組みの影響力は小さく、無意味なものに思えるかもしれません。しかし、そんなことはありません。個々の思いや意見、行動が他の人びと、他の組織に知識として伝搬し、つながりが広がっていくことによって、いつかソーシャル・ムーブメントを起こすことができると思います。歴史はそのようにして変遷してきた、というのが 30 年に及ぶ私の研究の結論です。重要なのは「成る」か「成らない」ではなく、「為す」か「為さない」かだと思います。

＊　＊　＊

Q&A　講義後の質疑応答

Q. 市場原理に影響を与える諸要因

　現在の市場の動きは市場原理自体に加えて様々な外部要因の影響を強く
受けているように感じます。市場を制御するという意味ではルールや規制
の存在、また市場に影響するという意味では環境問題の存在が大きいよう
に感じています。こうした外部要因についてはどのような考察がなされて
いたのでしょうか。

A. スミスは、自分が書いた『国富論』のことを経済学ではなく「立法者
の科学」と位置づけました。社会をまとめていくためには法が必要で、そ
れを作ったり執行したりするレジスレイター（立法者）が必要であり、そ
の人たちのための本だということです。スミスは、国家の役割として防
衛・司法・インフラ整備を挙げ、取引や貿易においても規制や法が必要で
あること、また市場取引のインフラを提供するための対価として税を徴収
すること、そうしたこととセットで「公平な観察者」を起点にした市場の
あり方を考えていました。

　また、環境問題については当時のスミスからすれば想定外だったと言え
るでしょう。彼は、当時ヨーロッパ諸国に支配されていた国々も、同じよ
うに分業・資本蓄積をしていけば国力をつけられるようになるだろう、そ
してそれが国際的な正義だと『国富論』で述べています。科学技術が発展
して、人口も増大し、自然資源の枯渇や環境破壊が進み、途上国の経済成
長にも制限をかける必要がでてくる今のような事態について『国富論』に
は全く言及はありません。経済学の中で最初に環境に対する配慮を言い出
したのはミルで、1848 年の『経済学原理』の中にその記述があります。ミ
ルは経済成長が進んで全ての国がゼロ成長になる前に自ら進んでゼロ成長
になるべきだと言いました。理由としては 2 点あり、1 点目は人間性の問
題で、経済成長を目指すと人は他人を蹴落とすことばかり考えてしまう、

だからそもそも成長なんか考えない方が良いということです。そして2点目が自然破壊で、ミルは人口を養うために野生の自然を耕作地にして開発してしまうのは愚かだ、ということを言いました。1800年代中頃に世界人口が10億人を超え、イギリスの人口も急増します。そうした中で様々な知識人が人口問題と環境問題を論じ、成長重視の経済学が批判されるようになったこともミルの主張が背景にあったようです。

Q. 経済学の細分化

スミスの構想した社会は、人間が本来持っているような性質を生かす社会だったように思いますが、その後の経済学はその思想を受け継がずに発展してきてしまったように思います。近年は経済学も人間の性質を再検討する流れになってきているとは思いますが、経済学の推移と今後の展望についてお考えをお聞かせください。

A. スミスやミル、それからその後しばらくの間、経済学は社会哲学や社会思想、心理学といった人間や社会に関する観察・洞察とともに発展してきました。しかし、その後、経済学が数学を用いた抽象的なものになっていったわけですが、経済学史を見ていくと転機は1920-30年代頃にあったようです。

当時、社会主義や国家社会主義の思想や運動がイギリスにも入ってきます。こうした流れの中でロンドン・スクール・オブ・エコノミクス（LSE）にいた経済学者のライオネル・ロビンズは、経済学を理想論や怪しげな疑似科学から守るべく活動を始めました。彼が示した「希少性の科学」と呼ばれる定義がその後の主流経済学の1つの起点だったと言えると思います。ロビンズは後年、こうした活動を反省している面もありますが、とはいえ1920年代戦間期のヨーロッパの異常な政治的熱気に経済学が晒されたことが大きいのではないかと考えています。

このように、経済学が思想や社会と切り離されて発展してきた歴史があるわけですが、近年は行動経済学や実験経済学のように、人間や社会と関係づけた経済学が進んできています。また、市場を創る理論についても発展してきました。しかし、経済学で扱える範囲には限界があるので、今後

は他の学術分野との学際研究も進めていかなければいけないと考えています。

Q. 命中心の社会と経済成長、企業活動

　現在、企業で働いているということは経済成長を中心とした価値観の中で生きているということで、常に成長が頭の中にあります。ミルはゼロ成長ということを言いましたが、アマルティア・センのケーパビリティ、「かなの家」の命中心の生き方といった考え方の中で、経済成長は肯定されるべきものなのでしょうか。また、そうだとした場合にセンや「かなの家」の考え方と経済成長の観点は緊張関係を生むような気もしますが、どうお考えでしょうか。

A. ミルが述べたゼロ成長が、今の企業活動にうまくフィットするかどうかは分かりませんが、スミスやセンであっても経済成長は手段だと言えます。スミスはストア派の影響を受けており、究極の目的は「心の平静」だと言います。経済成長して物が増えていく時には、物が増えた人は嬉しいと思う、つまり心が波立っています。一方で、物が全然足りていない人も悲しくて心が波立っている。事業を拡大し、物を行き渡らせようとしている人たちは競争に巻き込まれて心が波立っている状況ですが、ある程度物が行き渡っていくと事業を拡大する必要はなくなってゼロ成長になっていく。そうすると心は安定し、平静さが取り戻されます。このように、成長は手段だと思いますが、とはいえ成長がなくなっても良いということにはならないと思いますので、どういう成長がありえるのかは知恵の絞りどころだと思います。完全ではありませんが、SDGsなどは心の平静に向かう道筋と経済成長を両立させるヒントになるのではないかと思います。

　また、「かなの家」が究極的に目指しているのは私たちが持つ「他者を排除してしまう心の壁」に気づくことでした。スミスの共感で言えば一番共感しにくい、一番排除したいと思ってしまう存在に共感できるかどうかが鍵になります。そうした苦しみや悲しみを私たちが分かち合うことができるかどうかが問題になってきます。共感にもとづいた市場経済を作る上でも消費者がどの企業に共感し、どういう商品を買うか。市場経済での主

権者は、本来、消費者です。お互いが命を中心に見た時に、どれだけ共感して行動できるか、物を生産し、交換し、消費しながらも、命中心で市場を組み立てていけるか否かということが市場を考える上で重要なのではないかと思います。

第 **8** 講

経済政策を考える
——資本主義 200 年の歴史と現在

吉川　洋

吉川洋（立正大学長、東京大学名誉教授）

1974 年 3 月 東京大学経済学部経済学科卒業、1978 年 12 月 イェール大学大学院経済学部博士課程修了、1978 年 9 月 ニューヨーク州立大学経済学部助教授、1982 年 7 月 大阪大学社会経済研究所助教授、1988 年 9 月 東京大学経済学部助教授、1993 年 2 月 東京大学経済学部教授、1996 年 4 月 東京大学大学院経済学研究科教授、2009 年 10 月 東京大学大学院経済学研究科長・経済学部長（〜2011 年 3 月）、2016 年 4 月 立正大学経済学部教授。専門分野：マクロ経済学、経済政策。学位・称号：Ph.D.（イェール大学）、東京大学名誉教授。著書、『人口と日本経済』（中公新書、2016）、『デフレーション』（日本経済新聞出版社、2013）、『高度成長 日本を変えた六〇〇〇日』（中公文庫、2012）、『マクロ経済学の再構築——ケインズとシュンペーター』（岩波書店、2020）など多数。

藤山知彦

　市場原理の「現在」は「経済政策（経済学）は何ができるか」というような話を聞きたいと考えていました。それで吉川洋先生にお願いすることにしました。吉川先生は理論的にはもちろんですが、政府の経済政策に関わられたことも、またそこで辛口の意見を出されたことも豊富な、非常に信頼できる先生だからです。私は大学の学部の１年後輩になるのですが、この年代のスーパースターとしての先生とは幸運にも三菱商事時代に「日本・EUのEPA協定」というお題でパネリスト同士としてお話させていただき、確か、その後、お食事もご一緒したと思います。こういう薄い手がかりでお願いにあがりました。

　講義の内容をご覧になると分かりますが、これだけ短い時間に、これだけ分かり易い説明で非常にスケールの大きな数多くの気づきを与えてくださる先生の構成の巧みさにまず感嘆いたしました。資本主義には格差を生む本質的な問題が内在されており、格差を究極的に緩和するものとして経済政策があるのだという設定から入られるのは、とても問題が整理されました。そこを起点に社会保障と財政赤字、人口減少と経済成長、イノベーションに話が至ります。

　質疑応答の際、吉川先生が民間企業の研修生に「今、日本人は下を向いてしまっている。アントレプルナーシップはどうなっているのでしょうか」と問いかけられたのもとても印象的でした。

　裏話をすると、この回まで第15回の締めの会に「格差」や「価値観」の話にしようか、「人類的課題としてのSDGs」にしようか、迷っていたのですが格差の問題については吉川先生が素晴らしく簡明にこの回に入れていただいたので15回目の内容も決めることができました。(2020・8・4講義)

経済政策の重要課題「格差」

　講義のタイトルに経済政策と入れました。経済政策といえば、今日では
デフレーションとかいろいろなキーワードが出てくると思います。ただ、
資本主義の歴史 200-250 年を振り返ってみると経済政策として一番大きい
問題というのはやはり「格差」の問題だと思います。最近格差問題は強調
されていますが、この問題は今に始まったことではなく、資本主義社会が
始まってからずっとテーマであり続けました。

経済政策と格差──マルサスの『人口論』

　現在われわれが経済学と呼んでいるものは、アダム・スミスが 1776 年
に発表した『国富論』を皮切りにイギリスで花開きました。その中でも経
済政策との絡みでまず取り上げたいのがロバート・マルサスの『人口論』
です。『人口論』に書かれていることの中でよく知られているのは、人口
と食糧の話でしょう。人口は 2、4、8、16 と等比級数的に増えていく、一
方で食糧生産は 1、2、3、4 と算術級数的にしか増えない、結局人口増加
が抑制されざるをえない。こうした話はどこかで見聞きされていると思い
ます。

　では、この本は何のために書かれたか。当時、イギリス政府は救貧法と
いう、生活保護の給付水準を引き上げようとしていました。それに対し、
マルサスはそれが無益であるということを言おうとしました。その主張を
パンフレット的に書いたのが『人口論』です。どういうことか、彼の主張
はこうです。貧しい人にお金を給付すれば豊かになります。そして、豊か
になった人は子どもを産みます。結果的に人口が増えて、1 人あたりに直
してみると人々の所得水準は上がらない。こういうわけです。ではどうす
れば良いのか、格差について特に手を打たなくて良いのかという議論に対
してマルサスは極めてあっけらかんとした立場をとります。世の中で貧し
い人というのは人生でくじ運が悪かった人である、人間社会で格差はいつ
でも存在するから、それを安易に直そうとはしない方が良いのだ、このよ

うな極めて辛口な立場がマルサスの立場でした。

　『人口論』の後半はフランス革命に対する批判に及んでいます。フランス革命では平等の社会を作るということが理念として掲げられました。マルサスは同時期に活躍した保守主義政治思想家のエドマンド・バークと共にこうしたフランスの革命思想を辛辣に批判したのです。ぜひ『人口論』を読んでみてください。

社会主義と全体主義

　マルサスは格差は仕様がないというスタンスを取りましたが、とはいえ著しい格差は資本主義にとって脅威になります。マルサスの生きた18世紀末から格差の問題はありましたが、それは19世紀・20世紀にも大問題となっていました。格差により生み出された資本主義に対するチャレンジとして、社会主義と全体主義が挙げられます。

　1848年、マルクスとエンゲルスが『共産党宣言』を発表します。ここで唱えられた社会主義は資本主義に対する真っ向からのアンチテーゼでした。彼らの主張を簡潔にまとめるとこうなります。資本主義は元々大格差社会であり、富める資本家はどんどん富み、貧しい労働者は常に貧しい。これは「システミックエラー」であり、資本主義下では改善の余地はないため全て取り替える必要がある。こうして社会主義の必要性を説いたわけです。その後の歴史は皆さんもご存知のように、1917年に帝政ロシアがソビエト連邦になりました。マルクス／エンゲルスは先進国で最初に社会主義が誕生するという見立てをしましたが、予想とは異なる結果になりました。

　第一次世界大戦が終わった後1930年代にも、資本主義国において経済の停滞や格差が問題となりました。その課題に対する有力な解決策として登場したのがファシズム、国家社会主義です。ファシズムによって経済を稼働させ、短期的ながら国力を増強させた国々が現れます。その代表がナチスドイツ、イタリア、そして日本でした。

社会保障とケインズ政策

　このように、資本主義は19世紀から20世紀前半にかけて何度もチャレ

ンジを受けてきました。ただ、資本主義側がそれを坐視していたわけでは
ありません。その解決策として考えられたのが社会保障とケインズ政策で
す。

　社会保障の思想はイギリスで発展しましたが、そのバックグラウンドに
なったのはフェビアン社会主義と呼ばれる、資本主義下での漸進的な社会
改良運動です。ウェッブ夫妻やH.G. ウェルズ、バーナード・ショーとい
った人たちがフェビアン社会主義の支持者となり、社会保障制度が整えら
れていきました。

　イギリスで現在にも続く社会保障制度の基盤となったレポートにベバレ
ッジ・レポートというものがあります。これを取りまとめた経済学者のベ
バレッジもフェビアン社会主義者ですが、興味深いのはこのレポートが第
二次世界大戦中に、保守党政権であるチャーチル首相のもとで作成された
ということです。労働党や自由党ではない、保守本流の政治家が、第二次
世界大戦下でヒトラーと戦いながら、一方で社会保障政策に関するレポー
トを作っていたのです。このレポートの標語として「ゆりかごから墓場ま
で」が有名になりましたが、こうした報告書に書かれた考え方をもとに、
現代のイギリス社会保障制度は構築されました。

　もう１つケインズ経済について。格差問題は不況の時にさらにクローズ
アップされます。不況時に失業者が増えて問題となりますが、問題は経済
的社会弱者に集中します。こうした状況を防ぐために深刻な不況をマネー
ジする必要があり、そのための手段として国の財政政策、金融政策などを
用いることを提唱したのがケインズです。近年では政治家も景気の重要性
を口にしますが、ケインズ以前は自由主義経済において政府や中央銀行が
大きな役割を果たすというのは新しい考え方でした。

　このように、社会保障とケインズ経済学、これが資本主義側の対応方法
でした。

日本の経済発展と格差

　次頁のグラフは1895 年から2010 年頃までの日本の経済成長率とジニ係
数を見たものです。ジニ係数が高いということは格差が大きいということ
を指すのですが、見ていくと戦前、1945 年より前まではジニ係数が非常

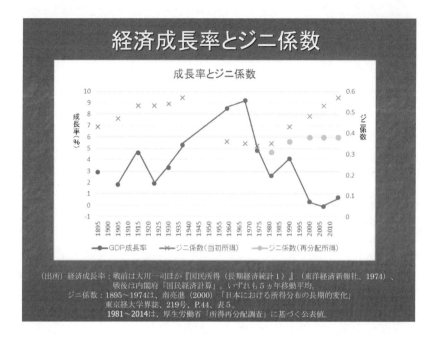

経済成長率とジニ係数

成長率とジニ係数

(出所) 経済成長率：戦前は大川一司ほか『国民所得（長期経済統計１）』（東洋経済新報社、1974）、
戦後は内閣府「国民経済計算」。いずれも５ヵ年移動平均。
ジニ係数：1895～1974は、南亮進（2000）「日本における所得分布の長期的変化」
東京経大学界誌、219号、P.44、表５。
1981～2014は、厚生労働省「所得再分配調査」に基づく公表値。

に高いということがわかります。戦前の日本は、成長率がそこそこの中で、格差が非常に大きかったと言えます。逆に、1960年代高度経済成長期の時代には成長率が高くジニ係数は低くなっており、ある意味理想的な状況だったといえます。ただ、バブル崩壊後には成長率はどんどん下がり、格差は広がっていっています。これが明治以降の日本の経済と格差の概観です。最近のことについてはまた後で触れます。

格差が広まる事情——日本の場合

　日本も含め多くの先進国で格差は拡大していますが、国によって事情はさまざまです。日本の場合には、高齢化、家族の変容、経済の長期的停滞が要因だと言われています。

　最初に、高齢化の進展がジニ係数上昇に影響しているということがわかります。考えてみていただけるとわかると思うのですが、所得や資産・健康の度合いを見たときに、20代30代の人たちの同世代間を比較した時と、70代の人たちの同世代を比較した時では後者の方が圧倒的にばらつきが大きくなります。高齢化が進むということは、世代内でのばらつきの大き

い高齢者の全人口に占める割合が上がるということですから、全体の格差
も大きくなるわけです。

　次の要因として挙げられるのが家族の変容です。日本では昔から家族が
相互に面倒を見合うということが続いてきました。老いて経済的に恵まれ
ない親の面倒を見るということもありましたが、もう1つ、経済力のない
子どもを親が見るということもありました。30歳や35歳になっても経済
力がない子どもは、昔は親が面倒を見ていました。しかし、今はそういう
子どもは親に面倒を見られることなく大都会に出て1人で単身世帯を構え、
経済力がないために社会の底辺にたたずんでいる、こうした姿が統計調査
等で浮かび上がってきています。単身の高齢者問題も当然ありますが、こ
うした経済的に弱い若い単身世帯も増えてきている。格差は世帯単位で見
ますので、こうした背景によって格差が拡大しているということがありま
す。

　最後は経済の長期停滞です。バブル崩壊以前は16%程度だった非正規
労働者が今では40%程度に増加しています。そして非正規労働者は、正
規労働者と比べて経済的に悪い状態にあると言えます。こうして格差が拡
大してきました。

格差が広まる事情——世界での警鐘

　最近トマ・ピケティという若いフランスの経済学者が有名になりました。
次頁の図の左が英訳本のタイトルですが、"CAPITAL in the Twenty-
First Century"と"Capital"という言葉が入っています。"Capital"はご存
知の通りマルクスの『資本論』と同タイトルで、マルクスの『資本論』を
十分に意識した主張になっていると思います。

　ピケティの主張は非常に明快です。ある意味ではマルクスに近くて、資
本主義は元々格差を生むシステムであり、富める者はどんどん富み、貧し
いものは貧しいままだと主張しています。この本の中には理論も書いてあ
るのですが、この理論自体は経済学者にとって必ずしも評判が良くはなく
学術的にはあまり評価されていませんが、グローバルな舞台で格差の問題
に警鐘を鳴らしたことに意味があるのだろうと思います。

　ピケティが言っている「格差の拡大」は非常にわかりやすい。資産を持

っている人の場合、その資産は雪だるま式に膨らんでいきます。一方資産を持たずに労働所得を得ている人の場合、労働所得はそこまで上がるわけではない。格差拡大のメカニズムは、ひとえに資産の雪だるま的な蓄積による拡大です。しかし、元々格差が大きかったアメリカについてみてみると、必ずしも資産の増大によって格差が広がるというのではなく、経営者の法外な報酬などむしろ労働所得の中で格差が拡大していったという側面もありました。

格差の推移

　ピケティたちは、1920年から2000年代まで、主要先進国のトップ0.1%の富裕層が経済全体の所得の一体何%を取得しているかを分析しました。日本国内で同様の分析をした研究者もいましたが、各国の比較をしたことに価値があります。国ごとのばらつきはありますが、一目見ると鍋のような形になっていることがわかります。左3分の1は戦前ですが、オーストラリアを例外として、その他の各国は大金持ちが非常に大金持ち、つまり大格差社会だったということがわかります（次頁図参照）。

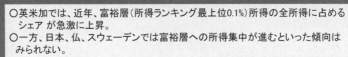

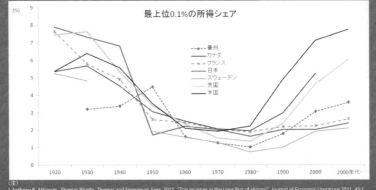

　興味深いことに、1945 年を境にこのグラフがどの国でも下に落ちてい
ます。その後 1950-70 年の 20 年間ぐらいは低位に留まっています。つま
り、戦後はどの先進国でも、大金持ちは戦前と比べると必ずしも大金持ち
ではなくなった、平等化が進んだ時期ということができます。1980 年代
以降は国により推移が異なります。一番上に跳ね上がっているのがアメリ
カで、右端では 1920 年代の戦前のピークよりも高いところまで上昇して
います。

　このグラフはよく味わう必要があります。今日のテーマである経済政策
にはいろいろな面があるものの、やはり一番大事なのは格差をマネージす
ることだと思います。格差というものに対する社会の考え方というのは、
国ごと、時代ごとに異なるということもこの図からよくわかると思います。
なお、20 世紀の格差を抑えるビッグバンのようなショックというのは、
結局のところ 2 つの世界大戦だったということが言われています。この図
からは、第二次世界大戦後には各国とも戦前の大富豪の資産シェアが著し
く低下していることがわかります。興味深いのは敗戦国だけでなく、アメ
リカやイギリスのような戦勝国でも同じ傾向が見られるということです。

「総力戦」を戦う中で、どこの国でも大格差社会の是正が求められ、それが戦後まで継続してきたということが言えると思います。

1980年代以降にはアメリカで格差が急拡大しました。格差が拡大し、著しくなっていることが様々な言説でもみられてきています。アメリカでは共和党の右派を中心に「市場原理主義」勢力が1つの固まりとして存在し、イデオロギーとして力を持っています。それが経済政策に大きな影響を与えてきたという事情があり、イギリスのような社会保障制度がつくられていないことにもつながっています。

格差と社会保障——スウェーデン

現代において、格差の防波堤となるのは社会保障であるといえます。社会保障の先進国は先ほど触れた通りイギリスで、日本も含めて多くの国が模範としました。他に独自に社会保障制度を整えた国としてスウェーデンが挙げられます。スウェーデンは国としては大国ではありませんが、実は経済学者大国で19世紀以来優れた経済学者を輩出してきました。とりわけミュルダールという経済学者がキーパーソンで、リーダーとして独自の社会保障を作り上げ、福祉先進国と呼ばれるまでになりました。

日本の社会保障

ここで、日本の社会保障のあり方を見てみたいと思います。2019年度の予算ベースで社会保障費全体を見てみます（次頁上図参照）。社会保障費全体で123.7兆円、GDP比で22%程度です。「給付」の内訳を見ると、半分ちょっと少ないぐらいが年金、3分の1が医療、介護保険や雇用保険、生活保護などが残りとなっています。一方、こうした給付内容をどうファイナンスするかを見たのが下の「負担」で、全体の6割が保険料、4割が公費となっています。

この数字は直近のものですが、次に経年変化、昭和35年以降の一般会計で経費がどう伸びてきたかを見てみます（次頁下図参照）。まず注目が集まるのが一番上の国債費で、低金利時代とはいえ、国債の残高と並行して国債費は増え続けています。政策経費で最も伸びているのは、一番下の社会保障関係費です。先ほどの負担部分にあった「公費」がここに相当する

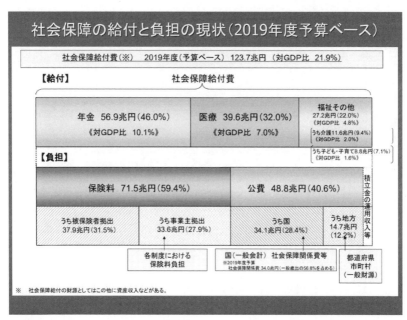

社会保障の給付と負担の現状（2019年度予算ベース）

社会保障給付費（※）　2019年度（予算ベース）123.7兆円（対GDP比　21.9%）

【給付】　社会保障給付費

| 年金　56.9兆円（46.0%）《対GDP比　10.1%》 | 医療　39.6兆円（32.0%）《対GDP比　7.0%》 | 福祉その他 27.2兆円（22.0%）（対GDP比　4.8%） |

うち介護11.6兆円（9.4%）（対GDP比　2.0%）
うち子ども・子育て8.8兆円（7.1%）（対GDP比　1.6%）

【負担】

| 保険料　71.5兆円（59.4%） | 公費　48.8兆円（40.6%） | 積立金の運用収入等 |

| うち被保険者拠出 37.9兆円（31.5%） | うち事業主拠出 33.6兆円（27.9%） | うち国 34.1兆円（28.4%） | うち地方 14.7兆円（12.2%） |

各制度における保険料負担

国（一般会計）社会保障関係費等
※2019年度予算
社会保障関係費 34.0兆円（一般歳出の56.8%を占める）

都道府県市町村（一般財源）

※　社会保障給付の財源としてはこの他に資産収入などがある。

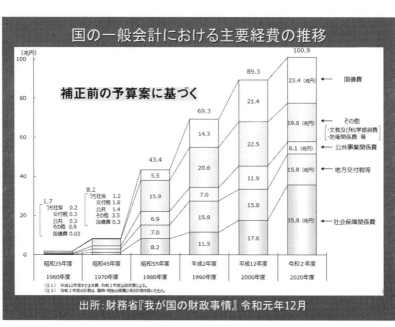

国の一般会計における主要経費の推移

（兆円）

補正前の予算案に基づく

	昭和35年度 1960年度	昭和45年度 1970年度	昭和55年度 1980年度	平成2年度 1990年度	平成12年度 2000年度	令和2年度 2020年度
合計	1.7	8.2	43.4	69.3	89.3	100.9
国債費	0.03	0.3	8.2	11.5	17.6	23.4
その他	0.9	3.5	7.0	15.9	15.8	19.8
公共	0.2	1.4	6.9	7.0	11.9	6.1
交付税	0.3	1.8	15.9	20.6	22.5	15.8
社保	0.2	1.2	5.5	14.3	21.4	35.8

昭和35年度 1960年度
うち社保 0.2
交付税 0.3
公共 0.2
その他 0.9
国債費 0.03

昭和45年度 1970年度
うち社保 1.2
交付税 1.8
公共 1.4
その他 3.5
国債費 0.3

←国債費
←その他（文教及び科学振興費・防衛関係費　等）
←公共事業関係費
←地方交付税等
←社会保障関係費

（注1）　平成12年度までは決算。令和2年度は政府案による。
（注2）　令和2年度の計数は、臨時・特別の措置に係る計数を除いたもの。

出所：財務省『我が国の財政事情』令和元年12月

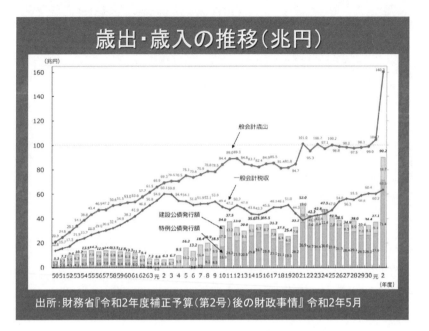

歳出・歳入の推移(兆円)

出所:財務省『令和2年度補正予算(第2号)後の財政事情』令和2年5月

わけですが、社会保障関係費が伸び続けてきた、そしてこれからも少子高齢化で伸びていくということがわかります。

　資本主義の問題である格差問題、それをマネージする制度が社会保障なわけですが、少子高齢化もあってそのニーズは膨らんできています。それが全額保険料で賄われていれば問題ないのですが、4割は公費で支えられているという状況になってきているわけです。

　2020年には新型コロナウイルス感染症感染拡大があり、補正予算もあって一般会計歳出がびゅーんと上がっています（上図参照）。上の折れ線グラフが歳出、真ん中の折れ線グラフが税収でその差が財政赤字です。よくこの折れ線の形をワニロなどと言いますが、令和2年の予算を見るとワニロが裂けんばかりになってしまっています。こうした大量の財政赤字をどうやって何とかしていくかという話ですが、最近は財政赤字問題なしというModern Monetary Theory（MMT）と呼ばれる理論に基づき日銀が国債を買い続けています。もっとも政府／日銀としてはMMTを支持しているわけではないようですが。

　新型コロナウイルス感染症の影響で日本の財政は悪化しました。もとも

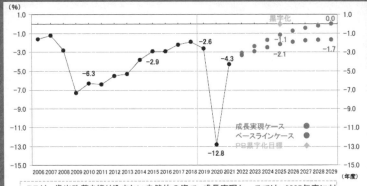

基礎的財政収支（対GDP比）

・PBは、歳出改革を織り込まない自然体の姿で、成長実現ケースでは、2025年度に対GDP比で1.1%程度の赤字となり、PB黒字化の時期は2029年度となる。

出所：内閣府「中長期の経済財政に関する試算」2020年7月31日

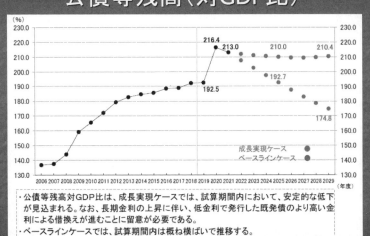

公債等残高（対GDP比）

・公債等残高対GDP比は、成長実現ケースでは、試算期間内において、安定的な低下が見込まれる。なお、長期金利の上昇に伴い、低金利で発行した既発債のより高い金利による借換えが進むことに留意が必要である。
・ベースラインケースでは、試算期間内は概ね横ばいで推移する。

出所：内閣府「中長期の経済財政に関する試算」2020年7月31日

とは2025年にフロー収支である基礎的財政収支を0以上にするという方針でしたが数年遅れる見通しとなっています。また、ストックである公債残高についても経済成長を促して国債の金利を据え置くことでGDP比率を下げるという計画が立てられていましたが、こちらもコロナの影響で見通しが立ちにくくなっています。

資本主義経済と人口

最後に、資本主義経済と人口の関係を考えてみたいと思います。最初にご紹介したマルサスに戻ると、彼は人間社会が少しでも豊かになったら、子どもがたくさんできて人口が増えるということを言いました。しばらくの間この主張は経済学者や経済学者以外からも当然視されてきたのですが、それに最初に異を唱えたのがブレンターノという経済学者でした。彼は19世紀のヨーロッパ主要国の様々な家計の子どもの数などを調べて、豊かな家庭ほど子どもの数が少ないということを発見しました。いわゆる豊かな社会が実現すればマルサスの言うような人口増ではなく、人口減少が起こるであろうということを実証的に示したのです。その後19世紀から20世紀にかけての先進国の歴史は、まさにブレンターノの考えた通りで、20世紀前半、1920年代には早くもヨーロッパの主要先進国で人口減少が問題になり始めました。

日本では実は第二次世界大戦が終わった後まで、「人口が多すぎる」という議論が社会の大問題であり続けました。その結果、皆さんもご存知のように明治時代初期からハワイやカリフォルニア、ブラジル、グアテマラといった国々に政府が後押ししての海外移民政策が採られたのです。私が小学生くらいの頃には社会科の教科書に人口密度ということが書いてありました。狭い国土にあまりに多くの人が住んでいるというのが当時の社会通念でした。

日本の少子高齢化議論の起こり

人口減少の問題が日本で最初に認識されたのは、1970年代の田中角栄内閣時代に老人医療費の無償化が導入された頃でした。当時の大蔵省や厚生省の官僚、それから日本には数少ない人口学者が出生率の低下やその後

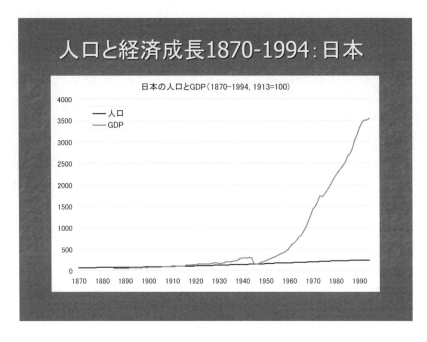

人口と経済成長1870-1994：日本

日本の人口とGDP（1870-1994, 1913=100）

に来る高齢化を問題にし始めたと記憶しています。しかし、その後1980年代は日米貿易摩擦やバブル経済が主なテーマとなり、その間人口動態が社会の大きな論点になったことはなかったように思います。1990年代のバブル崩壊後も同様で、逆に日本企業の抱える労働者が多すぎる、つまり人余りが問題とされていました。

　人口減少が経済社会を議論する際のキーワードになったのは、2000年代に入ってからだという印象を持っています。バブル崩壊後にいろいろなことがあり、経済が不調で様々な政策を打ったがうまくいかない、閉塞感がある中で、「なんだ、人口が減っているから成長率が低くなるのは当然のことなのだ、当たり前のことだったんだ」という雰囲気があったのではないかという気がしています。

人口減少／少子高齢化と経済成長

　日本の人口と経済成長、実質GDPの推移を、過去120年間について見てみます。1950年頃から一気に伸びているのが実質GDP、直線のように下で横に伸びているのが人口です（上図参照）。

189

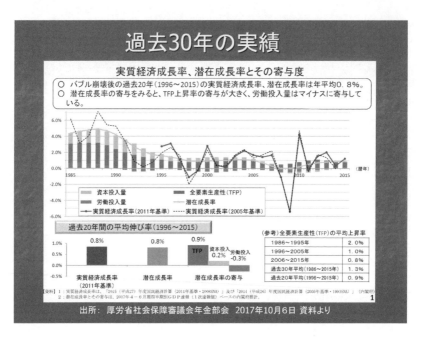

出所： 厚労省社会保障審議会年金部会　2017年10月6日　資料より

　このグラフから両者はほとんど関係ないようにすら見えます。経済成長は人口だけで説明できるわけではない、ということがわかると思います。そもそも、もし経済が完全に人口で規定されるとしたら1人あたり所得は上昇しません。しかし、明治以降の日本経済成長は、国民1人あたり所得の増大によってもたらされてきました。これは低成長となった最近でもあまり変わりません。

　上の図は厚生労働省の部会で提出された資料で、日本が低成長時代に入った後に成長率が何によってもたらされてきたのかということを分析したものです。これをみると、日本の経済成長に最も寄与しているのはTFP (total factor productivity)、つまり1人あたり所得を上げる因子だということがわかります。

人口減少／少子高齢化の下での経済成長

　次頁図の世界の人口減少率ランキングを見てみると、日本は確かに人口減少率で上位です。しかし、順位が近い「人口減少大国」としてドイツがあります。人口減少率が0.1%しか違わないドイツは、新型コロナウイル

人口減少率ランキング
（2015-2020 年平均変化率）

1	ブルガリア	-0.8	19	グルジア	-0.1
2	ルーマニア	-0.7		ドイツ	-0.1
3	リトアニア	-0.6		マルティニーク（仏）	-0.1
4	ラトヴィア	-0.5		ポーランド	-0.1
	ウクライナ	-0.5		プエルトリコ	-0.1
6	バミューダ	-0.4		ロシア	-0.1
	クロアチア	-0.4	25	キューバ	0.0
	ハンガリー	-0.4		イタリア	0.0
	ポルトガル	-0.4		モンテネグロ	0.0
	セルビア	-0.4		スロベニア	0.0
11	アンドラ	-0.3		スペイン	0.0
	ベラルーシ	-0.3	30	アルメニア	0.1
	ボスニア・ヘルツェゴビナ	-0.3		チリ	0.1
	エストニア	-0.3		チェコ	0.1
15	アルバニア	-0.2		レバノン	0.1
	ギリシャ	-0.2		マケドニア	0.1
	日本	-0.2		スロベニア	0.1
	モルドヴァ	-0.2		トルコ	0.1
				バージン諸島（US）	0.1

出所: The Economist, Pocket World in Figures 2017 Edition

ス感染症流行前までは EU の覇者として日本よりも高い経済成長率を維持していました。2013 年頃にベルリンに行った際に現地のいろいろな人に話を聞きましたが、皆口を揃えて「人口減少は問題だけれども、ドイツ経済は弱いとは思わない。なぜならドイツのイノベーションのポテンシャルは強いから」と言っていました。ドイツの経済が強い理由として、人口はあまり関係ないと言えます。

　資本主義社会では、格差との戦いが大きな問題です。格差との戦いをする上で必要な経済環境を整えるためには民間企業がそのポテンシャルを活かせる環境を整えることが重要です。以上見たように、先進国の経済成長を生み出すのは人口ではなく、イノベーションだからです。

イノベーションと日本の課題

　余談になりますが、20 世紀前半を代表する大経済学者ケインズとシュンペーターは、いずれも日本でよく知られています。しかし有効需要の重要性を説いたケインズはパーソナルには日本と接点がありませんでした。一方イノベーションというコンセプトの生みの親であるシュンペーターは、

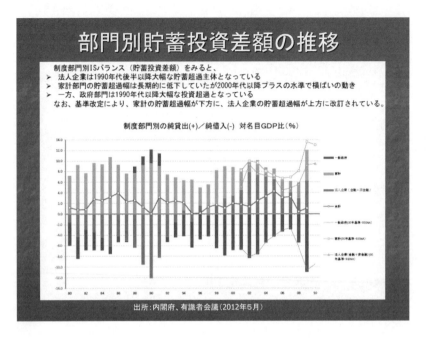

最後の「お雇い外国人」の候補として東大経済学部に招かれて日本で講演をして以来、日本に関心を寄せていました。結果的にシュンペーターはハーバード大学で教えることになるのですが、彼のアメリカ嫌いもあいまって、遺稿を日本にいた弟子（一橋大学の中山伊知郎先生と東大の東畑精一先生）に送るほど日本には思い入れを持っており、結果として彼の重要な遺稿はいま日本に残っています。

　シュンペーターと縁のある日本ですが、イノベーションが上手くいかない理由となる残念なデータがあります。少し前、2012 年のデータですが一言で言うと、コーポレートセクターが大変なネットセーバー（純貯蓄全体）になっているということです（上図参照）。資本主義というのは、家計が貯蓄をし、それをバンキングセクター、ファイナンシャルセクターを経由し、コーポレートセクターが借金をしてでも投資するという流れでできているはずです。しかし、現在ではコーポレートセクターが家計をしのぐ最大のネットセーバーになっている。

　こうした中で新型コロナウイルス感染症の問題が起こりました。今日は格差の問題を中心に扱ってきましたが、コロナは格差をさらに広げる契機

となってしまいました。それに対応するのは財政ですが、財政も健全な状態にはほど遠く、今回の補正予算でさらに赤字を膨らませています。これからは財政と格差、この2つの問題にさらに厳しく直面せざるを得なくなっていくのではないかと思います。

＊＊＊

Q&A　講義後の質疑応答

Q. イノベーションと格差是正は両立するか？

イギリスでは格差是正のために社会保障政策が整備された時代には経済が停滞し、近年イノベーションが起こっているアメリカでは格差が拡大していると聞きます。格差是正とイノベーションが重要だというお話をいただきましたが、この2つを両立させることはできるのでしょうか？

A. 格差是正とイノベーションは両立すると思います。イノベーターは様々な問題解決のためにイノベーションを起こし、結果的にイノベーターが金持ちになっても、広がった格差は財政を通じて再分配される。これら2つの動きは両立するものだと思います。一時的に格差が生じることは仕方ないですが、それが固定化されないことが重要です。最近アメリカでは格差が固定化されてきている、いわゆるアメリカン・ドリームということが起こらなくなってきているということが言われていますが、それが問題だと思います。

日本の高度経済成長期は、イノベーションが起こりながら皆が豊かになった時代でした。当時の農村は大企業と比べて生産性が10分の1ぐらいだと言われた、その人たちが都市に出てきて伸び盛りだった企業で働き豊かになったわけです。最近は中小企業の生産性が低いということが問題になっていますが、当時と違って中小企業から大企業に人が移るということ

が起こっていない。これは大企業側が伸びていないことも原因だと思いま
す。大企業側がイノベーションを起こして成長して雇用が増えれば、高度
経済成長期のように人が移動して労働生産性が上がり、所得が増えること
で結果的に格差が縮まることになるのではないでしょうか。

Q. イノベーションと民主主義

　宇宙開発や電気自動車、AIなどこれまでの技術革新の事例を見ると、
国家全体で技術の開発・普及を支援している国で技術が発展し、またそう
した国の中には民主主義を共有していない国も含まれているように思いま
す。現に日本は技術開発で後れを取ってしまっていますが、こうした技術
開発が進んだ国とどう競っていけば良いとお考えでしょうか。

A.　例えば中国では情報通信技術システムが発展していますが、人々のプ
ライバシーが犠牲になっていると言われています。そうした犠牲の下で技
術システムがうまく機能していることは確かです。結果、COVID-19の影
響からの立ち直りも早いように見えます。しかし、それを真似すれば良い
かというとそんなことはなく、個人のプライバシーなど譲れない部分をど
うするかということは考えなければいけません。

　国と技術革新、イノベーションの関係については民主主義国家でも国が
イノベーションに対して果たせる役割があるのではないかという議論もあ
ります（マリアナ・マッツカートによる『企業家としての国家』など）が、企
業が考えるべきは技術開発が進んだその先でどういうものを作るのか、と
いうことではないでしょうか。AIであればAIを使ってどういうサービス
を作るのか、電気自動車であればそれをどう使うのか、新しいモノやサー
ビスを用いて作りたい社会とセットで考えていくことで技術開発の次のス
テージで戦えるようになるのだと思います。

Q. イノベーションを生み出せない企業のジレンマ

　日本の大企業で働いていると、企業内外のステークホルダーの行動が、
破壊的イノベーションを起こすのではなく全体として企業を安定成長させ
て生きながらえるようにするという方向に働いていることを感じています。

自分自身もそうした流れに抗おうとしてうまくいかず、という経験をしてきているのですが、こうした全体としての流れがある中で大きなイノベーションのシフトをどう起こしていけば良いかお考えがあればお聞かせください。

A. 具体的な方法を申し上げられるわけではありませんが、イノベーションは様々な具体的な問題を解決することから始まるのだと思います。例えば Amazon は、頼みたいものが何でも揃っている、すぐに届く、という素朴なニーズを満たすところから始まりました。ニーズを満たそうと日本で過去起こった発明としては宅配便が挙げられます。他にも今の生活を支えているスマートフォンなども、ニーズとしては非常に単純で誰でも思いつくことが元になっていると思います。

　それを実現する、つまりイノベーションを実際に起こすためには、ニーズを満たすものを作るためにどこまで本気になれるかが大事なのではないでしょうか。起点は単純なニーズだけど、それに必死に応えようとする、そしてその間に技術がついてくる、というのが実際のところなのだと思います。3D プリンターの基礎技術を作ったのは日本人であったにもかかわらず、その技術が注目されないうちに海外で実現された、などという話も聞きます。

　実現の足枷になっているのは、何かわからない諦めムードや、遠慮のようなものなのではないかという気がしています。せっかく良いものがあっても、アメリカで評価されないとダメだ、みたいな風潮もあると聞きます。素直にニーズに向き合って、芽が出そうだと思えるような種が出てきたらそれをどう実現まで持っていくのかが今必要とされているアントレプレナーシップなのだと思います。そこが日本企業の中堅の方々の頑張りどころなのではないかと思っています。

マネーからみる市場原理

松元　崇

歴史に学ぶマネーの本質──ハイエクの貨幣発行自由化論

松元　崇（国家公務員共済組合連合会理事長）

MEMO

藤山知彦

　この市場原理の「課題」のところで、私が考えていたのは「技術進展により変貌していく金融市場」の課題を語っていただきたい、ということでした。しかも、この部分は話の性質上、最先端で活躍するビジネスマンに登場してもらえないか、と考えていました。しかし、残念ながら現場のことをよくご存知でいながら、その背後にある理論的なことも解説できる方となると、なかなか見つかりませんでした。そこで財務省に長くお勤めで、内閣府事務次官を務められた、畏友〈と書くのも恐れ多いですが、〉松元崇氏に相談しました。松元さんは現実を相手にする行政官としても手腕だけでなく、その著作は学者さんになられても超一流と確信できるものばかりです。私は商社員時代に各種の業界横断や官民交流の研修会やサークルに（多くは会社の業務命令により）参加していましたが、松元さんとは確か３カ所くらいで重なっており、坐禅も長くご一緒し、白隠開山の三島市の龍澤寺まで全生庵の平井正修老師に連れられて坐りに行ったこともあります。

　松元さんはそういうことなら、と最適任の日本銀行の副島氏をご紹介いただき、「先端的なところではないけれど僕もしゃべるよ」といっていただき最強の布陣が完成したのです。

　私が漠然と思っていた世界の金融市場の課題や問題点、その中の一つとして仮想通貨やブロックチェーンの話になるのかな、と思っていたのですが、副島さんは「マネーとは貸借勘定の記録」だと本質を話され、ネオマネーと新しい決済インフラの話も全く同様の原理だと説明されました。中央銀行とデジタルマネーの話も、講義後、日銀が2021年4月のデジタル通貨の実証実験を発表したことと結びつきました。詳細を掲載することができませんでしたので、私が「補足」を書かせていただきました。

　松元さんのお話は中央銀行でなくても貨幣を発行して良いと言ったハイエクの議論をデジタルマネー時代に活かしては、という大変示唆的なものでした。（2020・1・23講義）

歴史に学ぶマネーの本質
——ハイエクの貨幣発行自由化論

松元　崇

松元崇（国家公務員共済組合連合会理事長、元内閣府事務次官）

1952 年東京生まれ。東京大学法学部卒業。大蔵省に入省し、財務省主計局次長、熊本県企画開発部長、内閣府官房長などを歴任。スタンフォード大学経営大学院修了（MBA）。退官後、第一生命経済研究所特別顧問、三菱マテリアル取締役などを経て、現職。日本ボート協会理事。

著書に、『大恐慌を駆け抜けた男　高橋是清』中央公論新社 2009 年、『恐慌に立ち向かった男　高橋是清』中公文庫 2012 年、『高橋是清暗殺後の日本——「持たざる国」への道』大蔵財務協会 2010 年、『持たざる国への道——あの戦争と大日本帝国の破綻』中公文庫 2013 年、『山縣有朋の挫折——誰がための地方自治改革』日本経済新聞出版社 2011 年、『リスク・オン経済の衝撃——日本再生の方程式』日本経済新聞出版社 2014 年、『「持たざる国」からの脱却——日本経済は再生しうるか』中公文庫 2016 年、『日本経済　低成長からの脱却　縮み続けた平成を超えて』NTT 出版 2019 年など多数。

ハイエクの思想──戦争と中央銀行

　今では中央銀行の存在は自明視されていますが、人類の歴史の中では、中央銀行がなかった時代の方がはるかに長い期間ありました。ということで中央銀行を前提としたマネーのシステムが必要かどうかを考えてみたいと思います。

　ハイエクは貨幣発行の自由化論者で、中央銀行は無くても良いということを言った人です。当然、多くの人たちはそんな議論はとんでもないと言いましたが、彼は第二次世界対戦という非常に悲惨な戦争が起こった理由を考えてこの議論に行きついたのです。

　第二次世界大戦前、各国の中央銀行が通貨発行を独占することで経済・財政の規律が保たれていました。しかしひとたび財政規律が崩れてしまうとインフレが起こり、経済が攪乱されていきます。それは政治体制にも影響を及ぼし、独裁国家が登場してしまう。すると、独裁国家は中央銀行を通じて通貨発行を独占することによって暴走してしまう。結果的に中央銀行は独裁国家が人々の自由を抑圧し、平和を脅かすことに使われる──これがハイエクが考えた中央銀行が存在することによる問題点でした。近年ITプラットフォーマー企業によって個人の自由が侵害されることに対する警鐘が鳴らされていますが、似たような問題意識だったといえます。

ハイエクの思想──ステーブルマネー

　彼は、リブラのような通貨を考えました。リブラのコンセプトはドルなどの先進国通貨をバスケットにし、それを信用の背景にしてステーブルコイン（価値の安定したコイン）を作ろうというものです。ハイエクは少し異なり、民間銀行それぞれが独自の商品バスケットを信用の背景にする通貨を発行し、一番ステーブルな通貨が競争の中で勝ち残っていくというモデルを考えました。競争の結果、世界中がそれを使うようになれば、国際収支問題もなくなる…そう考えたのです。

　ハイエクは金融政策不要論者でした。通貨適正量は誰にもわからないの

だからそれは決めずに、自然に任せれば良い——彼は第二次世界大戦前のインフレに対する反省からそう考えたのです。一つの思想の座標軸として面白いと思います。

中央銀行登場以前

中央銀行登場以前には、いろいろな主体が通貨を発行していました。例えばアメリカ合衆国でも南北戦争以前には州法に基づいた銀行がそれぞれの通貨を発行し、その数、数百種類にものぼりました。当時アメリカの人口は4000万人程度でそこまで大きい国ではありませんでしたが、そうだったのです。その仕組みがうまくいっていたかというとそういうことはなく、詐欺のような銀行もたくさんありました。こうした、当時の仕組みの名残は今のアメリカの金融システムにも残っています。

日本における金融と中央銀行

日本の歴史を振り返ってみると、安定した金融制度なくして経済は発展しないということがよくわかります。明治時代に入るとすぐに日本の経済が発展した、というイメージをお持ちの方がいらっしゃるかもしれませんが、明治時代に日本経済が発展したのは維新後しばらくした明治20年頃からです。日本銀行券が発行され、通貨制度や金融制度が安定してから日本経済は発展を始めました。金融が不安定だと投機が起こり経済は発展しない、これを一番言っていたのが高橋是清です。

江戸時代の通貨

江戸時代に日本の通貨制度は非常に安定していました。当時の日本の通貨制度は今日の国際通貨制度のようなもので、幕府が貨幣（金貨・銀貨・大判・小判・豆板銀）を発行し、加えて各藩が藩札を発行していました。南北戦争以前のアメリカと同じような状態が日本にもあったわけです。それと同時に、両替屋が非常に発達していました。両替屋が幕府の貨幣と藩札との交換や為替、送金を担っていました。幕府の発行する金貨や銀貨は吹替え（品質を落とす）をして貨幣量を増やすこともしており、管理通貨的な運用も行われていました。

江戸時代のマネー　手形

　マネーの起源は信用だという話で副島さんからヤップ島の例（講義の補足参照　209頁）が紹介されましたが、江戸時代の大坂にも似たような状況がありました。大坂商人は取引の99%を幕府の発行する大判小判といった貨幣ではなく手形で決済していました。手形というのは要するに支払いをする、という信用の証明です。これが支払い時に振り出され、決済されるよりも前に回り手形として通貨と同じような形で流通していました。政府や銀行でなくても、信用のある商人が出した手形が通貨として機能していたのです。

　両替商の中にはやがて空手形（現実の商取引が無いのに振り出される手形）を出すところも出てきました。1万両の資本で6-7万両の空手形を出すこともありました。空手形でも決済が集中しなければ、つまり取り付け騒ぎが起きなければ問題ありませんから、空手形が決済に使われ続けたということは、そうしたことが起こらず、安定して金融・経済が運用されていたことを示しています。江戸時代の落語に借金取りから何とか逃げる話が多いこと、「江戸っ子は宵越しの銭は持たない」という表現があったことからも、現金ではなく信用を土台とする経済だったことがうかがえます。こうした信用社会により、江戸時代の経済は安定して発展し、人口も倍になっていきました。

明治時代の経済不安定

　こうして安定して育ってきた日本の通貨制度は、明治維新の際に大変不安定になりました。当時のアメリカ公使だったハリスがとんでもない為替レートを提示し、それを受け入れた結果日本から大量の金が流出してインフレが発生したのです。それを収めようと伊藤博文がアメリカの対応を参考にした通貨制度を導入してみたものの、うまくいきませんでした。最終的には松方正義がデフレ政策を断行し、日本銀行券を発券してインフレを抑え、その後の経済成長に繋がりました。

固定相場と変動相場

　ここでハイエクの話に戻ります。先ほどハイエクの議論でステーブルコ

インという話がありましたが、江戸時代の例にもあったように通貨価値が
安定していることは重要です。ハイエクは固定相場論者でした。金解禁
（金本位制復帰）を行った高橋是清は変動相場論者に思われているかもしれ
ませんが、彼もまた固定相場論者でした。高橋は当時の金本位制の通貨の
信用の背景にあった金を重視する「重金主義の大僧正」と言われた人です。
商売をする上では、為替での差損や差益を考えなくて済む固定相場の方が
いいのです。しかし、それぞれの国の経済のパフォーマンスが一様ではな
く、経済実態が異なるため、固定相場を続けていくとどこかで無理ができ
ます。そこで、世界としては変動相場にならざるを得なくなります。こう
して国際金融における変動相場が一般化していったのです。

基軸通貨

　固定相場が良いが変動相場を取らざるを得ない、という状況を少しでも
良くするために、国際金融には基軸通貨というものが存在します。こんに
ち、ドルが押しも押されもせぬ形で基軸通貨の位置を占めています。江戸
時代の日本で言えば、それぞれの藩が藩札を出していた中で、江戸幕府が
出していた大判小判が国内の基軸通貨に当たりました。

　そんな米ドルを中心とした国際金融の中にリブラのようなネオマネー
（講義の補足参照　210頁）が登場してきました。では、リブラが便利だか
らといって皆が使おうとなるか、それがさらに進んでリブラが基軸通貨に
なりえるか…？　ということを頭の体操として考えてみたいと思います。
個人的な意見ですが、私はそれは無理だと考えています。というのは、米
ドルが基軸通貨になった背景にはアメリカの治安維持能力があるからです。
江戸幕府も同じく、それが基軸通貨たりえたのは治安維持能力が大きいと
考えています。ネオマネーはドルをバスケットにしており、それなりの信
用は得られると思いますが、治安維持能力を背景に持たない限り、ドルに
代わる基軸通貨にはならないと考えています。

ネオマネーがもたらす変化

　ネオマネーが登場して現金が全部なくなるかというと、そういうことも
ないと思います。例えば現代日本の電子マネーの事業者は個人の取引情報

の固まりを求めています。一方で、個人からするとプライバシーの固まりを事業者に渡してしまうのは嫌なはずです。脱税をする人は現金を自宅に隠すと言いますが、それは現金なら本人にしかわからないからです。人間誰しも人に知られたくない話というのはあるはずで、ネオマネーは流通すると思いますが、全てが置き換わるわけではないと思います。

　ネオマネーがたくさん出てくると金融政策の有効性が下がってしまうという議論もあります。これに対抗して、中央銀行がデジタルマネーを出していくということは充分ありえるでしょう。そうすると、ネオマネーの群雄割拠状態になって、それぞれのネオマネーを使ったいろいろなサービスやビジネスが提供されることになります。ある意味で言うと南北戦争以前のアメリカや、江戸時代の日本のような状況になると考えていただければ良いかと思います。

ハイエクの貨幣発行自由化論

　こうした議論を踏まえて、ハイエクの貨幣の定義をみてみます。1文目は、「政策手段ではない」ということで、要するに中央銀行が行う金融政策は不要だということを言っています。つまり中央銀行不要論です。2文目は、表現が抽象的でわかりづらいかもしれませんがマーケットのことを言っています。マーケットでは人々は価格という信号を用いて取引をします。マーケットの中でマネーは信用を繋ぎ、経済が回るようにするための道具である、こういうことを言っています。

デジタルマネー時代の貨幣発行自由化論

　日本経済研究センターが『2060デジタル資本主義』という本を出しました。ここにあるように、マネーのあり方や金融機関のあり方は大きく変わっていくことが想定されます。そうした時に、これまでマネーの定義とされてきたM1、M2、M3（次頁図参照）はどうなるのでしょうか。金融機関が預金というものを持たないことが考えられる未来で、これらの定義はおよそ違ったものになるのではないでしょうか。私個人は中央銀行の役割はなくならないと思っていますが、個別の商業銀行の役割は大きく変わるでしょう。ハイエクの定義によれば、マネーはマーケットにおける目的を

リベラルアーツ企業研修会

「歴史に学ぶマネーの本質－ハイエクの貨幣発行自由化論」松元崇

2020.1.23

「貨幣発行自由化論」ハイエク、東洋経済新報社、１９８８、ｐ１４４

　　貨幣は、その量を統制することによって、特定の予測可能な結果を達成することのできる政策手段ではない。状況についての情報を価格という抽象的な信号によってのみ得ている各個人が、それぞれの行動を状況に常に適応させることが出来る自動的機構の一部なのである。

「２０６０デジタル資本主義」日本経済研究センター、２０１９、ｐ１１２

　　金融機関の支店やATMは、携帯電話の普及でほとんど見かけなくなった公衆電話のようになる。２０６０年には通貨がデジタル化し、マイナンバーに紐づいた形で個人の金融資産が管理され、銀行口座はなくなっている。金融機関はITをフル活用し、個人の信用度をスコアリングし、資金を借りたい人と貸したい人が直接金融で資金を融通する仲立ちをしているだろう。

M1　現金通貨と預金通貨を合計し、そこから調査対象金融機関保有の小切手・手形を差し引いたもの

　　※現金通貨 ＝ 銀行券発行高 ＋ 貨幣流通高

　　※預金通貨 ＝ 要求払預金（当座、普通、貯蓄、通知、別段、納税準備）－ 調査対象金融機関の保有小切手・手形

M2　現金通貨と国内銀行等に預けられた預金を合計したもの

M3　M1 ＋ 準通貨 ＋ CD（譲渡性預金）

　　※準通貨 ＝ 定期預金 ＋ 据置貯金 ＋ 定期積金 ＋ 外貨預金

達成するための道具です。彼に言わせれば目的が達成されれば道具は形を変えても良いはずで、その形を中央銀行が押し付けるのはおかしいということになるはずです。江戸時代には銀行口座はなく、代わりに手形がその役割を果たしていました。そのようにマネーの形は大きく変わりうるわけです。あまり予断を持たずに考えるのが良いのではないかと思います。

マネーの未来を考える

　　高橋是清は「学問は大事だけれども、学問の奴隷になってはいけない」

と言っていました。高橋は関東大震災後に井上準之助が行った金解禁に批判的でした。当時は金本位制が常識であり、井上は経済を再興させるためには一度デフレ政策を行って経済を緊縮させて金本位制に戻すことが必要だと考えていました。しかし、高橋は経済が生き物であると考え、そうはいかないと考えていたのです。

　学問的な理論はある時代には適合していても、現実が変わってくるとうまく適合しなくなるということが起こります。そうした時にはちょっと白紙に戻してみることが重要です。特に技術の進歩が非常に早い、大きい時にはそのような考え方が大事です。

　ハイエクは、通貨とは人間生活の根本的なものであり、であるからこそ通貨が人間生活を抑圧するようなシステムにしてはいけないと考えていました。ハイエクは、中央銀行が人間生活を抑圧する道具として使われるのではないかという危機感を持っていました。ハイエクは中央銀行に着目したわけですが、プラットフォーム企業など、別の主体が同様に人間生活を抑圧する道具を生み出してくる可能性もあります。そうしたことについて思いを馳せていただけたらと思います。

講義の補足

藤山知彦

「日本銀行　副島 FinTech センター長からは〈マネーとは何か、新しいキャッシュレス決済サービス、それを支える資金決済システム、決済インフラの階層構造、中央銀行デジタルマネー、Two-sided market、プラットフォームビジネス〉などについて講演いただきましたが、同内容の出版物を既に出されており、著作権上の問題から書籍に掲載することができません。そこで補足させていただきます」

　・この市場原理の「課題」の部分に何故、金融市場を取り上げようと思ったのかというと、それは私の商社員時代に起こったリーマンショック（2008 年 9 月）の経験によるものでした。この問題の発端はサブプライムローンという米国において返済能力の比較的低い住宅購入層に高い金利で、無理な貸し付けを競って行ったことがきっかけでした。

　サブプライムローンは様々な金融商品に組み込まれたため、サブプライムローンの焦げ付きが金融商品の暴落を通して、大きな金融危機を生んだのでした。末端の金融商品購入者からすれば「毒饅頭」がどこに入っているかを検討できないということもあってパニックの連鎖が起きました。

　・これには背景があります。それは世界の金融資産残高の急速な高まりです。金融資産残高は細かい定義はともかく、要するに現預金、株式、債券、投資信託、生命保険その他と考えると、世界全体で 2000 年段階では 100 兆ドルを突破してリーマンショック前の 2007 年で 250 兆ドル、2014 年で 290 兆ドル、2019 年には 400 兆ドルに迫っていると推定されます。この途方もない額が世界中でより高い利ざやを求めて運用されるわけですからその影響が大きいのも当然です。世界生産の総額（実体経済）は 2019 年で 87 兆ドル強ですから、本来、実体経済があって金融があるはずなのに金融資産の動向に実体経済が振り回されるということが問題になりました。

・また、市場原理には昔から課題があります。バブルが発生していることに気づかず、バブルがはじけてからバブルであった、と気づくということです。ものと金の間で市場を形成しているうちこそ、まだ考えやすいのですが、株式のようなものになると、なかなかどこからがバブルなのかということは分かりにくくなります。厳密にいうと経済学の知識はこのバブルの解明と防止に対して有効な武器をまだ持っていないというのが現状です。

・ではリーマンショックというのはどのように収束されていったのでしょうか。1つは各国の財政政策です。当時60兆ドル台の世界GDPに対し主要国の財政出動は試算で6兆ドルくらいになっていると思います（因みに、新型コロナ危機ではこれをはるかに上回る財政出動がなされています）。これによって最悪期には半分まで値下がりした世界の株価は2009年の春にはようやく元の相場まで回復します。この経験は政府と市場との関係に深刻な課題を残しました。平時においては市場に任せるはずのところに、政府はどういう場面でどういう理屈でどのくらい介入するのかが許されるのかという問題です。リーマンブラザーズの破綻が連鎖しないように、特に金融のシステミックリスクを回避するための処置は世界にとっても喫緊だったので、そう大きな問題になりませんでした。しかし、例えばGMに対して米国政府が支援したのは、平時ならば競争力を歪める行為として、GATTやWTOが長年、理念として考えていたことに違反していると言えます。

・金融市場そのものに何らかの規制が必要なのではないかという議論がありましたが、ウォールストリートやシティーという世界をリードする金融市場を持っている米英はこれに反対で、他方、EUの中には規制必要論がありました。結局、市場そのものではなくて市場に参加するプレーヤーの規制という方向で予防処置が講じられました。金融機関の資本増強、米国における商業銀行と投資銀行の垣根の設置、ヘッジファンドへの情報公開要請などです。

しかし、例えば金融危機時に格付け機関の厳格査定が危機をより進行させる問題などの本格的解決策ができたという話は聞きません。このように、リーマンショックの後に考えられた予防策は充分なのかど

うか様々な意見があるようです。

　・最近の株式市場の大きな動きと言えばEUを中心にESG投資が急速に伸びてきて、IR活動をわきに置いていくような成長ぶりです。ESG投資は国連の企業の行動規制に淵源がありますが、現在は企業行動を社会的利益に合致するような方向への誘導として機能していることが面白いところです。投資ファンドの掲げる目標が民主的（人類的）な支持を受けているものであるという条件がある限り、なかなか良い方向への変化ではないかと考えています。

　・科学技術の進展による市場の変化も大きな関心事であります。人工知能による為替取引や株取引などは非常に短い時間で非常に大きな回数の取引オファーを可能にしています。勿論、人工知能には実需動向や過去の経験などがプログラムされているわけですが、1回1回の決定に生身の人間の思惑や野望や不安や行使の納得感は入っていません。素朴な疑問ですが本当にこれで「市場の原理」は生きているといえるのでしょうか。

　・情報科学技術の進展はもう1つ、我々の日常に直結した新しいマネーの今後、という課題も起こっています。副島さんの今回のお話は主としてここに関するものでした。副島さんのお話には課題図書があって、飯田泰之氏の『日本史に学ぶマネーの論理』という本であります。

　・この本の冒頭には興味深いことが書かれています。

　「19世紀のヤップ島で人類学者が見たものは持ち歩きのできないような巨大な石貨だった。」

　「ここまで大きく重い貨幣を持ち歩くことはできない。そのため、石貨そのものの移動なく取引が行われることが多かったという……現実の貨幣を引き渡すのではなく、その所有権のみを移転させるという取引方法は現代ではごくありふれたものだ。」

　「周囲で起きた石貨取引の記憶を各人が持ち……島民たちの記憶の中に島全体の「石貨所有台帳」が作られていく。そこに中央記録所のような管理システムは存在しない。今、あらためてヤップ島の石貨が注目されるのは、その仕組みがビットコインに代表される電子・暗号

通貨に重なる部分があるためだ。ブロックチェーン技術を利用した電子・暗号通貨の流通は、それぞれの取引が正当なものあるかを他の参加者に確認してもらうことで進められる。」

・このヤップ島の話を副島さんはマネーとは①データである②信用システムである③譲渡可能な債権である、ということで現代の電子マネーやポイントとの類似を指摘しています。特に当初、機能が限定されていた電子マネーも、コンピュータ能力などの技術進歩やビジネスモデルの改良により現金化可能、送金可能、使用場所の拡大など、よりマネーらしさを増しています。こうして譲渡可能な債権は、キャッシュレス決済サービスをはじめ様々なタイプのマネーになる可能性があり、これを副島さんは「ネオマネー」と呼んでいる、と理解しました。

・ネオマネーは（当初は既存の決済インフラを利用して成立しても）決済コストの削減等の理由で既存のインフラを迂回して新しい仕組みを模索する傾向も重要な動きと指摘しています。

・様々なネオマネーの成立で現金を使う機会やATMなどのインフラが減ってくれば、新しい状況に対して中央銀行そのものがデジタルマネーを発行していくことも考えられ、事実、スウェーデンや中国ではそうした動きがみられます。

・Facebookが構想している仮想通貨リブラ（2020年12月ディエムに改称）は、現在G20など既存体制側の反応には厳しいものがありますが、この辺りはマネーの発行主体は誰か、歴史的にはどうなのかなどを含め興味深い所見を松元さんが語ってくれています。

* * *

Q&A　講義後の質疑応答

Q. ネオマネーと市場原理

　マネーと市場取引は切り離せない関係にあるように感じます。マネーの形が変わると、市場での取引の性質の形が変わっていく、場合によっては市場そのもののあり方が変わっていくのでないかという印象を持ちました。そのようなことはあるのでしょうか。

A.

（副島）　新しいデジタルマネーが取引で多く使われるようになると、マーケット間の資金移動が非常に速くなることが考えられます。コルレス・バンキングを使う必要があったクロスボーダー取引では、決済時間やコストが大きく下がるので取引は活発化するのだろうと思います。金融取引の効率性改善という意味では良いことですが、同時に様々なニュースやできごとによる資金移動がリアルタイムに起こることになり、市場が不安定化する要因にもなり得ると考えています。

　マネーとは何かを考えるとき、ヤップ島のマネーシステムを巡る考察がよく引き合いに出されます。金貨や米布などの商品貨幣など物理的な媒体としてのマネー以外に、貸し借り関係を記録する帳簿としてのマネーが同じぐらい古くから存在していたと指摘されています。現代の銀行預金も、預金者と銀行の債権債務を記録したデジタル台帳としてのマネーです。また、贈与論においては、ギフトを受けた者は何かの形でギフトを返すという負い目を抱えることになり、これが債権債務の原始的な形態の一つであったという指摘もなされています。さらに、交換（決済）や贈与が成立する前提として、所有という概念の確立が必要となります。つまり、市場取

引の前提となる所有や債権債務関係の記録簿としてマネーが機能している
と理解すれば、マネーの形態変化が市場取引にどのような影響を及ぼすか
（及ぼさないか）を考える手掛かりになりそうです。

Q. ネオマネーと国家

　マネーの変化の可能性として、中央銀行発行のデジタルマネーが使われ
るようになるという可能性に加えて、発行主体が国家ではないリブラ（ディ
エム）のようなデジタルマネーが使われるようになるという可能性があ
るというお話だったと思います。技術的には今後可能になっていくのだと
思いますが、特に後者について、市場や国家の安定の観点で問題などは起
こり得るのでしょうか？

A.

（副島）　例えば激しいインフレが起こっている国では、自国通貨で貯金す
る代わりに米ドルを持つことで保有マネーの価値を保ちたいと思うかもし
れません。実際、国内通貨がドル化した事例はたくさんあります。このよ
うに、国内で利用されるマネーの発行主体が当該国の政府・中央銀行でな
いケースはあり得ます。貨幣発行自由化論を説いたハイエクは、どの通貨
が使われるかは発行主体の信用力を巡る競争の結果としてあるべきと考え
ていました。ただ、これは国家主権の問題に関わってきます。国家運営に
なんら問題がなくとも、小国のマネーよりも、グローバル大規模企業が負
債として発行するマネー（しかも不安定な自国通貨建てではなく米ドルの
ような大国の通貨建てマネー）のほうを好ましいと国民が考えることもあり得
るでしょう。しかし、ドル化経済では金融政策の有効性が損なわれます。
ドル化国家のドル建て金利は、米国の金融政策で決まりますし、現金の流
通量に関するコントロールも失います。信用創造を行い、実体経済を支え
ている銀行システムにとっても大きな影響があります。リブラのようなデ
ジタルマネーに関する議論は、現在 G20 を中心として比較的経済力のあ
る国々の間で行われていますが、こうした小国の立場も考える必要がある
と思います。

　また、別の問題として通貨発行益があります。中央銀行が公開市場操作

を行ってマネーを供給する場合、国債などを購入します。日銀当座預金や現金という無利子の負債を発行し、代わりに有利子の国債を持つわけですから利益が発生しますが、経費を引いた分は全て国に納めています。これが通貨発行益です（もし、その国債を民間が保有していれば民間に利子を払う必要があり、国には返ってきません）。国の中央銀行が通貨を発行する場合にはこのように通貨発行益を国が回収できますが、リブラの場合にはこれを国が得られないことになってしまいます。これも国家としては問題になるでしょう。

Q. デジタルマネーのプラットフォーム化は進むのか?

　デジタルマネーを使ったプラットフォームの話題がありましたが、国によってスーパーアプリのようなプラットフォームが使われている国とそうでない国があることが興味深いです。地域・文化によってデジタルマネーの使われ方、サービスとの組み合わせ方は変わっていくものなのでしょうか。

A.

(副島)　中国ではデジタルマネーに紐づいたスーパーアプリが成功していますが、逆に中国以外でスーパーアプリは成功していないように思います。アメリカやヨーロッパでも決済手段とサービスが連携するクロスプラットフォーム自体はたくさんありますが、決済手段である親アプリの中に子アプリがたくさんあって……というようなスーパーアプリ形式の事例は知りません。例えば、中国では飛行機遅延の保険や、エレクトリック・コマースの配送にかける保険などの保険サービスもスーパーアプリ上で提供されていますが、日本ではそういった保険が決済アプリ上で提供されるのはまだ一般化していません。ユーザーの体験や慣れもありますでしょうし、社会習慣との親和性など様々な要因によって、どのような形で「サービス提供」と「その決済」が組み合わされていくかが決まっていくのではないでしょうか。

(松元)　国によってという点に関して付け加えると、貨幣に対する捉え方というのは国や民族によって違うのだと感じます。日本は農耕社会の歴史

が長く、農耕社会は農耕社会特有の信用の元に成り立ちます。このため、一年先を見据えた取引が成立したり、手形や為替、米を起点にした先物市場が世界の中でも早く作られてきました。また、天災が多い国であり、徳政令がたびたび発令されてきたということも特徴です。徳政令というのは債務を水に流して帳消しにする行為ですから、普通は信用を失う行為です。しかし、徳政令で水に流した後にまた信用する、これは日本特有の経済社会のあり方なのだろうと思います。貨幣というのは経済活動の基盤であり、経済活動のあり方は社会のあり方に影響を受けますから、社会の習慣にも目を向けておくことが必要なのだろうと思います。

IV 科学技術

3規範の揺らぎ
藤山知彦
黒田昌裕
吉川弘之

リベラルアーツ
歴史観
隠岐さや香

西洋思想
瀧 一郎

	民主主義	市場原理	科学技術
歴史	トクヴィルなど 宇野重規	アダム・スミスなど 堂目卓生	科学の社会史 古川 安
現在	ポピュリズム 水島治郎	経済学の役割 吉川 洋	生命倫理とELSI 橳島次郎
課題	デジタルゲリマンダー 湯浅墾道 西田亮介	ネオマネー 松元 崇	AIとビッグデータ 中島秀之

宗教と
世俗統治
伊達聖伸

東洋思想
竹村牧男

SDGs
沖 大幹

歴史から見た科学・技術

古川　安

古川　安（科学史家）
1948 年静岡県生まれ、神奈川県育ち。東京工業大学卒業、
米国オクラホマ大学大学院博士課程修了。Ph.D.（科学
史）。1971 年 4 月-1977 年 6 月　帝人株式会社、1978 年 1
月-1983 年 7 月　オクラホマ大学助手、1985 年 4 月-1988
年 3 月　横浜商科大学助教授、1988 年 4 月-1991 年 9 月
東京電機大学工学部助教授、1991 年 10 月-2004 年 3 月
東京電機大学工学部教授、2004 年 4 月-2018 年 3 月　日
本大学生物資源科学部教授、2011 年 1 月-2016 年 12 月
化学史学会会長、2018 年 4 月-現在 東京大学大学院総合
文化研究科非常勤講師、総合研究大学院大学客員研究員。
著書に『科学の社会史—ルネサンスから 20 世紀まで—』
（南窓社、1989；ちくま学芸文庫、2018）*Inventing Poly-
mer Science: Staudinger, Carothers, and the Emer-
gence of Macromolecular Chemistry*（University of
Pennsylvania Press, 1998）、『化学者たちの京都学派——
喜多源逸と化学の京都学派』（京都大学学術出版社、2017）
など。

MEMO

藤山知彦

　科学技術の歴史についてお話しいただくのを古川先生に決めさせていただいたのは2つの理由があります。

　まず第1は著作『科学の社会史』が非常にわかりやすいということ、特に科学史ではなくて、科学を社会がどう受け止めたか、ということが本流として書かれていることです（先生の講義によれば external history の分野の重視）。

　宗教と科学の関係、啓蒙主義と科学の関係を考えることは非常に重要だし、さらに科学の制度化、専門分化と職業化などの歴史も必須です。科学技術そのものの歴史よりもリベラルアーツとしてはこちらを選択したいと思いました。

　第2に古川先生が6年間、民間の企業にお勤めであったということです。リベラルアーツの先生は必ずしも大学の先生に限ることはなく、企業現場のエキスパートであっても良いわけですが、古川先生のように企業の世界も学問の世界も経験されているのは日本では貴重ですし、この講座には最適任だと思いました。

　というのも、研修生の中には企業の研究開発の担当者が結構な割合でいるからです。そういう研修生にとっては　古川先生のお話は身近な感じがすると思います。特に古川先生が冒頭でご自分の問題意識と経歴をお話しいただいてこの意図はうまく満たされました。また、質疑でも企業の基礎研究と応用研究の話をめぐって実際的な議論がなされていたように感じました。

　私自身としては、昔、村上陽一郎先生からリン・ホワイトが『機械と神』で「神のみわざを知るために科学が生まれた」ことを書いているのを教えられ、新鮮な気持ちがしましたが、今回の講義で、その後、啓蒙主義が宗教と科学を再び遠ざけていった道程を現場感覚をもって味わうことができました。

（2019・10・16講義）

工学系→技術者→科学史

　私が最初に科学史に関心を持ったのは学部学生時代でした。当時花形だった工学部の合成化学科で学び、実験に明け暮れて過ごしていました。また、その頃はちょうど学園紛争や公害問題が盛んだった時期で、科学技術に対する不安や不信感が募りだした時期でもありました。科学史という分野があることを知り、一般教養の授業を関心を持って受講し、また自分で本を読んだりしました。科学文明とは何か、それを築いた人間とは何か、素朴ながらこんなことを考え、科学自体を研究対象にし、歴史的に探求するこの学問に関心を持ち始めました。ただし、その時にはそこで終わり、周囲が就職するとそれに流されるように自分も就職しました。

　卒業後は帝人に入社し、山口県徳山（現、周南市）にある合成繊維工場に配属されました。また、大阪の研究所に勤務した時は論文を書いたり特許を取ったりもしました。人並みに働き、エンジニアとしての生活を送ったわけですが、時が経てば経つほど科学史を本格的に勉強してみたいという気持ちが募り、29歳の時に思い切って会社をやめ、アメリカの大学院へ留学することにしました。留学先はオクラホマ大学というアメリカ中南部オクラホマ州にある州立大学です。科学史コレクションという、科学史関係の蔵書が9万冊ありました。指導教官は Mary Jo Nye という方で、当時は若手でしたがその後女性で初めて科学史会会長を務めるなど、世界的に活躍されています。留学中は生涯で一番勉強したと思います。関心のある近現代の科学史ばかりではなく、古代数学史や中世科学、歴史の授業も取りました。日本で科学史というとしばしば理系として扱われますが、留学中に歴史学としての科学史を勉強できたのは良いことでした。

科学史研究

　学位論文は高分子化学の歴史についてでした。その後、日本に戻ってからも研究を続け、1998年にペンシルバニア大学出版会から *Inventing Polymer Science* という、高分子化学を作った研究者に関する書籍を出版しま

オクラホマ大学 大学院 留学
1978-1983年

科学史コレクション

科学史学科の教授陣　1978年頃

Left to right: Duane H. D. Roller, curator; Sabetai Unguru; Kenneth L. Taylor; David B. Kitts; Mary Jo Nye; Thomas M. Smith.

した。今日の課題本となった『科学の社会史』は、もともと大学のテキスト用に書いたものですが、広く一般読者の方々にも読んでいただいています。2011年には中国語に翻訳され、清華大学や中国科学院で記念講演を行いました。また、2017年には『化学者たちの京都学派』という本を出版しました。ふつう京都学派というと、西田幾多郎や田辺元ら哲学者を思い浮かべることと思いますが、実は化学にも京都学派があったのです。私自身がこれまで興味を持ってきたテーマは学問における基礎と応用、理論と実践の関係についてです。こうしたテーマについて、いろいろな形でこの3冊の中で論じてきました。

　科学史のアプローチは大きく2つに分類されます。まず、ダーウィンの進化論はなぜ生まれたか、ニュートンの万有引力はどうか、といったアイデアの変遷や理論史・学説史を扱う internal history という分野があります。一方で、external history という、社会や経済、文化、制度といった科学を取り巻くもろもろの側面を扱う分野もあります。今日ご紹介する科学の社会史は後者です。

科学とは？

　人はなぜ科学をするのでしょうか？　古代ギリシャ哲学者のアリストテレスは『形而上学』という本の冒頭で「すべての人間は、生まれつき、知ることを欲する」と述べています。科学をあらわす science という言葉は「知ること」を意味するラテン語 scientia に由来します。もちろん、科学する動機は、時代・文化・社会によっていろいろあるでしょう。信仰と科学、技術のための科学、企業のために発明をしたい、といった動機や、世のため人のため、あるいは研究費をもらうために科学するといったこともあるでしょう。しかし、その奥には人間の知りたいという欲求、知的欲求があるのではないか、と考えています。

　科学の歴史と技術の歴史で比べると、技術の歴史は人類と同じく500万年前に始まったと言えます。人間が人間たる文化的3条件に言葉・火・道具があります。このうち道具を製作・使用するということは広い意味で技術的営為です。つまり技術は人間の定義と切り離せないので、技術の歴史は人間の歴史でもあります。一方で、科学の歴史はもっと新しく、アリス

Big History of Science

宇宙の歴史	15,000,000,000 年
地球の歴史	4,600,000,000
生命の歴史	4,000,000,000
人類の歴史	5,000,000
技術の歴史	5,000,000
科学の歴史	2,500
近代科学の歴史	500
科学技術の歴史	150

西欧科学の流れ

ギリシャ自然哲学 B.C.4世紀 ～ A.D.1世紀

アラビア科学 8～11世紀

12世紀ルネサンス

中世のスコラ学 12～14世紀

イタリア・ルネサンス 14～16世紀

科学革命 16～17世紀

産業革命 18～19世紀

第二の科学革命 19世紀

近代科学技術 19世紀～

トテレスが生きていた古代ギリシャの科学は2500年前、さらに、我々の持っている近代科学の歴史で言うと500年程度しかありません。もっと言えば、私たちの生活に影響を大きく与えている科学技術（科学に根ざした技術）は産業革命以降、150年ほど前からです。人類の歴史から見ると、このほんの短い期間に私たちの世界は一気に変わったと言えます。

西欧科学の歴史——12世紀ルネサンスとスコラ学

西欧科学のルーツはギリシャ自然哲学に遡りますが、その後しばらく、ヨーロッパにおいてギリシャ哲学は忘れ去られていました。ヨーロッパに本格的にギリシャ哲学が再導入されたのは12世紀ルネサンスの時代です。それまで他の文明圏とあまり接点がなかったヨーロッパですが、アラビア人から古代ギリシャ思想を取り入れ、「離陸の世紀」と呼ばれる時期を迎えます。アリストテレスの思想などをアラビア語で読み、それをラテン語に翻訳する活動が盛んに行われました（「大翻訳時代」）。この頃、ヨーロッパではキリスト教が広く人々の間に普及します。この教義をギリシャ哲学と結びつけ、聖書とギリシャ哲学の思想体系を合致させる試みがなされます。これがスコラ学で、トマス・アクィナスらを中心に広められました。

スコラ学拠点としての大学の起こり

大翻訳時代には多くの翻訳のための塾が作られました。これが最初の大学の起こりで、その後12世紀から15世紀までの間に数十の高等教育機関としての大学が設立されます。当時の大学は今の大学とはいくつかの点で異なっていました。現代の大学（university）というと立派な建物が思い浮かぶことと思いますが、universitas（ラテン語）は教師と学生の組合という意味を持っていました。ギルドに親方・弟子関係があるのと同様に教師・学生の関係があったのです。また、当時の学部は神学部・法学部・医学部の3つに限られ、それぞれ聖職者、役人や官僚、医師を育成しました。それに加えて一般教養に相当する学部があり、ドイツでは哲学部、フランスでは学芸学部と呼ばれました。教養は自由7学芸と呼ばれました。読み書きに加え、算術と幾何、変わったところでは天文学（宇宙における神の位置を扱う）がありましたが、理学部や工学部に相当するものはありませ

大学の誕生

12世紀ルネサンスの時代に誕生
Universitas（教師と学生の組合）

ボローニャ大学　1088年創立
パリ大学　　　　1150年
オックスフォード大学　1167年

学部：神学部・法学部・医学部
　一般教養：学芸学部（哲学部）
スコラ学の拠点
**近代科学誕生の舞台ではな
　かった**

中世の大学の授業風景

んでした。つまり、大学は科学や技術の拠点ではなく、スコラ学の拠点としての役割を持っていたと言えます。

近代科学の誕生、科学革命

　その後、14-16世紀のイタリア・ルネサンス期にはメディチ家などの支援のもとギリシャ時代の原典が復元されるようになります。アラビア人たちが避けていたプラトンの思想や原子論などがこの時期に復活します。併せて、この時期には活版印刷機が発明されました。書籍が印刷できるようになったことによって知識の普及が急速に進み、近代科学誕生の下地が整っていきました。近代科学の誕生を科学史家は「科学革命」と呼び、便宜的にコペルニクスの『天球の回転について』が出版された1543年からニュートンが『プリンキピア』を出した1687年までがその期間とされています。コペルニクスは聖職者ながら、教会とは異なる宇宙体系として地動説を提唱しました。そして、地動説を説明するための論理、例えば地球が回っている時の風速をなぜ受けないか、といった問題への説明をつけるために古典物理学が誕生し、それを最終的にニュートンが完結させました。

学会の誕生　17世紀

イタリア、山猫アカデミア　1603年創立
　　ガリレオが活躍

イギリスの王立協会　1662年創立
1665年に雑誌『哲学紀要』
　　Philosophical Transactions 創刊
　　査読(ピアレビュー)システム導入
　　ニュートンが活躍

近代科学の成立に寄与

高校で習う運動の３法則や万有引力の法則などはここでニュートンが発見したものです。

近代科学誕生の場としての学会

　スコラ学誕生に寄与したのは大学でしたが、近代科学誕生に寄与したのは学会でした。小さな学会が初めて生まれたのはイタリアで、その１つに山猫アカデミアと呼ばれる学会がありました。ここで活躍したのはガリレオで、彼は大学に籍があったものの、大学はアリストテレス主義者の牙城であったため居心地が悪く、メディチ家からのサポートを受け、学会を主な活動場所として研究活動をしました。また、ケンブリッジ大学に籍があったニュートンもイギリス王立協会で活躍し、会長を務めました。この学会は論文誌や査読システムを古くから導入した学会で、1655 年に創刊された *Philosophical Transactions* という雑誌は今も発行され続けています。

信仰のための科学

　この頃の近代科学は、キリスト教の自然観と紐づいていました。ヨーロ

「宗教の時代」のニュートン

自然を解き明かすことにより
神の栄光を知る。

「自然と自然の法則は夜の
闇に隠されていた。
神が『ニュートン出でよ』
と言うと、すべてが光に
照らされた。」
A. Pope

ッパのキリスト教観では、神が自然を創り、それとは異なる存在として人間を創ったとされ、人間が自然を調査し制御できるという立場に立っていました。一方、神が自然を創ったのだからその中には一定不変の法則（秩序）があるはずであり、それを知ることによって神の偉大さを知ることができるとも考えられ、このように科学と信仰が結び付けられていました。実際、科学革命に関わったガリレオ、ケプラー、ニュートンはいずれも敬虔なクリスチャンで、異端審問も同じクリスチャンの土俵で争われた裁判でした。

啓蒙主義がもたらした宗教と科学の関係変化

こうした近代科学とキリスト教の関係は、近代科学と聖書の記述の整合性が取れている限りは問題ありませんでした。しかし地動説など、科学の手法で得た結論と聖書の記述が矛盾する場面が出てきます。18世紀以降、人々はこうした時に科学の方を信じるようになります。これに大きな影響を与えたのが啓蒙主義です。啓蒙主義はまずフランスで生まれ、その後ドイツ・イギリス・アメリカと広がりました。科学という合理的な精神で世の中を理解していくと絶対専制主義や教会の慣習・制度といった不合理な

科学ブームの到来　18世紀

ものがたくさんある、科学を広めることによって一般の人々もそうしたことに気づくのではないか、啓蒙主義者はこう考え、科学を広めるために様々な活動をしました。『百科全書』という百科事典の元祖も、今では考えにくいことですが政治的な意図を持って作られたとして、教会はこれを発禁処分としました。こうしたせめぎ合いの中で大衆の間で科学ブームが起きていきました。

　この頃は大学で科学を教えておらず、人々は講演会や科学実験にお金を払ってまで参加するようになります。オペラを観に行くように科学実験を見にいき、科学が生活や社会を良くするという予感が感じられるようになりました。こうして科学は神のためではなく、人間のため、幸福のためにあるべきだ、技術の役にたつ科学が重要だという今の科学観に近い見方が人々の間で生まれます。この近代科学と啓蒙主義がフランス革命やアメリカ独立、奴隷解放といった政治的事件にも影響を及ぼすようになります。

産業革命──技術から科学の関係

　産業革命が18世紀後半から19世紀前半にかけて起きましたが、その過

程で蒸気・化学工業など様々な技術が生まれました。このような技術はまず、職人の経験と勘のようなものによって生み出されました。科学ではなく、職人の経験や試行錯誤に基づいた技術が先にあったのです。逆に技術は科学に影響を及ぼしました。職人が作った技術から科学が発達した、例えば蒸気機関への関心から熱力学が発達したり、染色・漂白技術への関心から有機化学が発達したり、といったことが起こりました。

こうして科学と技術は接近し、最終的には科学に基づく技術が生まれます。代表的なものとして、合成染料工業があります。イギリスで専門的な化学教育を受けたパーキンという人が、石炭ガスを作る際に廃棄物として排出されるコールタールに着目し合成染料を開発しました。合成染料ができるとそれまで高価だった天然染料に代わって様々な繊維を染めることができるようになります。

科学制度の確立──第二の科学革命

16-17世紀の科学革命によって科学理論、科学思想、科学の方法論に関する変化が起こったのに対し、19世紀に起こった第二の科学革命では科学をとりまく制度的な変化が起こりました。科学者が "scientist" と呼ばれるようになったのもこの頃です。それまでの科学者は "natural philosopher" と呼ばれ、1人で森羅万象を論ずる役割を担いました。一方で、専門が細分化し、専門に特化したことしか扱わないようになってきた、それを示すのが "scientist" という呼称への変化でした。「科学」という訳語をつくったのは西周ですが、彼は「様々な科からなる学問」という意味を込めてその言葉を選択しました。

専門の細分化に伴い、専門学会が次々と設立されました。分野に分かれて学会ができ、雑誌が刊行され、仲間内でしか理解されない専門用語が作られていきました。例えば今日、日本の化学系学会は今26もあります。また、科学の職業化、つまり専門的な科学教育を受けた人がフルタイムで専門領域の仕事をし、生計を立てるという仕組みもできました。これは、近代科学初期の科学者のあり方と異なります。コペルニクスは聖職者でしたし、ガリレオは大学教授（薄給でした）を務めていたものの最終的にはメディチ家の支援を受けました。

化学の専門分化

自然哲学, 錬金術

↓

化学（Chemistry）

↓

無機化学, 有機化学, 物理化学, 生化学,
地球化学, 工業化学, コロイド化学, 高分子化学,
農芸化学, 化学工学, 量子化学, 計算化学

19世紀以前の科学者と職業

コペルニクス：聖職者、知事、長官、
占星術師、医者

ボイル：城主の子　☞　

ガリレオ：大学教授、年収120万円
副業：下宿屋の経営、家庭教師、
計算尺・望遠鏡を作って売る
トスカナ大公付数学者兼哲学者となって安定

科学制度の確立——科学技術教育とその中心

ヨーロッパで最初に科学技術教育が制度化されたのはフランスです。フランスでは革命後にエコール・ポリテクニクという理工科専門学校が作られ、科学知識を持った技術者（エンジニア）を養成する教育が行われました。また、ナポレオンの時代には大学の中に理学部が設立されるなど、科学者養成も行われました。

少し遅れてドイツでも改革が行われます。教養課程であった哲学部が独立して専門学部となり、科学の専門教育が行われるようになりました。また、研究のための大学（研究型大学）や、講座制・ギーセン式教育制度といった、教授と学生が研究を進める、という今の大学制度の基礎が作られたのもこの頃です。企業内研究も始まりました。初めて企業内の研究所ができたのはドイツの合成染料の会社でした。こうして19世紀末から20世紀半ばにかけてはドイツの大学・企業が研究をリードしました。

アメリカでは遅れて20世紀前半に高等教育が充実し、大学および企業で働く研究者が増えていきました。企業内研究所では応用研究だけでなく基礎研究にも取り組むようになります。GE社やDuPont社といった基礎研究所を持つ企業が出てきます。アメリカはもともと、クリスチャンジェントルマンを育てるための教養教育を目的に、高等教育が始まりました。それが南北戦争以降に州立大学や研究型大学が設立され、高等教育機関が急速に拡充し、自由競争状態が作られていきました。

イスラエルの科学社会学者ベン-デイビッドが世界の科学活動の中心（拠点）について研究をしました。それによれば、科学者・論文などを総合すると16世紀はイタリア、17世紀はイギリス、18-19世紀はフランス、そしてドイツ、アメリカと科学の中心は動いているといいます。それでは、21世紀はどうなるのか？　それを考える時に、それぞれの科学の背景にある制度的構造が大きく影響を及ぼしているという事実が手がかりになるでしょう。

時間の関係で今日はお話しできませんでしたが、科学・技術は産業や戦争と関係することでその特質や機能を大きく変えてきました。そのことがもたらした負の遺産についても深く考えなければなりません。歴史から、これからの社会における科学・技術のより良いありかたを考えるヒントを

科学の職業化

アマチュア自然哲学者
富豪・貴族
他に職業
パトロン（富豪、貴族、産業資本家）

↓

職業科学者（19世紀半ば以降）
科学教育、ポスト（教育界、研究機関、産業界）

革命後のフランスの教育制度

エコール・ポリテクニク
　École Polytechnique
　1794年創立
　世界初の科学技術者の養成学校
　一流の教授陣
　科学・技術の一貫教育
　世界の工科大学のモデルとなる
　　エンジニアの誕生

ナポレオン時代に大学に理学部（faculté）を設置
　（1808~1850年代16校）
強力な国家のコントロール、中央集権的

ギーセン式教育システム

学生実験、卒業研究、
　卒業論文、学位（Ph.D.）

→世界の大学に普及
　Scientistの量産を促す

教育制度のパラダイム

リービッヒがつくった学生実験室

探っていただければ、と思います。

* * *

Q&A　講義後の質疑応答

Q．科学技術が必要ないと言われることはないか

　人類500万年の歴史の中で科学技術はたった150年しかないという話が
ありました。科学技術には人類を豊かにするというプラスの部分もあれば、
環境破壊の一因となるなどマイナスの部分もあると思います。これまでは
プラスが大きく科学技術を使うことが前提となっていましたが、プラスチ
ック削減のようにマイナスに注目し科学技術を使わないという動きも出て
きています。今後これが加速し、科学技術が不要だと言われるようになる

時代は来うるでしょうか。

A. 歴史的に見ると科学技術不要論ないし抑制論はいろいろな形でありま
す。産業革命時の打ち壊し運動（ラッダイト運動）、公害に対する市民運動、
反核運動、直近では原発事故に対する人々の反応などです。

　国際レベルでは科学技術の利用を制限する動きは戦争に関連して起こり
ました。例えば第一次世界大戦後にジェネーブ議定書で毒ガス兵器の使用
が禁止され、第二次世界大戦後には核兵器の規制の動きが見られています。
また環境問題に関しては地球温暖化を抑制するための動きもあります。

　思想的には20世紀後半に科学批判、反科学論が生まれていますし、科
学や理性、進歩主義や啓蒙主義に対する近代批判（ポストモダン）が展開
されました。

　冒頭でアリストテレスの言葉を引用した通り、人間が知りたいという知
的好奇心は続く、つまり科学する動機はこれからも続くことでしょう。し
かし科学技術が社会に与えるリスク面が増長する限り、こうした不要論や
抑制の動きはこれからより活発化していくことは十分に考えられることで
す。

Q. 科学の分業、専門分化

　科学が専門分化されていった過程に関心があります。宗教との分離、産
業革命との合流など、いろいろな経緯があったとは思うのですが、分化し
ていった理由についてお考えのことがあればお聞かせください。

A. 19世紀以降の科学の専門分化の理由の1つは、科学の成長・肥大化
に伴い分業体制が生まれるようになったことです。一昔前のように、1人
の自然哲学者が森羅万象の全てを論じる時代は終わった。専門分化を助長
させた要因として、科学の専門教育があります。科学教育が盛んになるの
は19世紀後半以降のことで、それぞれの分野に特化した高等教育が行わ
れます。科学技術が産業に取り入れられ、科学の高等教育を受けた人々が
産業界で職業的な科学技術者として有効活用されるようになります。初期
の化学産業や電気産業にこうした傾向が見られます。専門分化は様々な専

233

門に分かれた学会の出現を促しましたが、それがさらに専門家集団を分断し専門分化の強化につながったと言えます。

Q. 研究者が研究する動機

　企業の研究開発部門に関わる人事の仕事をしています。これから企業で取り組む研究開発は基礎研究や応用研究、商品開発といった複数の価値基準で見ていく必要があるのだろうと感じました。そうすると、所属する研究者の方々にもこうした価値基準を持ってもらう必要があると考えているのですが、人が科学技術に関わる動機を意図的に変化させるというようなことは可能だとお考えでしょうか。

A. 意図的に、というのは難しいかもしれませんが、科学技術には科学と技術それぞれの動機があると思います。純粋科学は知的好奇心が生み出し、もともとは神が創った世界を知りたいという欲求にも動かされていました。一方で技術は必要に迫られ、役に立つことを目的として発展してきました。ご質問の通り、科学技術に関わる人たちはこれら（それ以外もですが）の目的の間で揺れ動いているのだと思います。

　ナイロンを発見したカロザースという研究者がいます。彼は最初ハーバード大学で教えていたのですがDuPont 社が基礎研究プログラムというプログラムを創設した際に「応用研究には一切関知しなくてよいから、真理の探究をやってくれ」と言われ引き抜かれました。DuPont 社は化学系の会社で、彼は基礎研究として高分子の研究に取り組みます。しかし、研究の過程でゴムや繊維の元になる素材が発見されると会社は方針転換をし、基礎研究から商品開発のための応用研究に重点を変えます。基礎研究をしたかったカロザースは抗議をしながらも社の方針に従って応用研究に取り組む……ということがありました。科学者本人は本能的に知的好奇心のようなものを持っているが、それが外的条件によっていろいろと折り合いをつけて変わっていく、ということなのだと思います。同時に基礎と応用の間を行き来することから、新たな創造性が生まれることもあるのです。化学の京都学派がその好例と言えるでしょう。

生命の研究の拠りどころは何か
――科学と社会の関わり方を考える

橳島次郎

橳島次郎（生命倫理政策研究会 共同代表）
1960 年生まれ、1988 年 3 月 東京大学大学院社会学研究科博士課程修了、1991 年 3 月 同研究科より博士学位取得（社会学博士）、1990 年 12 月 三菱化成（現「化学」）生命科学研究所入所、2000 年 6 月-02 年 3 月 熊本大学発生医学研究センター客員教授（兼務）、2004 年 4 月-07 年 3 月 科学技術文明研究所主任研究員、2007 年 4 月より現職。専門：生命科学・医学の研究と臨床応用を中心にした、科学政策論・科学技術文明論。著書に『先端医療のルール――人体利用はどこまで許されるのか』（講談社現代新書、2001）、『精神を切る手術――脳に分け入る科学の歴史』（岩波書店、2012）、『移植医療』（共著）（岩波新書、2014）、『生命科学の欲望と倫理』（青土社、2014）、『もしも宇宙に行くのなら――人間の未来のための思考実験』（岩波書店、2018）、『先端医療と向き合う――生老病死をめぐる問いかけ』（平凡社新書、2020）など。

MEMO

藤山知彦

　科学技術の「現在」は生命科学を取り上げました。戦後、生物に化学や物理の眼が入り、生化学、分子生物学という分野が確立し、DNA の解明や DNA 組換え技術の確立などが進み、生物学は生命科学へと大変化を遂げていったのです。1970 年代にはこうした変化を、ジャック・モノー『偶然と必然——現代生物学の思想的問いかけ』、シャルガフ『ヘラクレイトスの火』といった超一流学者による深遠な哲学的思索が時代の証言として書かれています。DNA 組換え技術による人間の生命そのものに対する介入技術への畏れは、1975 年に米国アシロマに集結した研究者（科学者）の会議「アシロマ会議」に結実しました。これは研究者が自ら研究の範囲を限定しようとするエポックメイキングな決断として科学史に刻まれています。また、ヒトゲノムの解明にあたって発生するだろう ELSI(倫理的・法律的・社会的問題) については事前に研究開発費から一定の割合で財源を確保しようという動きとして米国から始まりました。このように巨視的に見ると生命科学には主として研究者の側から、一応の研究倫理が確立してきた、といえます（情報科学の変化に対するこうした動きは、まだこれからだ、ということで「課題」の方の主題としたわけです。）

　この問題を櫛島先生にお話しいただこうと考えたのは、先生が企業の基礎研究所に長い間、お勤めになっていたことがあります。企業の技術研究所の研修生も多いことから、研究倫理の問題などについて活発な議論を期待しましたし実際そうなりました。また、もう 1 つ、先生の問題意識・研究スタイルはオリジナルな自らへの問い、に対し、自ら答えを出そうとするリベラルアーツ的雰囲気が濃厚である、というところにあります。

　問いを発する力こそがリベラルアーツそのもの、とも言われているからです。(2020・7・22 講義)

「生命科学」の誕生と展開
→科学と社会の関わり方が問題に

- 1950年代：DNAの分子構造の解明
- 1960年代：DNA→タンパク質合成の仕組みの解明
- 1970年代：DNA組換え技術の発明
- 1980年代末：DNA増幅技術（PCR）の開発

→記述的な生物学から、操作的な生命科学へ
遺伝子組換え、クローン、ES細胞、ゲノム編集、・・・

→何がどこまで許されるか、倫理が問われる
～研究の社会的正当性が問題になる

「生命科学」の誕生と展開

　生命科学とは、英語のライフサイエンスの翻訳ですが、その誕生以前にはバイオロジー、あるいはバイオケミストリー、ないし分子生物学と言われておりました。そして、生命科学が登場するまでの展開においては、各10年代ごとに研究・開発のメルクマールがありました。

　まず、1950年代に、生命の成り立ちを支える基本的な生体分子であるDNAの構造が解明されました。そして、1960年代にかけて、そのDNAという遺伝情報（コード）から、どうやってタンパク質という、生体機能として重要な役割を果たす物質が合成されてくるか、仕組みが解明されました。DNAの分子構造の解明と、タンパク質合成の仕組みの解明は、それぞれ別のグループが行い、ノーベル賞を授与されています。

　さらに、1970年代に、DNAを人の手で組み換える技術が開発されました。このDNA組換え技術の実用化により、生物の遺伝情報を組み換えて、その働きを知るための実験研究ができるようになりました。これは生物の科学研究の上で、大きなブレークスルーになりました。1970年代の初めに、まず単純な生物である大腸菌の遺伝子組換えが行われ、その後、徐々に高

等な生物の組換えもできるようになりました。そうなるまでには相当な時間がかかりました。例えば、実験で一番使うマウスのDNAの配列を組み換え、遺伝子改変マウスがつくられるようになったのは、1980年代になってからでした。それぐらい時間がかかっているのです。

　そしてさらに、1980年代の後半から末にかけて、DNAを増幅する技術が発明されました。このDNA増幅技術をPCRといいます。2020年にパンデミックを起こした新型コロナウイルス禍で、「PCR検査」という言葉を毎日聞くようになりましたが、PCRは検査の方法である以前に、生命科学の実験ツールとして大きなブレークスルーをもたらした存在なのです。PCRとは、人間が他の生物の力を借りずに、特定のDNA配列を好きなだけ増幅してたくさん手に入れることができる技術です。特定の配列のDNAは、実験研究で、その働きや配列を確かめるために、ものすごくたくさん必要になります。以前は、大腸菌などの生物の力を借りてDNAを増幅していたのですが、それは大変手間のかかる、時間とお金のかかる作業でした。PCRによって、そうした大変な手間暇が省かれ、機械的に数時間で何億コピーも、自分が欲しいと思う特定のDNA配列を手に入れることができるようになったのです。

　DNAを自由に組み換え、切り貼りし、増幅するこれらの技術によって、生き物が特別な存在ではなく、実験室の中で普通に扱える物質になりました。それまでの伝統的な生物学では、自然の中の生物の観察と記述が基本でした。それが、DNAのような生体分子を普通の化学物質と同じように実験研究の対象にすることができるようになったことで、生命を操作する科学研究が成立しました。観察と記述から実験へ。それが、生命科学の誕生の意味です。その後、クローン、ES細胞、ゲノム編集など、新しい生命操作技術が次々出てきますが、基本は1980年代末までに大体できてきたことで、あとはその発展型です。

　そのように、生命を人間が操作できるようになると、何をどこまで生き物に対してやっていいのか、科学研究が守るべき倫理を考えなければならなくなりました。言い換えれば、研究の社会的正当性が問われるようになったのです。

生命を扱う研究の正当性を示すために必要な規範とは何か

生命を扱う科学研究の倫理規範として、まず一番重要なのは、科学的な必要性と妥当性に則って研究を進めることです。言い換えれば、科学的に必要で妥当なことしか生き物にはやってはいけないということです。そこにはもちろん人間も含まれます。

そして次に大事な倫理規範は、個々の研究が、科学的な必要性と妥当性を備えているかどうかを、徹底的に相互批判する機会を保障することです。

以上の2点について、もう少し詳しく考えてみましょう。

科学的必要性と妥当性とは

科学的な必要性とは、ある現象を知り解明するために、何をしなければいけないかということです。特に倫理的観点からは、生きた人間または動物を対象とする必要があるのか、他の方法ではできないのかを、絶えず問うことです。

科学的妥当性とは、決められた科学的目標に達するのに、適した実験デザインになっているかどうかを、方法論から対象、素材の選定も含めて検討することです。特に人間あるいは動物を研究対象とする場合、実験でもたらされる苦痛やリスクが、研究から期待できる益に見合ったものかどうかという分析も含まれます。

研究の必要性と妥当性を判断する基準は何か

科学的な必要性とは、有用性とは全く異なる基準です。そこがとても重要な点です。なぜなら、倫理的判断とは突き詰めて言えば、欲望の抑制の原理であるのに対して、有用性とはこれとは真逆の欲望充足の原理であり、功利的判断だからです。そして、有用な成果だけを求める国などの方針が度を過ぎてしまうと、それは科学研究をゆがめる圧力となって、研究不正を起こす構造的要因になります。

科学の社会的正当性の基盤としての研究倫理

研究倫理とは、科学の正当性の基盤であり、道徳や生命倫理ではなく、研究者という職業の倫理です。職業倫理というのは、ある専門職の自律と

研究の必要性と妥当性を判断する基準は何か

「有用性」は倫理的判断の基準にはなりえない

倫理的判断＝欲望の抑制の原理
↓↑
有用性＝欲望充足の原理＝功利的判断

有用な成果（だけ）を求める国などの方針は、
科学研究を歪める圧力となり、
研究不正を起こす構造的要因になる

科学の社会的正当性の基盤としての研究倫理

● 研究倫理とは、職業倫理である

● 職業倫理とは、専門職の自律と信頼の基盤である

● 科学研究の自由が認められる根拠（憲法の定める学問の自由の根拠）
　＝相互批判の自由が保障されていること
　科学的に必要で妥当な研究しかしないし、やらせない、ということを、専門家同士の間で保障し、社会に対し示す
　～　科学研究の自律と信頼の必須の基盤

信頼（自律を認めてもらうためには社会から信頼されなければならないという意味でそれらは表裏一体なのです）の基盤なのです。

　職業倫理として研究倫理を考えたとき、科学研究の自由が認められる根拠とは、つまり日本国憲法が保障している学問の自由の一番の根拠とは、相互批判の自由が保障されていることであり、これが研究倫理の根幹だと思います。研究者の間で、科学的に必要で妥当な研究しかしないし、やらせないという相互批判、相互チェックをきちんとするということです。大事なのは、現代の倫理の基本は、個々の研究者や医者の個人的な良心には期待しないということです。専門職の職能集団全体として、科学的に必要で妥当な研究しかやらせないという品質管理を行うこと、そしてそれを社会に対して示すことができるということが、専門職の自律の最大の意味なのです。ですから、研究倫理は、科学研究が社会の中で正当と認められ成り立つための、必須の基盤なのです。

STAP 細胞研究不正の原因

　有用な成果だけを求める国の方針が科学研究を歪める構造的な圧力になった実例として、STAP 細胞研究の不正という大事件があります。この研究不正事件に対して、関係した個人に責を帰すのは、つまり1人1人の登場人物の性格や行状のせいだとしてしまうのは、よくないと思います。STAP 細胞研究の不正が、どうして日本有数の研究所で起こったのか。私はその一番の原因は、この研究が異例に特別扱いされて、科学研究の実施の過程で不可欠な相互批判の機会が持たれなかったことにあるとみています。それはまさに、研究倫理の遵守が可能な環境になっていなかったということです。

　背景として、STAP 細胞研究が目指していた再生医療技術の開発が、経済成長に資するものであるということで、国策にされていたという圧力があったでしょう。特に問題なのは、この不正が行われた理化学研究所がある神戸が、医療産業都市という、大きな国策プロジェクトに指定された場所で、理研はこのプロジェクトを支える重要な研究開発拠点だったことです。再生医療は、この産業としての医療の一番の目玉だと期待されていたのです。まさに、役に立つ研究をやれという外からの圧力が、科学研究を

STAP細胞研究不正の原因

● 科学的妥当性の相互批判の機会が保障されな
　かった（理研内部の研究管理の問題）
　　＝研究倫理の最も重要な土台が欠如していた

● 経済成長に資する再生医療技術の開発を求め
　る国策の圧力も背景にあった
　　　：理研がある神戸は「医療産業都市」
　　＝有用性　対　科学的必要性・妥当性
　〜科学研究と技術開発は分けるべき

歪める構造的要因になることを明白に示したのが、STAP 細胞研究の不正
だったと思います。

科学研究と技術開発

　科学研究と技術開発をコントロールする規範は質的に違い、区分けする
べきです。科学研究の倫理は、今まで申し上げてきたように、科学的な必
要性と妥当性に沿って判断されるもので、それは科学研究の中から出てく
る基準であり、外から押し付けられる基準ではないので、その意味で自律
性があります。その自律性が保障されるために、徹底した相互批判が保障
され、その結果も後でトレースできることで透明性も保障される。それが
大事な科学研究の倫理です。

　それに対して、技術開発の倫理は、技術倫理とも言われ、研究倫理とは
少し別なことになってきます。技術倫理の教科書を見ていくと、まず目的
の妥当性があって、例えば、軍事研究に使われることの是非とか、テロ利
用をどう防ぐかとかいう問題があります。また、原子力発電の技術開発を
担ってきた日本原子力学会は、核物理学を研究する基礎科学の学会とは別

科学研究と技術開発

● 科学研究の倫理
　科学的必要性と妥当性に則った自律性の保障
　徹底した相互批判とその結果の透明性の保障

● 技術開発　→　技術倫理
　　目的の妥当性（軍事研究の是非、テロ利用の防止）
　　安全性と有効性の保障
　　封じ込めなどリスクの管理
　　環境問題、次世代への責任論
　　知的所有権／南北問題など

にあって、その日本原子力学会が、倫理綱領を定めています。その倫理綱領の内容の大半は安全性の保障についての規範なのですが、それとは別に、「原子力研究は平和目的に限る」という条文があります。これは、研究者としての自己抑制であるといえます。ここが技術倫理の一つの大きな見えやすいところかなと思います。

　それから、科学研究の倫理における科学的な必要性と妥当性に対して、技術倫理においては、安全性と有効性の保障が大事になります。安全かどうか、有効かどうか、これは医学の基準でもあります。新薬の開発、今で言えば、新型コロナウイルスのワクチンとか治療薬の開発では、安全性と有効性がきちっと保証されていなければいけません。ですから医学研究は、科学研究というよりは、技術開発として見たほうがよいです。どのような倫理規範を医学研究に求めるべきかについても、技術倫理を当てはめていくほうが、すっきりしてくると思います。その他の技術倫理の項目としては、実験対象の封じ込めやリスクの管理、環境問題とか次世代への責任論、知的所有権のあり方など、いろいろあります。これらはみな、科学研究の倫理でも言われることですが、技術倫理ではそちらに大きな比重がかかっ

てくるわけです。

研究倫理から公共のルールへ

　ここまでの話であれば、研究コミュニティーとしても楽といいますか、筋を通すという意味では科学者だけで何とかなることなのですが、生命を扱う研究の難しい、面倒なところは、今考えてきた職業研究者としての倫理規範と社会の価値観が、必ずしも一致しないことです。生き物を扱う研究では、科学と社会の価値観の調整をしないといけません。例えば、生命科学者であれば、動物実験は絶対に必要な科学研究だと思っています。しかし、一般の人、特に動物愛護の人から見れば、動物実験というのは、動物虐待以外の何ものでもありません。

　では、動物虐待としての動物実験がなぜ許されるか。そこで調整が必要になってきます。これはまた別の大きなテーマで、課題本に指定した『生命科学の欲望と倫理』の中でも書きましたように、科学として適正に行われる動物実験は動物虐待ではないという理屈で調整が行われ、動物保護法の中で動物実験が認められる法的な根拠が作られました。適正な動物実験とはどういう実験かというと、科学的に必要で妥当なことしか生きた動物にはやらないという規範に基づいて、正当性の基準が作られてきたのです。

　そのような調整は、いろいろな場で行われますが、一番わかりやすいのが、立法をする形で公共のルールを社会的合意の下に作っていくことです。立法を通じて、科学者コミュニティーだけでなく一般社会も巻き込んで、誰もが従うべき公共のルールが作られます。科学と社会の間での価値観の調整としては、これが一番決定的なやり方になります。

　ですが科学者や医者は、法律をものすごく嫌います。倫理も大嫌いですが、法律はもっと嫌いです。なぜかというと、法律は自分たちの手足を縛るものであると思っているからです。これは無理もないところもあって、日本が属する東洋、特に中国の文明圏においては、法（律令）とは官が民を支配する道具だったので、その伝統の中で生きてきた日本としては、そのような意識が残っている。しかし、近代社会における法とは、主権者が望む自由と権利を実現するための手段です。簡単に王様に首を切られたり、牢屋に閉じ込められたり、経済的手段を奪われたりすることがないように、

研究倫理から公共のルールへ

＊倫理から法へ
　職業研究者の倫理と社会の価値観の調整
　　→立法など公共のルールの形成・確立へ

＊法とは、研究者の手足を縛るものではない
　　官が民を支配する道具ではない

　倫理に関する立法は適正な科学研究と研究者を守るもの

　＝主権者／研究者が望む自由と権利を実現するための手段

というのが近代の法律の最大の眼目、原理です。

　この眼目をわかりやすく示したのがフランス革命で作られた人権宣言で、そこでは所有の自由と身体の自由、つまり経済活動の自由と政治的・社会的な活動の自由、牢屋にめったやたらに放り込まれないという人身の自由が並べられています。今法律はもっと複雑化したので、生命の科学の研究を適正に行うために、どんな法律が必要か、研究者はどんな自由と権利を望んでいるのか、それを社会はどこまで認めるのかという調整が行われますが、こういう研究倫理に関する立法は、適正な科学研究とそれをする研究者を守るものです。法令がないと、誰も守られないのです。だから、法律とは自分たちの手足を一方的に縛るものではなく、自分たちを守るものであると、法律に対する意識を変えていかなければなりません。生命を扱う活動というと世間の関心も比較的高いので、生命の科学を律するにはどのような法令が必要かという議論が、法に対する意識を日本社会で変えていくための大きなきっかけになるといいなと思っています。

科学と宗教と社会の関係

　ここまで法律の話をしてきましたが、もう１つ重要でかつ面倒なファクターとして生命倫理の分野で特に出てくるのが、宗教の問題です。科学と宗教の関係というと、おおまかに、科学とは事実の解明であって、客観世界が相手であるのに対して、宗教は人間の価値の探求で、主観世界が相手になると整理されることがあります。この整理はわかりやすいですが、非常に図式的で、間違っているとは言わないまでも、問題の本質を外していると思います。なぜなら、科学は単なる事実の解明ではないからです。

　近代の科学とは、真理の探究のためには何でもやるぞという一種の強烈な自己意識を伴う価値観を奉じる、別個の精神世界だと思うのです。やってはいけないといわれた人間の解剖も、人体の成り立ちを知るためには必要だからやる。世間からどんなに後ろ指をさされても、自分が知りたいからやるというのは、主観だと思うのです。近代科学とは、そういうふうに真理の探究のために生きたい、という特別な価値観を奉じる新たな精神世界として、それまでの宗教から自立しようとしたのです。つまり、科学者の世界も宗教者の世界もどちらも主観であり、ただその奉じる価値観が違うのです。両方とも精神世界である以上、科学と宗教の対立は、絶対解決はしません。神々の戦いとよく言いますが、科学と宗教の関係は、一方だけが勝つことはあり得ず、どちらが正しいともいえることではないと考えるべきです。しかしこの対立は必ずしも不毛ではありません。別の価値観に基づいていろいろ批判されることはとてもいいことだと思います。

　生命の研究の拠りどころを求める上で、特定の宗教の価値観に基づく生命倫理にその拠りどころを委ねることは、科学としての自己否定であると思います。逆に、社会の側からも、科学の営みに対して公共のルールを課す場合は、特定の宗教の価値観には基づかないこと、即ち政教分離を原則としなければなりません。特定の宗教の価値観に基づくと、それは広く共有できるものにはならず、公共のルールにはならないからです。政教分離は、近代社会を支える重要な原則です。

科学研究は、社会からの"お布施"で成り立つ

　さて、ちょっと視点を変えて話を進めましょう。科学研究の拠りどころ

科学と宗教と社会の関係

＊科学＝事実(Fact)の解明：客観世界が相手

↓↑

＊宗教＝価値(Value)の探求：主観世界が相手

こうした整理で本当によいか？

近代科学は真理の探求という価値を奉じる、新たな別個の
精神世界として宗教から自律したと考えるべきではないか

～研究の拠りどころを特定の宗教の価値観に基づく生命倫理
に委ねるのは、科学の自己否定になる

～社会の側も、科学の営みに対し公共のルールを課す際は、
特定の宗教の価値観に基づかない世俗性（政教分離）を
原則としなければならない

としてとても大事なのは、お金です。生命を扱う研究は大変お金がかかり
ます。私は、科学研究は社会からのお布施で成り立っていると考えるべき
だと思います。これを昔ある国立大学の研究所のレクチャーで言ったら、
お布施とはなんだ、けしからん、と、すごく嫌がられたのですが、実際そ
うだと思うのです。研究費は公的には税金です。それから、日本ではあま
り比重が大きくありませんが、私的な寄付もあります。日本でいうと、ト
ヨタ財団など、大小の民間研究助成団体がたくさんありますが、あれは寄
付です。米国では、有閑マダムの集まりみたいなところがぽんと大学に寄
付してくれたりするそうです。ですから、研究は公的には税金だし、私的
には寄付です。これはお布施です。

　なぜお布施がもらえるか。社会が科学に望むことは何かを考えないとい
けません。ただ役に立つこと、有用性だけを社会は科学に求めているでし
ょうか。私はそれだけではないと思います。では生命倫理を守っているの
がいい科学でしょうか。やはりそれだけではないでしょう。有用性も生命
倫理も、科学の外の要素です。科学のうちに、科学それ自体に、価値はな
いのでしょうか。

科学それ自体の価値とは

- **現世利益を求める欲望**
  有用性（他律的）→技術開発　功利的判断
  　安全性と有効性の保障が歯止め

- **科学する欲望**：人間の本質の、別の独立した一面
  科学的必要性（自律的）
  　　研究者同士の／研究者と社会の間の相互批判
  が歯止め

科学それ自体の価値とは

　科学それ自体に価値があるとすればそれは何か。それを明らかにするために私が考えたのが、課題図書にした『生命科学の欲望と倫理』で展開してみた、欲望論です。

　人間には大きく言って、2つの系列の欲望があると私は思います。

　1つは現世利益を求める欲望です。人間の欲望というと大体こちらですね。現世利益を求める欲望とは何か。空を飛びたい、速く走りたい、長生きしたい、元気でいたい、要するに、何かの役に立つこと、つまり有用性を求める動機です。そのために技術開発があり、功利的判断に基づいて進められます。技術開発において間違いを防ぐための最大の歯止めは安全性と有効性の保障です。言い換えると、人間の現世利益を求める欲望の歯止めになるのが、安全性と有効性の保障です。

　一方、人はパンのみにて生きるにあらずなんていいますが、人間には、現世利益を求める欲望とは全く別に、独立に、不思議な欲望がある。私はそれを「科学する欲望」と呼びたい。星空を眺めて、あの光っているものは何だろう、どこにあるのだろう。海の果てには何があるのだろう、そも

そも海って何でできているのだろう。そういうことを知りたいと思ってしまうのが、他の生き物と違う、人間のある本質を成すものではないか。現世利益を求める欲望とは全く別のところに、これがあってこそ人間といえる面があるのではないでしょうか。この科学する欲望は、科学的な必要性に則って進められます。あることを知るために、するべきことをするのが科学です。そして科学する欲望に対しては、研究者同士の相互批判、あるいはさらに広げて、研究者と社会の間の相互批判が、歯止めになります。

科学者の社会の中での存在価値とは

　では、なぜ科学する欲望に身を委ねた科学者が職業として成り立つのか、どうして世の中からお布施をもらえるのかを考えます。この欲望論に基づくと、科学者とは、科学する欲望の充足を社会から付託された存在だと考えることができます。全ての人が科学する欲望に身を委ねてしまったら、誰も畑を作ったり、漁に行ったりせず、ただ星空を眺めてあれは何なのか、なんて考える人ばかりになってしまえば、人間は滅びてしまいますよね。大多数の人々は日々の糧を得るために、労働をしなければなりません。しかし、あそこでいつも畑には来ないで、寝転がってばかりいる人も、何か大事なことを考えてくれているみたいだ、と思ってもらえればいい。やがてその人が科学する欲望を充足してくれて、その結果わかったことはみんなで共有できる、と考えられるようになって、科学研究が職業として成り立つようになったのではないでしょうか。

　近代科学ができてきた当初は、パトロンは王侯貴族でしたが、近代の市民革命で、町人にもパトロンが広がりました。

　このように考えていくと、宗教者と科学者は、より近い存在なのだとわかります。

　例えばわかりやすいのは、古代インド社会の仏教者です。仏教は完全な出家を仏教者（僧侶）に求めました。完全な出家とは、要するに、日々の糧を得る営みを一切やらないということです。だから、食べていくためには、他人からお米や飲み物をもらわなければなりません。どうしてそんな彼らの存在を社会が許し、お布施をしたかというと、解脱だとか何か知らないけれど、人間はかく生きるべきという、とても大事なことをやってく

れているみたいだ、私たちはとてもそんなことをする暇はないし、する気もないけれど、そういうことをやってくれている人がいるのなら、それはそれでいいかもしれない、と思ってもらえる関係性があったのではないでしょうか。直接の見返りではなく、自分たちはやらないが人間としてはやったほうがよさそうな大事なことをやってくれている、それが宗教者と社会の関係です。近代社会では科学者が生まれ、宗教者の位置に科学者が入ってきた。そう考えるべきではないかと私は思うのですが、いかがでしょうか。

日本の科学政策の矛盾

　ここでまた違う角度から話を進めてみます。日本の科学政策をみると、理科離れと言われて久しく、初等・中等教育では科学の面白さや夢を強調して生徒の関心を引き、学校の授業ではできないからと、親がわざわざお金を払って理科実験教室などで子どもに実験をさせている。しかし、その初等・中等教育で吹き込まれたことを真に受けて、科学は面白くて夢があると本気で信じて科学者になろうと思い、高等教育に進んで、職業研究者になろうとすると、役に立つことをしろと言われるようになる。おかしい、だまされた、と思ってしかるべきだと思うのです。入り口と出口で全く矛盾したことをしている。これでは科学研究は育たないのではないか、考え直したほうがいいのではないかと思います。多くの研究者もそう思っているでしょう。

　これまでの話を職業研究者が社会に対して取るべき姿勢という形でまとめてみると、科学研究をするためのお金の本当の出もとは、1人1人の納税者です。お布施ですから。お役人は配分しているだけです。だから、職業研究者は、役所ではなく、本当の自分たちの研究費の出どころ、パトロンである納税者や世間のほうを向いて、自分たちの研究の意味や価値を説明し、理解を求めるべきです。

職業研究者が社会に対して取るべき姿勢

　私がこういうふうに考えるようになった一番の要因は、企業の研究所にいたからです。企業の研究所にいると、自分の研究をするお金の出どころ

はいやでもわかります。私の場合は、三菱化学の人たちです。三菱化学の人たちが世の中の役に立つことをして、いいものを作って、お金を稼いでくれるから、私たちの研究所にそのお金が回ってくるわけです。

　でも、それが税金になると、本当のパトロンは誰か、わかりにくくなってしまいます。それは研究者として、大きなモラルハザードの要因になります。パトロンとの緊張関係は科学者として、1つの専門職として大事です。パトロンに対して、科学者は、目先の有用性ばかり強調しない姿勢を取らないといけません。助成金をもらうために、役所に出す書類にはどんなことに役に立つかという風呂敷をいくら広げてもいいけれど、あくまでそれは方便で、自分がそれを真に受けてはいけない。研究者として本当にやりたいことは何かを、見失ってほしくないのです。

社会の側が科学に対して取るべき姿勢

　では逆に、社会の側、あるいは科学研究を職業としていない側の人間は、科学に対してどのような態度を取るべきか。最後にそれを話して、終わりにしましょう。

　科学者は放っておくと何をするかわからず、暴走するかもしれないから社会が抑えなければならない、というようなことを言う人がいます。しかし、それは全く的外れのことだと私は思います。なぜなら、日本の科学研究者は大変おとなしく、社会から見て何をするかわからないと思えるような乱暴なことをする人はとても少ないと思うからです。それは、私はいいことではないと思っています。もちろん研究の倫理をきちんとふまえた上ではありますが、科学史上の偉大な業績を見ていると、常識に囚われず、何をするかわからないぐらいの、そういう危なさがないと、一流の科学研究はできないのではないかと思えます。

　科学者の「暴走」という言葉が出てくるのは、科学者ないし科学に対して不信感があるからですね。最初に話したように、科学者の活動を世の中にちゃんと示せていないから、不信感を持たれてしまうのです。そのような不信に基づく科学の批判は、する方も、される方も、双方にとって不幸だと思います。

　ただ逆に、「科学って素晴らしい」というような、受容と礼賛だけが科

学を支援するやり方ではないということも、一般の人にはぜひわかっても
らいたいことです。国が予算を付け、「科学コミュニケーター」という専
門職をつくって、大学や科学館などで「科学コミュニケーション」をさせ
ています。それはとても大事なことだと思うのですが、どうも実際にやっ
ていることを見ていると、科学ってこんな素晴らしいことをやっています、
という一方的な PR で終わってしまっている感があります。PR は大事で
すけれども、コミュニケーションとは双方向のやりとりですから、なんで
そんなことやっているの、そんなことをやってどうなるの、みたいなツッ
コミ合いがなければいけません。PR だけでは、コミュニケーションにな
りません。

　社会の側として、一番理想的なのは、レベルの高い本物の科学研究を求
めて、科学者を厳しく叱咤激励することだと思います。それが本当の科学
批判ではないでしょうか。そんな研究ではまだまだ駄目だよ、もっと先に
行かなきゃ、と言えるぐらいの目利きを、大勢の一般人が持てるといいな
と思います。それは、今の情報社会の世の中ではできないことではないと
思います。よくお芝居の世界で、いい観客がいい役者を育てるといいます
が、それは科学研究においてもいえると思います。舞台の上で下手くそな
芝居を見せたら、下手くそ、引っ込めとやじが飛ぶぐらい、そういう緊張
関係があったほうがいいと思います。そういう場をどうやってつくれるか
が政策的にも、科学の営みとしても、とても大事で、そういうところにお
金と手間をかけていくべきだと思うのです。一般の人たちにもぜひ、自分
たちは科学のパトロンであり、お布施を出してやっているんだ、ぐらいの
気持ちを持っていただきたい。いい観客になり、いい目利きになってほし
い。私はそれが科学リテラシーということの本当の意味だと思います。

　科学リテラシーとは、専門誌に載っている論文が読めるようになるとい
う程度の話ではなく、論文で抄録をぱっと読んで、こんなの前からやって
いるじゃないか、いまさら何？とか、本当にこんなやり方やデータでこう
いうことがわかるのかな、とか、そういうツッコミをできるということで
す。私は幸い、企業の研究所にいて、『ネイチャー』や『サイエンス』の
ような一流の国際科学誌を隣の図書室に行けばいつでも見られました。話

題になった研究の原著論文に目を通して、わからなければ周囲の研究者を

つかまえて訊いて、科学研究を見る目をなるべく養ってきたつもりです。文系の人間ではありますけれどもね。だから、それはやろうと思えばできないことではないし、お布施を出している以上は、それぐらいのことをやる意味も、意義もあるのではないか。そういう目利きの科学愛好家からツッコミを入れられる緊張関係の下に身を置くことが、科学者の側からしても、社会における自分たちの正当な位置、あるいは拠りどころになるのではないかと考えています。

* * *

Q&A　講義後の質疑応答

Q.「科学する欲望」をどう制御・支援するか

　近年は研究を進める際に一般社会からの支持を得たり、ファンディングエージェンシーから認められたりすることによって必要な資金を獲得するというプロセスの重要性が増しており、そうした研究資金獲得と研究者倫理の間にもせめぎ合いが生じているように感じます。講義で取り上げられたSTAP細胞もそうでしたが、最近問題となっているデュアルユースの問題も同様のせめぎ合いが起こっているように感じますが、いかがでしょうか。

　A.　科学の世界というのは大変競争が激しい、不平等な社会だと思っています。競争が激しい結果、不正が起きている、では競争を緩和すれば良いではないかという意見もありますが、私は反対です。例えばトヨタ財団には優れた研究の目利きができる人がいて、彼らがきちんとした助成をしている。「科学する欲望」が全くない人ではなく、研究者の「科学する欲望」をきちんと見られる人が評価することが大事だと思います。
　デュアルユースの問題で言えば、よく大学の先生などから出てくる意見

として「軍事関連予算は公開性が失われ、研究の自由が失われる」という
ものがありますが、これは粗雑な議論だと思います。アメリカでは、それ
ぞれの大学が国防総省の研究費を受けるときにどのような方針を採るか表
明しているところが多くあります。国防総省予算の中にも、機密ではなく
研究結果を公開できる研究などもあり、そうした研究費は受けるという方
針表明をしている大学がありました。大学が「軍事関連予算は全てシャッ
トアウトする」と言うとそういった研究費は全て国防関係の企業に閉じて
使われてしまう。そのほうが研究倫理上は問題だと私は思います。今、科
学者は世の中の様々な意見を聞きすぎてぐらついてしまっているように感
じます。社会からの批判を受け止めることは当然大事なのですが、それを
きちんと受け止めるためにも研究者内部で研究倫理の議論をきちんと突き
詰める必要があるように思います。

Q. 研究倫理の基準づくり

　課題書籍にあったフランスの事例と比較すると、日本における研究倫理
の基準づくりの場面では問題が起きる度にその場ごとの対応をしている事
例が多いように感じました。お話を伺いながら、リーマンショック後に功
利的判断と金融マンの職業倫理の相克が問題となり各国で共通のルールが
作られるようになったという金融業界の歴史を思い出していたのですが、
生命倫理でも同様に各国共通のルールが作られるということは起きうるの
でしょうか、またそれは研究の競争力にどう影響するのでしょうか。

A. ES 細胞やゲノム編集の例を見ると、規制と研究の成果が関係あるか
というとそうではなかったということがわかりました。例えば欧米では
ES 細胞に対する規制はとても厳しかった一方で、日本や中国は規制が厳
しくありませんでした。しかし、結果的には日本と比べて規制の厳しいフ
ランスのほうがはるかに ES 細胞株を作る研究は多く行われていました。
ゲノム編集では中国が「中国には中国の倫理がある」といって研究をどん
どん進めました。最終的に中国の研究者がゲノム編集した受精卵を用いて
子どもを産ませるというところまで行ってしまいましたが、さすがにそれ
に対してはストップがかかりました。こうしてみると、規制の有無は競争

力と関係ない、一方で各国それぞれ何かしらの基準があるということが見えます。

フランスと日本は何が違うかというと、生命倫理が「ひとごと」かどうかだと思います。フランスでは最初、関心のある議員だけが集まって膨大な法体系を作りました。しかし、国民にとって「ひとごと」だったということがわかった。そこで、2009年と2018年の2回、政府が主催して本腰で国民と生命倫理に関する対話を試みました。生命倫理全国民会議という名前をつけ政府主催だけではなく民間団体や病院、宗教団体、難病当事者団体など様々な人たちを巻き込んで対話を繰り返し、その結果を議会の立法に組み込むという手間とお金がかかるプロセスを経た結果、生命倫理についての議論の裾野を少しは広げられたようです。こうした合意形成をコストをかけてやること、これは生命倫理だからというだけでなく民主主義としても重要なことだと考えます。

Q．企業内研究者と科学する欲望

企業研究所の仕組みに関する仕事に関わったことがあり、仕組みを変えた結果、研究者たちがより功利的な考え方を持つようになってしまったという経験をしました。企業内の研究者は研究者としての利益はもちろんですが企業の利益も気にする必要があるという構造になると感じており、その構造下でどうやって研究者の倫理を維持するかということを考えています。この点お考えをお聞かせください。

A．私は企業研究所の中でも恵まれた環境にいましたので、私の考えが全ての企業に当てはまるとは思いませんが、企業の利益と社会の利益は別物だろうというのがまずあります。研究者は社会全体の利益を追い、安全性と有効性を規範とする、これを保証することが重要で、それを企業利益とどう近づけていくかが会社の偉い人の仕事だと思います。研究者が功利的判断の歯止めとして安全性と有効性を規範とする時には、それは企業の利益やリスクを超えて社会に対するリスクまで見通せることになります。それは企業にとっても良いことだと思います。

研究者が求める現世利益を企業の利益とどう結びつけるかということに

ついての案として、企業イメージ向上につなげる、PR に用いるといった
ことが考えられます。企業の利益を研究者に対して還元すること自体、広
く考えると社会還元として評価されることだと思いますし、良い研究をし
てアカデミアで高い成果を出した研究者を企業が支援しているということ
がわかるのは PR につながると思います。企業の利益というと、経済的利
益のみに注目が集まりがちですが、このように社会的な利益も考えること
で見方が広がるのではないでしょうか。さらには、企業研究所の研究者だ
けでなく、経済的利益にすぐにつながらない研究をしていると見られがち
な大学の研究者をバックアップすること、そしてそれが認知されることも
企業の社会的利益につながる、というところまで広げていくことも考えら
れるように思います。

第 **12** 講

人工知能技術と社会

中島秀之

中島秀之（札幌市立大学学長）
1952 年生まれ。東京大学卒業、1983 年東京大学大学院工学系研究科情報工学専門課程修了、工学博士。電子技術総合研究所、産業技術総合研究所、公立はこだて未来大学、東京大学を経て現職。研究概要：人間の知能の仕組みに興味を持ち、人工知能の研究を行っている。人工知能は自然科学とは異なる方法論が必要で、構成的学問の方法論の定式化にも興味を持つ。同様の方向性でデザイン学やサービス学にも興味を抱いている。主要編著書：『AI 白書』（監修、KADOKAWA）2017, 2018, 2020、『人工知能——その到達点と未来』（編著）2018、『人工知能とは』（第 1 章、近代科学社、2016）、『知能の物語』（公立はこだて未来大学出版会、2015）、『Handbook of Ambient Intelligence and Smart Environments』（編著、Springer）2009、『知能の謎』（講談社ブルーバックス、2004）、『AI 事典第 3 版』（編著、共立出版、2003）、『知的エージェントのための集合と論理』（共立出版、2000）、『楽しいプログラミング II、記号の世界』（岩波書店、1992）などがある。

┌─ **MEMO** ─────────────────────────────────┐

藤山知彦

　科学技術では「現在」に生命科学を、「課題」に情報科学を持ってきました。情報科学の進展は膨大な情報処理が可能になったビッグデータと深層学習を中心とした人工知能技術の革新が支えています。私は今、科学技術振興機構に勤めていますが、情報科学の進展は他のあらゆる科学の分野に串刺し的な変革を促しています。勿論、生活や仕事のあらゆる面にも大きな影響を現在進行形で与えているので、ほぼ全人類を覆う大きな変革の波といえるでしょう。また、現実と仮想の間、人間と機械の間、我と他との間の境界線を混乱させかねない技術の進展は認知や知能という問題とも関連した哲学的な問題をも惹起すると考えられます。

　そこで、現在の第3波の人工知能の技術の本質が何であるかというだけでなく、社会的な問題、哲学的な問題をも視野に入れてお話をいただけることが必要だなあ、と思いました。産学フォーラムの小原事務局長や科学技術振興機構の専門家に聞いてみると、それは中島秀之先生ではないか、というお声をいただきました。そこで2019年の夏の暑い日にお願いに行きました。

　講義では人工知能の3つのブームと機械学習・深層学習の位置づけなど技術的側面と社会への実装の考え方双方の実例を挙げて教えていただきました。特に「人工知能が」どうなるか、という問題設定ではなく「人工知能で」何をしたいかの議論が大切、ということ、社会の仕組みの一部をコンピューター化するのが情報化ではなくて仕組みそのものをデザインすることが必要である、ということが印象的でした。

　情報科学の進展は米中覇権争いの問題と密接に関係し、科学の研究公正の問題をも提起しています。湯淺先生のデジタルゲリマンダー、松元先生のネオマネーという民主主義、市場原理の課題とも関連して考えることが重要と思います。(2020・7・8講義)

└──┘

人工知能とは何か

　人工知能とは何かと言われた時に、世の中ではできたプログラムのこと
を指していることが多いように思いますが、我々の分野では人工知能とは
学問領域のことだと考えています。コンピューターを用いて人間の知能を
研究すること、知的な作業をすることができる機械を作ること、これが車
の両輪だと思っています。私個人は人間の方に興味があり、その関心を持
って人工知能研究を続けています。人工知能学会で松尾豊氏が監修した
『人工知能とは』や、私が書いた『知能の物語』などにもそうした関心を
反映させてきました。

　『知能の物語』の中で「知能」を「情報が不足した状況で、適切に処理
する能力」と定義してみました。自分で書いておいて何ですが、なかなか
当たっているなと最近自慢に思っております。人間はこれが非常に得意で
すが、一方でコンピューターはこれがほぼできない。コンピューターにこ
うした能力を与えたいと思い、人工知能研究を頑張っています。

AIブーム

　2019年に『AI事典』の第3版を出しました。初版は実は1988年、第2
版は2003年です。初版が出たのは日本で第1次AIブームの頃でエキス
パートシステムが盛んに取り上げられていた頃です。『AI事典』は主に研
究者用に書いた書籍ですが、3冊とも内容が全然重複していないので、読
んでみると時代の変遷がわかると思います。

　2000年頃、私は「情報は物質、エネルギーに並ぶ世界観だ」というこ
とを言っていました。当時は物理学全盛時代で学会の集まりでも物理学の
方々が幅を利かせていました。極端な人だと、「情報も物理学でやるから
情報学の人はいらないよ」と言っていたぐらいです。農耕社会や工業社会
には物質やエネルギーが世の中を牛耳っていました。でも、その頃私は次
に価値や物語、サービスが中心になる世の中になると考えていました。AI
がここまでブームになるとは思われていなかった2000年ぐらいにこうい

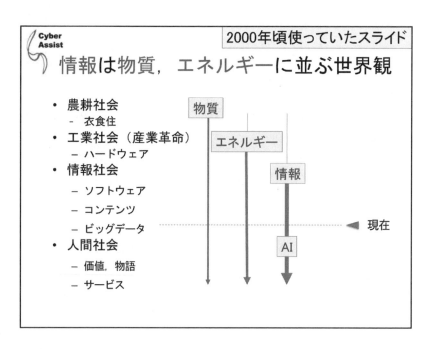

う議論をしていたわけです。

加速する歴史

　内閣府や経団連がSociety5.0と言っていますが、そこでも言われている Society1.0 から変化を振り返ってみると変化のスピードが速くなっていることがわかります。狩猟社会だった Society1.0 では人は何も制御せず、あるものを取って食べる生活をしていました。これが 100 万年ぐらい続いた後に、物質を制御する Society2.0 の農耕社会がでてきます。農耕で余剰人員ができたことで文明が生まれ、政治家や軍隊を作ることができるようになって社会構造が劇的に変わりました。これが 1 万年程度続き、18 世紀半ばにイギリスで蒸気機関が発明されるとエネルギーの制御が始まり、Society3.0 工業社会が到来します。これが 300 年ちょっと続いた後に Society4.0 の情報社会が到来して、情報が世の中を牛耳るようになりました。

　Society5.0 として超スマート社会というものが言われていますが、注目すべきは変化のスピードでしょう。社会が進むたびにその社会が持続す

る時間は1桁ずつ短くなっています。Society5.0が数年スパンなのかはちょっとわかりませんが、世の中が技術によってどんどん変わるという認識を持たないといけないと思います。

人工知能の歴史

　人工知能の歴史をきちんと話そうとすると少なくとも1時間以上はかかります。今日はその本当にさわりだけに触れますが、今の人工知能は「第三の夏」と言われています。第一の夏はコンピューターができたのと同時に始まりました。コンピューターというのは人間以外で初めて記号の処理ができる機械ですから、記号処理ができれば何でもできるんじゃないかと楽観的に捉えられていた時期でした。ところがすぐに、人間が持っている、いわゆる常識と呼ばれる莫大な知識が伝わらないということがわかり、第一の冬を迎えます。この問題を乗り越えるために、人間、特に専門家が持っている知識で常識とされているものをコンピューターに取り込んだ「エキスパートシステム」が開発されます。これで人間が持つ能力の95%程度までがプログラムで処理できるようになり、コンピューターへの期待が

札幌市立大学
SAPPORO CITY UNIVERSITY

超簡略版AIの歴史

- 第一の夏：記号処理
- 第一の冬：常識の欠如
- 第二の夏：知識処理
- 第二の冬：暗黙知の処理ができない
- 第三の夏：ディープラーニングによる
　　　　　　暗黙知の処理

再度高まります（第二の夏）。しかし、これでも残り5%の部分を取り扱うことができないということがわかり、人工知能への期待は再度下がりました（第二の冬）。最後に残ったのは暗黙知と呼ばれる、記号によって記述することが難しい知識でした。

ディープラーニング

　最近ディープラーニングというのが出てきました。後でも説明をしますが、ディープラーニングを使えば、モノを見せるとコンピューターが勝手に学んでくれます。たとえば、「猫とは何か」を知識として文字や記号で説明することはとても難しいですが、コンピューターに画像をたくさん見せておけば、猫かどうかを見極める上で何が大事なのかを勝手に判断して見極めてくれます。ディープラーニングを使うと、人間が教えることが難しかった暗黙知の問題が解決されるのではないかと思っています。暗黙知は説明をすることができないものですが、説明なしでもコンピューターが学べる方法が出てきている。「ディープラーニングは説明ができない」という批判をする方がいますが、説明できないものでも学習させることがで

フレーム問題
氏田雄介『54字の物語』PHPより

れて暮らしたい」突
然現れた悪魔に願っ
た男は、数年後巨大
な金庫の中で白骨と
なって発見された。

「大量の札束に囲ま

(c) H. Nakashima

きれば良いわけです。一方で、エクスプレナブル AI という説明可能な AI
の研究も進んでいます。もし全ての知識が説明できるようになるのであれ
ば、全ての暗黙知が説明可能な知識になるということですが、おそらく無
理でしょう。

今追いかけられている問題の例

　AI が解けない問題の 1 つにフレーム問題があります。54 字で書かれた
ショートショートだけからなる『54 字の物語』という本があるのですが、
その中に「大量の札束に囲まれて暮らしたい」というものがあります。こ
れが典型的なフレーム問題で、男の欲求は満たされたわけですが、それに
付随する様々な前提、空気や適温、食糧が必要といったことが全て忘れ去
られているわけです。この場合は悪魔と男のコミュニケーションですが、
AI と人間との間のコミュニケーションでも同じようなことが起こるんじ
ゃないかと言われています。これら全て書けば良いじゃないかと言います
が書ききれないということがわかっていて、まだうまく解決されていませ
ん。

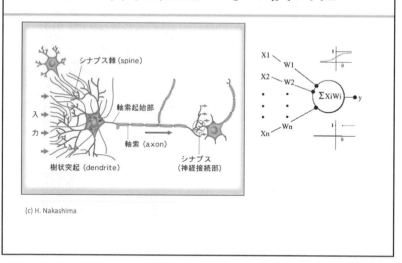

(c) H. Nakajima

　もう１つ、人間の脳のモデルを使って AI を発展させようという話もあ
ります。脳神経はシナプス棘という入力機構、それをまとめる神経細胞、
最終的に右側のシナプスから出力するという形になっています。１つ１つ
の神経は比較的簡単な構造をしていますが、これが 100 億個ぐらい集まっ
て我々の脳はできあがっています。脳は学習によって、この入力の伝わり
やすさをコントロールしています。入力を変えると様々な結果が出るわけ
ですが、望ましい結果が出たとすればそれにつながったと考えられる入力
からのシナプスの重みを増やすし、望ましくなければ減らすということを
しています。

　これを模式化して作られたのがニューラルネットワークです。最初
1960 年頃に作られたのがパーセプトロンというもので、入力と出力の間
に直接重み付けのリンクを貼り、たとえば文字認識であれば「この文字は
Aですか？」のようなことを認識していました。ただ、これだと簡単な認
識はできるものの複雑な識別はできないということがすぐにわかってしま
います。その後、AI 第一の冬と同じように冬の時代を迎え、その問題が
解決されるのは 1980 年頃に多層パーセプトロンができた時です。間に中

ニューラルネットの複雑化

A) パーセプトロン
   Perceptron

B) 多層パーセプトロン
   中間層ができた

C) Deep Learning（超多層）
   中間層の多層化
   「深層学習」

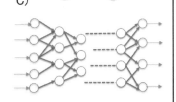

間層というものを入れることにより、理論的にはどんなものでも識別できることになりました。ただし、リンクが二層に分かれたため、どちらのリンクをどう増やすかという問題が非常に難しく、多層パーセプトロンが使われるのには時間がかかりました。

　最近言われているディープラーニングというのは、この中間層が多層になっています。ですから、多層パーセプトロンと理論的な意味は同じなのですが、実用的にはだいぶ違うということになっています。多層パーセプトロンだと人が形質や性質（これを特徴量と言います）を教える必要があるのですが、超多層になることで勝手に特徴量を学習することができるようになります。2012年にGoogleが猫を見分けることができるAIを作ったり、その後にアルファ碁が囲碁の世界チャンピオンを破ったりといったことが話題になりました。アルファ碁の登場でAIが一気に話題になり、ゲームの世界ではAIが人間を超えるということになりつつあります。ゲームというのは評価基準が大変明快な世界なのでプログラム向きです。一方で、実生活は評価基準が明確でなく、時と場合によって変わります。たとえば電車が停電や事故で止まって復旧させる時に、乗客が重要視するいろ

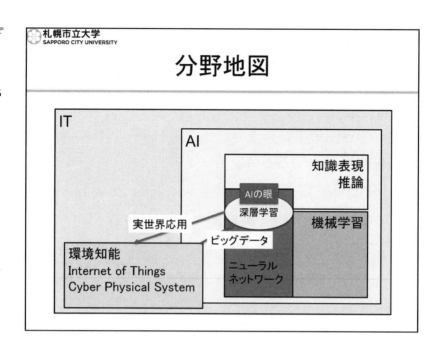

いろな要素を多く知っているのは人間です。その中で何を優先させるかという評価基準はあまり明確でない。ゲームではうまくいっても、人間生活に関わってくる部分ではそううまくいかないことがあります。

AI と IT

AI と関連する概念を私なりに整理すると、一番外に IT があり、AI というのはコンピューターが担う情報処理のある一部分を指すと考えられます。AI 以外にもう 1 つ大きいものが IoT、環境知能と呼びましょうか、これは環境中のいろいろな情報をコンピューターが使えるようにするという分野です。

AI の中には知識表現・推論という古典的な分野と、機械学習という分野があります。知識表現とは、人間がプログラムを書いて知識を表現し、それをコンピューターに与えて推論させるものです。機械学習はそうではなくて、学習の仕方だけを教えて規則なりいろいろなことは自分で勝手に学習しなさい、というものです。機械学習の一分野としてニューラルネットワークが登場し、最近知識表現の方まではみ出してきています。このニ

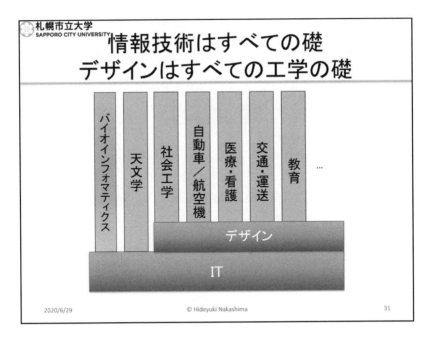

ューラルネットワークの最新型がディープラーニング（深層学習）です。

　IoT があることによってコンピューターがビッグデータを取得できます。深層学習というのは、かなり大量のデータがないとうまく学習できないのですが、IoT と組み合わさってそれがやっとできる環境になってきています。たとえば工業用ロボットは、昔は部品が決められた位置にないと誤作動を起こしていました。しかし、IoT と深層学習のおかげで部品の配置がどんな形でも適切に処理ができるようになってきています。

学問の基礎となる情報技術

　このように、情報技術は社会のデザインを考えた時に、全ての学問の基礎になってきています。生物学は DNA という情報の塊を取り扱っています。天文学も、遠方のブラックホールの画像が撮影できたというニュースがありますが、実際には膨大なコンピュータ処理をして画像を生成しています。社会工学から教育までも、今や全部 IT の上に載っているし、それに加えて良いデザインがないと成立しないとも言えます。

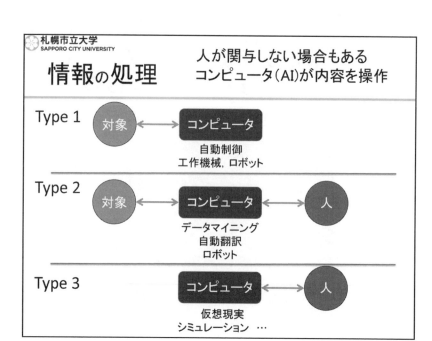

情報の処理

人が関与しない場合もある
コンピュータ（AI）が内容を操作

Type 1 対象 ⟷ コンピュータ
自動制御
工作機械, ロボット

Type 2 対象 ⟷ コンピュータ ⟷ 人
データマイニング
自動翻訳
ロボット

Type 3 コンピュータ ⟷ 人
仮想現実
シミュレーション …

札幌市立大学
SAPPORO CITY UNIVERSITY

Type 3

震災総合シミュレーションシステム
（大大特プロジェクト）[2002-2007]

- エージェントシミュレーション
  - 人の動きをエージェント（人工知能を持つプログラム）で表現
  - 消防・救助活動・避難など様々な行動を模擬
- 大規模シミュレーション
  - 川崎市川崎区
  - 1万体によるシミュレーション

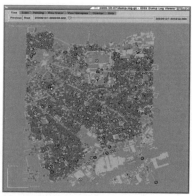

(c) H. Nakashima

コンピュータと人間の関わり方

コンピュータによる情報処理の仕方には色々な方法があります。典型的なものをいくつか挙げてみましたが、まず Type1 は人間なしに完全自動で動くものです。Type2 が今だと一番多いと思いますが、対象物と人間の間にコンピューターが入って色々な処理をしてくれる形式です。今後はType3、世の中抜きにコンピューターの中だけで色々やってしまうという世界が成長していくのではないかと思っています。我々の分野だとマルチエージェントシミュレーションというものがありまして、普通の物理法則だけでやるシミュレーションではなく、人間の判断など様々なものが入った形で社会の成り立ちをシミュレーションするということが出てくるのではないかと思っています。私たちが取り組んできた研究で例を挙げると、2000 年頃に地震や河川氾濫といった自然災害の際に何が起きて、その時に人々がどう行動するかといったシミュレーションを行っていました。今これらの研究は様々なところで実用化されつつあります。

新しい社会システムとは

先ほど挙げた『54 字の物語』からの引用をもう 1 つ紹介します。この例を今読んでみると笑い話だと思うのですが、高度なテクノロジーがきたのであれば移動するのに馬車という形を取る必要はなく、自動車や飛行機や宇宙船など、様々な形があるはずです。そういった形が思い浮かばなかったから馬の部分だけロボットにしている。

しかし、今の我々の世の中を考えてみると、こうしたことが様々なところで行われているように思えます。仕組みを変えずに一部だけをコンピューター化している。私は、社会の仕組みそのものをデザインする必要があると考えています。先ほど挙げた Society5.0 もそういう考え方が求められると思うのですが、あまり仕組みの具体的な話に言及されていません。私自身、私案として Society5.0 を具体的に進めるための条件を作ってみました。私個人は社会学者でも何でもなく技術者ですから、自分の役割は可能性を提供するのだと思っています。それを社会学者に検討していただいて、政治家が拾い上げるというのが良いのではないかと思っています。

伝えたいメッセージ

- AITは社会の仕組みを根本から変える能力を持っている
- 現在行われている「情報化」は、以前の社会の仕組みをそのままにして、AITの可能性を十分に使っていない
- 新しい社会の仕組みそのものをデザインすることが望まれる

氏田がいやるとソクソサ8超超輸小説 54字万物語

未開の星に高度なテクノロジーが伝来した。今までの馬車に代わり、本物そっくりの精巧な馬型ロボットが開発された。

氏田雄介『54字の物語』

(c) H. Nakashima

ソサエティ5.1(中島版)

- 組織/働き方マネージメント
  - メンバーシップ型雇用からジョブ型雇用へ
  - テレワークが基本
- 社会的意思決定システム
  - 多数決に代わるオンライン意思決定システム
- 経済システム
  - 資本主義からシェアリング経済へ
  - AIに仕事を奪われても暮らせる社会
- 教育
  - AIによる個別専門教育

(c) H. Nakashima

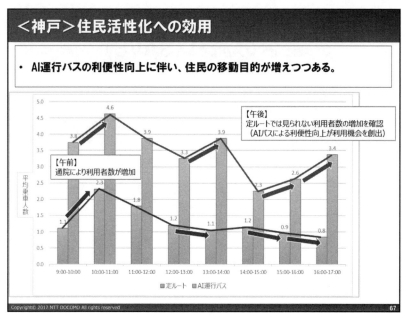

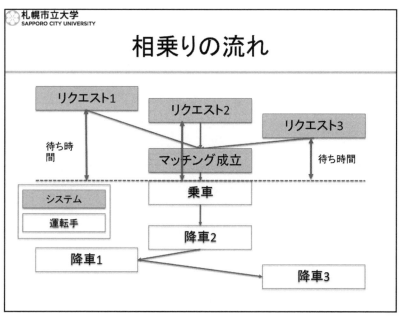

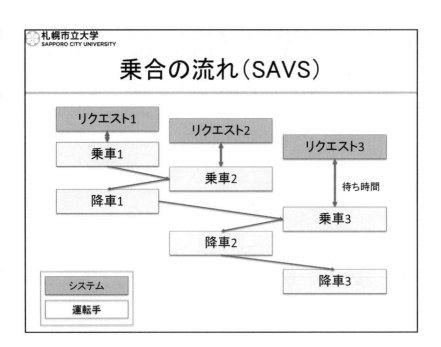

新しい社会システムの例――交通

　こうした考えのもとに、公共交通サービスのクラウド化を試しました。函館の公共交通はバスかタクシーなのですが、その２択だと乗る人はそのどちらかを選ぶ必要があります。この選択は、今は乗る人自身が天気や荷物、急ぎ具合を考えて自分で選んでいるのですが、それを乗る人ではなくてコンピューターで管理してしまえば良いと考えました。バスとタクシーの区別もなくします。そういう仕組みを作って、企業と一緒に神戸で実証実験をしたところ面白い結果が出ました（前頁の上図参照）。下側のグラフが元々のバス、上側がAIを使ってルートを最適化したバスですが、まずAIを使って最適化したことで利用が倍ぐらいに増えています。それに加えてピークが３つ出ていることがわかります。今あるモビリティをどう変えるかではなく、便利なモビリティを設計するとそもそも人の生活が変わるという可能性がデータに表れています。

　こうした実験結果をもとに、乗合タクシーの構想を考えています。似た言葉で相乗りがあるのですが、相乗りと乗合は違います。相乗りは事前に同じ方向に行きたい乗る人同士がマッチングし、その後に乗車します。一

方で、乗合は乗りたい人がいたらまず乗せます。乗りたいという2人目の人が出てきたら、走行中にルートを変えて2人目を乗せ、3人目が出てきたらまたルートを変えて乗せ……というのをします。モビリティを設計するとはこういうことだと思うのですが、今は制度上ルートを途中で変更する乗合はできないことになっていて、何とかならないかと思っているところです。

人間とAIの未来──役割分担

こうした経験を踏まえ、私個人はテクノロジーを道具としてどう使うかということが重要だと考えます。マイケル・オズボーン氏の研究成果が「AIやロボットが人間の職業を代替する」と評されて話題になりましたが、職業全体をAIが代替するということは難しいのではないかと思います。たとえば経験を積んだ裁判官の方は、事件を扱う時に、一瞬で大方の判決判断がつくと言います。ただし、それをこれまでの判例や条文を使って正当化しなければならず、そこが大変だと。そこはAIがサポートすれば良いのではないか、と考えています。ある職業のうち、総合的な判断は人間に残り、テクニカルな部分はAIが担っていくという分担になるのではないでしょうか。

そうすると、人間はAIT、AITとはAIとITをくっつけた私の造語ですが、AITを助手にしながら仕事をしていくという働き方をするようになることが考えられます。その際に、先ほど挙げたフレーム問題やディープラーニングの特徴を考えれば、手順を事細かに伝えるのではなく、価値観を伝えていくことが求められるのではないかと思います。人間が生活を通じて獲得した価値観をAIが持つのは難しいと考えているからです。ただし、価値観を伝える方法はわかっておらず、これからの課題かなと思っています。

AIと法制度

技術を考える時に切り離せないのが法律の問題です。物事にはExponential（指数関数的）に良くなっていくものとLinear（線形）に良くなっていくものがあります。これまでの技術の多くはLinearに進んでき

Linear技術 vs. Exponential技術

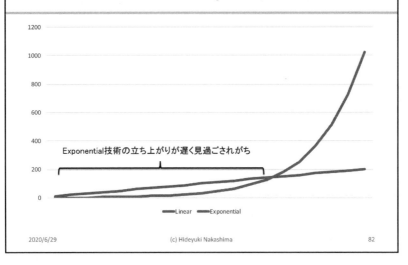

Exponential技術の立ち上がりが遅く見過ごされがち

Linear Exponential

2020/6/29　　　　　　　　(c) Hideyuki Nakashima　　　　　　　82

札幌市立大学
SAPPORO CITY UNIVERSITY

ルールベース規制からゴールベース規制へ

- 経産省＋東大法学部
- 法律の記述レベルを一段上げ，具体的規制ではなく，その趣旨を記述
- 例
  ✖ 車検を2年に1度認定工場で受けること
  〇 車の状態を確認し正常状態に維持すること

GOVERNANCE INNOVATION

Society5.0の時代における
法とアーキテクチャのリ・デザイン

https://www.meti.go.jp/press/2019/12/20191226001/20191226001.html

ましたが、AI は明らかに Exponential に進んでいます。1950 年頃に研究が始まった AI は当初は性能が低く、見向きもされませんでした。今では性能が爆発的に向上してきています。

　一方で、法律は Linear に良くなっていくものだと思います。法律は基本的には技術の後追いで整備されますが、Exponential に発展する技術に法律の改善が追いつかなくなってきています。日米の法律を比べてみると、アメリカはブラックリスト方式で「これをやってはいけない」というものを決め、一方で日本はホワイトリスト方式で「これはやっていい」というものを決めています。自動運転の実験をするにあたり日米で開始時期に大幅な差が出ましたが、日本で「自動運転をやっていい」という法律を整備するのに時間がかかったというのも一因としてあるのではないかと思います。

　これに対する対応の 1 つとして、技術開発に関する法律の記述レベルを変えるという研究が行われています。ルールベースで法律を記述しようとすると、法律改訂が間に合わず差がどんどん開いていきます。しかし、ゴールベース、何をしたいかというレベルで記述すれば技術が多少変わってもゴールが達成されていれば良くなります。たとえば車の場合、現在は車検を 2 年に 1 回認定工場で受ける必要があります。しかし、今後コネクティッドカーが開発されると車検の形もいろいろ変わっていくでしょう。その際に、法律がゴールベースになっていれば、技術の日々の進展に合わせた運用ができるようになるのではないかと思います。

AI の現時点での限界

　ここまでお話ししたように、AI について考える時にまずは AI とディープラーニングの区別をしっかりしておく必要があります。ディープラーニングでできるようになってきたことはたくさんありますが、まだいくつか限界があります。1 つは機械学習の特性を理解すると結果を操れるということです。機械学習は事例から学習するため、過汎化（ゼネラライズしすぎること）や過学習（与えられた例に沿いすぎること）が多少なりとも起こります。次頁図のように、いくつかの点を通るような曲線を近似するという問題を与えたとします。正解は 3 次曲線（左下）なのですが、上 2 つの

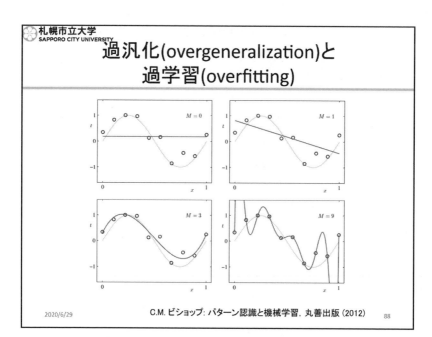

ように大雑把に近似してしまう（過汎化）ことや右下のように全部の点は
通っているがモデルとしては不適切（過学習）になることがあります。こ
の特性を活かした例として、「何でもダチョウと言わせる」という実験が
ありました。車やピラミッド、犬などの写真を用意し、その画像にあるノ
イズを載せて加工します。加工後の画像は、肉眼で見ると元画像とほとん
ど変わらないのですが、画像認識のアルゴリズムにかけると全て「ダチョ
ウである」と判定してしまうというものです。こうした誤検知が偶然発生
する確率はかなり下がってきているのですが、機械学習の特性を理解した
上で故意に誤検知を促すことが可能、ということは今後自動運転などで問
題になっていくと思います。

　また、機械学習に用いるデータが偏っていれば結果は偏ります。アメリ
カや中国で開発されたチャットボットサービスが政治的に不適切な発言を
するようになり問題になったことがありました。また、「医師」の画像検
索をすると男性ばかり出てくるなど、統計的に正しくても社会通念上良く
ないとされる結果を返してしまうという問題もあります。こうした限界を
乗り越えていくためには、現時点の AI が持っていない力である「予期」

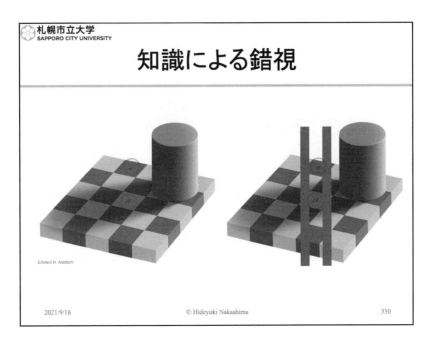

札幌市立大学 SAPPORO CITY UNIVERSITY

知識による錯視

Edward H. Adelson

2021/9/16　　　　　　　　© Hideyuki Nakashima　　　　　　　330

に注目していくことが重要だと考えています。

AIと人間の差、AIの限界を乗り越えるための「予期」

　一方で、人間に起こる錯覚は機械学習には起こりません。たとえば、白黒のタイルがあり、黒いタイルの部分をA、白いタイルの上に影が落ちている部分をBとします。こうした時に、機械学習はAとBを同じ色だと判定します。タイルの色だけを見れば、AとBはピクセルとしては同じ明るさだからです。しかし、人間は「Bは影である」ということを知っているからBの方が明るく見えます。人間はこれを錯覚しますが、機械学習はこれを錯覚しない。ここに人間と機械学習の差があると思っており、人がするような錯覚をするシステムを作りたいと思っています。

　簡単な表現になりますが、機械学習の強化として「予期（expectation）」を使うことが重要だと考えています。類似する概念として「予測（prediction）」がありますが、予測は認識の後から来るのに対して予期は認識を伴わずに期待することを言います。

　AIの概念を説明する際に機械学習と記号推論に言及しましたが、今後

札幌市立大学
SAPPORO CITY UNIVERSITY

名言集

The best way to *predict* the *future* is to *invent* it
未来は予測するものではなく発明するものだ
- Alan Kay

Anything one man can imagine, other men can
make real
思いついたものは誰かが実現してくれる
- Jules Verne

機械学習を発展させる上で、予期や記号推論との組み合わせを考えていくことが重要だと考えています。

発明する、思いつく、想像する

　私が好きな言葉をいくつか紹介して終わりにします。コンピューターの研究者アラン・ケイは「未来は予測するものではなく発明するものだ」、つまり客観的にどうなのかではなく、自分たちがどうするかということが大事だと言っています。SF の大御所ジュール・ヴェルヌも思いつくことを強調しています。SF 作家は思いつくのが仕事で、あとは科学者なり技術者なりに任せるぞという意思が感じられます。

　これらを踏まえて、私は "The best way to predict the future is to DESIGN IT"「情報処理は想像力の勝負」だと考えています。物理的なもの、たとえば富士山ほどの高いビルなどは思いついても実現することが難しいのですが、情報システムは思いついたら絶対に実現可能だと思っています。つまり、我々は自分たちの社会の未来の姿をデザインすることが重要である、このメッセージを送って私の話を終わりたいと思います。

＊ ＊ ＊

Q&A　講義後の質疑応答

Q．AI によって引き起こされる問題の解決策

　AI が行う処理が人間の能力よりもはるかに高くなった先に起こることについて関心を持っています。AI が行う処理が高度化して人間が全くわからないものが出てくると、その先に人間が AI に従う世界が来てしまうようにも思えるのですが、いかがでしょうか。また自動運転やサイバー攻撃のように、AI が問題を起こした際に私たちは対処する方法を失ってしまうのではないでしょうか。

A．まず、AI「が」と言うのではなく AI「で」と言うべきだと思います。AI「で」何かをするのは人間、つまり AI で行う処理が高度化しても最終的に判断をするのは人間です。たとえば医薬品開発などで AI がこれまで考えられなかったような組み合わせを発見するわけですが、開発されたものを最終的に評価して実用化する判断をするのは人間であり、その意味では AI は人間の道具なのだと思います。将来、我々が進んでそのような方向に開発を進めれば、AI の判断に人間が従うということも起こりうるでしょう。私個人としてはそういった方向に開発を進めるべきではないと思っています。

　AI を利用することによる問題ですが、まずは社会全体が良くなっているかということが大事でしょう。たとえば、自動運転技術の開発については事故の場合の責任の所在が確定しにくくなるといって開発を躊躇する向きがありますが全体として事故による負傷者や死者が減るのであればどんどん AI を利用していくべきだと考えています。また、AI を活用していく中で起こる問題を解決する方法もやはり技術なのだろうと思います。サイ

バー攻撃などが良い例ですが、人間が AI を悪用して問題を起こすことも
あります。それに対応するためには高度な技術が必要で、人間がそれを開
発する必要があるわけです。

Q. AI の多様性と問題

　最近私たちが目にするインターネットの情報で、AI がリコメンドして
くれるというようなサービスがありますが、そういったサービスを使って
いると人それぞれが好む情報だけが目に入ってくる、つまり私たちが多様
性を認められなくなるような方向性に行ってしまうのではないかという気
がしています。AI に頼りすぎると多様性を失ってしまうのではないかと
いう漠然とした不安があるのですが、いかがでしょうか。

A. 私たちは様々な人と出会い影響を受けながら多様性に気づいていきま
す、その意味で多様性を認められるようになるためには人同士の出会いが
不可欠だとは思います。ただ、AI を使うこと全てが多様性を失う方向に
行くわけではありません。たとえば、機械学習の手法の 1 つである強化学
習はこれまでなかった新しい解を導くために有効な方法で、囲碁の世界で
話題になったアルファ碁などはその仕組みを使って次々と独創的な手を生
み出しました。また、AI を使って新しい小説や俳句を作ろうとする取り
組みもあります。小説や俳句作りではどれだけ多様で面白い作品を作れる
かが競われているように、多様性を生むような AI を作るという問題設定
をすれば AI を使って多様性を生むことはできるでしょう。AI を用いた結
果、多様性が失われるかどうかも、人間が何を望むか、どんな問題設定を
するかによってある程度の方向性が決まっていくと思っています。

Q. 企業の AI 活用とその障害

　AI が進化する可能性が見えてきている一方で、日本企業ではまだそう
した技術を開発・導入できず後れを取っているというお話がありました。
社会のデザインやシステムを作り上げられていないというお話もありまし
たが、他にも個人情報保護、企業によるデータの囲い込みなど色々な問題
があると感じています。こうした問題を乗り越えていくためのお考えなど

あればお聞かせください。

A. まず、個人的には個人情報保護法の問題は大きいと思っています。個人情報という概念を拡大しすぎてしまいほとんどデータを使えていません。たとえば、コンソーシアムを組んで健康診断のデータを集めた研究をしているのですが、市町村を超えてデータを共有することが制度的にできずかなり手間がかかっています。企業のデータ囲い込みといえば、経済の本で読んだ面白い例があります。昔、人類が狩猟民族だった頃、皆でゾウを狩ろうとしました。ゾウ1頭は多くの人が協力して仕留めなければならず大変ですが、1週間ぐらい食べられます。一方で、ウサギは1人で仕留められますが1日分の食料にしかならない。その状況で誰か1人がウサギに走ったらゾウは仕留められなくなります。データもこれと似ていて、本当はデータというのはゾウを捕るのに使わないといけないところを各企業はウサギを狙ってしまっているように思えます。これは社会システムとは別の解決策を考えなければいけないと考えています。

　最後に、日本の大企業の問題として意思決定者に若者が少ないという問題があります。意思決定者が若い人じゃないと新しく始めてみるということがなかなかできないのだろうと思います。たとえばCOVID-19流行前からテレワークは技術的に可能でしたが、やってみようという企業はとても少なかった。最近、学生には日本の大企業は意思決定が遅いから中小企業に行った方が良いと言うこともあります。大企業の方々にはぜひ企業の中で暴れて変革を進めていっていただけると嬉しいです。

V　現代日本を考える視点

3 規範の揺らぎ
藤山知彦
黒田昌裕
吉川弘之

リベラルアーツ
歴史観
隠岐さや香

西洋思想
瀧　一郎

	民主主義	市場原理	科学技術
歴史	トクヴィルなど 宇野重規	アダム・スミスなど 堂目卓生	科学の社会史 古川　安
現在	ポピュリズム 水島治郎	経済学の役割 吉川　洋	生命倫理とELSI 橳島次郎
課題	デジタルゲリマンダー 湯淺墾道 西田亮介	ネオマネー 松元　崇	AIとビッグデータ 中島秀之

宗教と
世俗統治
伊達聖伸

東洋思想
竹村牧男

SDGs
沖　大幹

宗教との共生のために
——フランスのライシテの問題点と可能性

伊達聖伸

伊達聖伸（東京大学大学院総合文化研究科准教授）
1975 年生まれ。東京大学大学院人文社会系研究科博士
課程単位取得退学。フランス国立リール第 3 大学博士課
程修了、Ph.D.（宗教学専攻）。上智大学外国語学部フ
ランス語学科准教授を経て現職。『ライシテ、道徳、宗
教学』（勁草書房、2010 年）で、サントリー学芸賞、渋
沢・クローデル賞（ルイ・ヴィトンジャパン特別賞）受
賞。ほかに『ライシテから読む現代フランス——政治と
宗教のいま』（岩波新書、2018 年）など。

MEMO

藤山知彦

　リベラルアーツ講座の構成は当初から問題設定と基礎知識に3回、規範の民主主義、市場原理、科学技術の歴史、現在、課題の9回、追加の視点とまとめに3回という形だったのですが、実は宗教の問題は外していました。日本産学フォーラムの幹事会で「宗教の役割は重要だ。リベラルアーツには欠かせないテーマだ」という声をいただき追加の視点のところを改変して入れようと思いました。科学技術とキリスト教は古川先生のところで見たように、資本主義とキリスト教は有名なマックス・ウェーバーの『プロテスタンティズムの倫理と資本主義の精神』のように、密接な関係にありますから、キリスト教史を概観するというのが良いかな、と初めに感じました。いや、3規範を旨とするグローバリズムへの批判者としてのイスラムを取り上げるのが良いのではないか、とも考えました。

　そんな時に伊達先生の『ライシテから読む現代フランス』という新書を読み、政治と宗教の問題を考えるのは非常に良い題材だと思い至りました。カトリック教会とフランスの王権との長い確執を経て、19世紀を通じてカトリック対共和制の緊張になり、20世紀初めに政教分離法が成立し、最近は共和制とイスラムの問題になりつつある、という具合にキリスト教とイスラム教が両方、登場するのも良いと思い、駒場に伊達先生をお訪ねしました。

　快諾をいただいてから実際の講義まで1年以上がかかってしまい、先生にはご迷惑をおかけしました。講義は柔らかい語り口と風刺漫画などを使った分かり易いものでしたが、レジュメの最後に「投げかけたい問い」として、日本はライシテの国か、日本には共生の原理があるか、それは「他者」を受け入れるのに十分か、などが書いてあり、宗教の問題にはなじみが少ない研修生も自分の問題として発言できていたのではないか、と思いました。

（2020・8・17講義）

リベラルアーツと宗教

　現代の日本ではリベラルアーツと宗教の間には距離があるように思われるかもしれません。しかし、歴史的にはリベラルアーツと宗教は非常に近いところにありました。中世ヨーロッパにおいては「哲学は神学の婢女」と言われたように、神学や宗教についての学問・研究が中心にありました。近代になるとそこから科学が自立していったのです。また、現代日本におけるリベラルアーツはアメリカのリベラルアーツ・カレッジの影響を受けているように思われますが、明治後期から大正時代の日本では「教養」はドイツ語で "Bildung" という、知識を通じた人格の陶冶、人格形成のような意味合いで使われていました。この時には教養の中で宗教も大きなウェートを占めていました。近代化がある程度進み社会の流動化が収まった結果、知識層の青年が人生に悩むということが増えてきたことも関連しているかもしれません。実は私は「明治後期から大正期にかけての日本の教養と宗教」というテーマで修士論文を書きました。自己紹介を兼ねた形でまずこんな話をさせていただきました。

第二次世界大戦後の宗教復興

　戦後、日本では宗教の位置が周辺化されていったと言えます。信教の自由が保障され、新宗教などが活発に活動をするということもありましたが、メインストリームとしては、宗教は社会の動きに不可欠ではないという見方をされてきて現在に至っています。一方で、世界では冷戦以降に宗教復興の潮流があったと見ることができます。1967 年の第 3 次中東戦争でイスラエルがアラブ諸国に圧勝し、アラブ諸国が自分たちの思想と行動の根拠をアラブ社会主義からイスラームに変化させました。アメリカでも1980 年のレーガン大統領当選時に宗教・右派が大きな役割を果たしたと言われています。このように、日本では宗教復興が起こらず、一方で世界的には宗教復興の潮流がある。世界を理解しようとした時に、この大きな違いの存在によって苦労することがあるかもしれません。

フランスの「ヴェール禁止法」

今日はフランスの「ライシテ」を中心に話をさせていただきます。私は
2002-2007年の間にフランスへ留学し、その後サバティカルで2017年に
カナダのフランス語圏であるケベック州に滞在しました。２つのフランス
語圏にいたことになります。2000年代のフランス留学中、シラク政権下
だった2004年にいわゆる「ヴェール禁止法」というのが採択されました。
2001年のアメリカ同時多発テロ後だったため、イスラーム教徒に対して
世界的に厳しい目が向けられていた時期だったと思います。実は同様の争
いは1989年にもありました。パリ郊外の女子中学生がスカーフを被って
登校し、学校長が外すように言ったが拒んだ。その問題が国民的議論とな
り、当時はスカーフを着用すること自体はフランスの国の原理であるライ
シテとは矛盾しないという結論になりました。当時の結論はスカーフ着用
はOK、ただしスカーフを被って隣の生徒をイスラーム教徒に勧誘するの
はダメ、ということでした。それが同時多発テロを受け、イスラーム原理
主義の躍進が目覚ましいという危機意識が煽られてこのような法律制定に
至りました。

この問題は世論を二分しました。ムスリムであり、女性であるという二
重のマイノリティに対する抑圧的な法律なのではないかという議論があり
ます。一方で、フランスの社会統合や社会ルールの仕組みを考えると禁止
する論理も理解できます。ただ、フランス国外の人には禁止の論理があま
り受け入れられないようです。フランスは歴史的に独自の考え方を持って
います。「個人を宗教や人種、肌の色や性別で差別しない」という共和国
の建前があり、スカーフはその差別を助長する道具になっている、という
論理でスカーフを外すことを正当化するのです。この考え方も確かに男性
中心的で、おせっかいじゃないかという意見もありますが、この考え方が
重要にされる背景にはフランスの宗教と世俗の歴史が関係しているのです。

共和制とその矛盾

フランスは1789年のフランス革命で共和制に移行しました。革命以前
のフランス社会をかなり単純なモデルにすると、王が社会の頂点におり、
下に聖職者・貴族、さらに平民と続きます。ギルド社会でもありました。

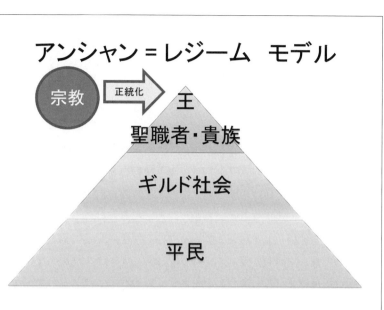

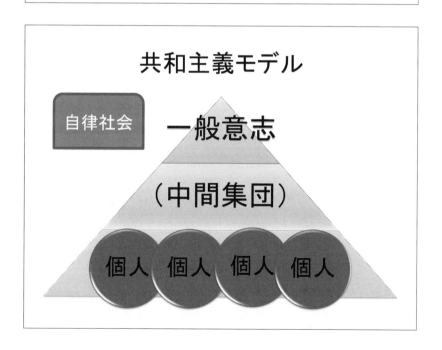

そして政治的社会の頂点に立つ王の政治的権力は宗教によって正統化されていました。これはフランスに限らず、他の社会にもみられる特徴です。しかし、フランス革命で人々は王の首まではねて共和制に移行しました。共和主義では一般意志によって社会のルールが正統化されます。そして、一般意志はギルド社会や宗教団体といった権威から独立した個人の集合で作られるというのが共和主義モデルです。

こうしてみると、ヴェールの禁止は個人の独立に関わる問題として捉えることができます。フランスに暮らす人々は自律していなければならないのに、イスラームという中間集団によって個人の自由が抑圧されている、これを解放しなければならないという論理になるわけです。

ただ、本来はヴェールを被っている女性が何を考えているのかを知ることが個人の独立を議論するためには必要です。ヴェール禁止法作成時にはその議論が飛ばされてしまっており、そこは問題だったと思います。

多文化主義と間文化主義

共和主義モデルは魅力的ではあるのですが、今あげたような問題を抱えています。これを相対化するモデルとしてケベック州などで共有されている間文化主義、インターカルチュラリズムが興味深いです。比較対象として、よく知られている多文化主義と一緒にみてみたいと思います。それぞれの社会に主文化という文化があるとして、移民などが別の文化を持ってくることを想定してみましょう。こうした別の文化をサブ、副文化として認めていこうという考えが多文化主義です。多様性の承認や人権の観点からこのモデル自体は大事なのですが、このモデルでは主文化と副文化や副文化同士の交流が起きないなどの問題が指摘されています。

ケベック州はフランス語圏であること、また多文化主義を持つカナダの州であることから共和主義と多文化主義の良い所取りをしようと試みています。フランス語や男女平等、ライシテといったケベック州で共有すべきだと考えられる理念を共有しながら、さまざまな文化の間の交流を促していき、交流を通じてそれぞれの文化自体も変化していく、このようなモデルが試行されています。私個人としては、日本とフランス、ケベックそれぞれを比較して考えているところです。

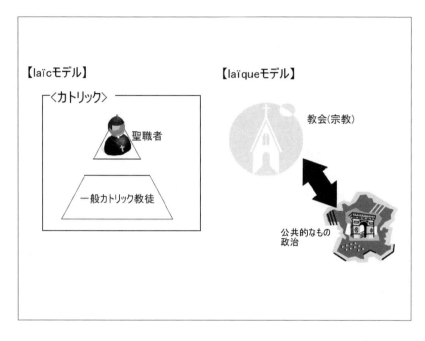

ライシテ——世俗と宗教

　今回の講義のテーマになっているライシテ、聞き慣れない言葉だと思います。英語、日本語にあえて訳すと、それぞれ "secularity"、世俗という意味になるかと思います。タラル・アサドという研究者が「宗教を理解しようとする学問は、その対になるものの理解にも努めなければならない」と言っています。この人はサウジアラビアで生まれ、インド、パキスタンで育ちイギリスに留学してアメリカで教鞭を執るという、世界・宗教を渡り歩いた経歴をお持ちです。彼は複数の宗教を渡り歩き、西洋近代の宗教概念では捉えられない宗教があるということに気づきました。その気づきや気づきをもとにした指摘は、現在の宗教研究にとって非常に重要な視点になっています。

　ライシテという言葉はギリシア語で人民を表す "laos"（ラオス）という言葉から来ています。同様の意味の言葉に中世ラテン語の "laïcus"（ライークス）という言葉がありました。中世、人々は皆カトリック教徒という時代でしたが、その中には出家をしている聖職者とそうでない一般信徒がいました。この一般信徒のことを "laïc" と呼んだのです。この時点では、

ライシテという言葉はカトリック教徒のみを指していました。その後、フランス革命が起こるとカトリック教徒だけでなく、カトリック教徒でない人々もフランス市民となりました。次第に、教会組織や教会を中心とした価値観の外部を"laïque"と形容するようになりました。これが現在のライシテの意味につながります。

　16世紀の宗教改革時に登場したプロテスタントは近代的な考え方と相性が割と良く、宗教と近代的思想の対立はそこまで激しくありませんでした。しかし、フランスではカトリックが国教のままフランス革命を迎えました。近代革命の理念とカトリックの考え方が真正面から対立して衝突したのです。ここでカトリックの考え方と正面衝突したものがライシテである、と理解していただければ良いと思います。ライシテという言葉自体の初出は、仏語辞典の『ロベール』によれば、第三共和政下の1871年とされています。

「宗教からの脱出」とライシテ体制

　19世紀のフランスは共和主義対カトリックの争いと特徴づけることができます。次頁上図の風刺画では子どもがヴォルテール（啓蒙主義）を読め、カテキズム（カトリックの教理問答）を読め、と2つの方向から引っ張られています。次頁下図の風刺画は20世紀初頭のものですが、左側からマリアンヌ（共和国の象徴）、右側から修道女（カトリック）がこちらに来いと耳を引っ張っています。このように、2つのフランスの争いがずっと続いていました。

　共和派はこのカトリックとのヘゲモニー争いに勝利しようとします。まず、第三共和政時代の1880年代に教育大臣と首相の両方を務めた政治家ジュール・フェリーという人物が教育制度を改革し、それまでカトリックが担っていた道徳教育を非宗教的なライシテの道徳に置き換えました。その後、1900年代になると政教分離の断行が課題となります。フランス人の中で印象が強いのはエミール・コンブという人で、この政治家は修道会を2000程度閉鎖したり、修道士や修道女の教育を禁止する法律を制定したりとカトリックに対して厳しい姿勢で臨みました。コンブの施策は教皇とマリアンヌを結びつける絆を断ち切る風刺画に表されるように（次々頁

出典：Bertall, «Loi sur lignorance publique», *Le Journal pour rive*, 23 février 1850.

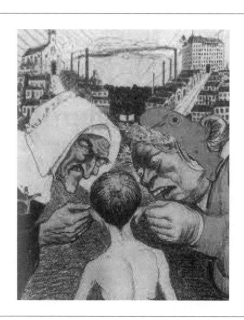

出典：Grandjouan, «Choisis, tu es libre», *Assiette au beurre*, 19 mars 1904.

エミール・コンブ（1835-1921）

↑出典：Wikipedia Commons
→出典：Caricature anonyme, Cen-
tre national et musée Jean Jaurès.

（教皇庁と共和国を結びつける絆を
断ち切ろうとするエミール・コンブ）

図参照）、フランス共和国がそれまで優遇してきたカトリックを切る、と
いう教会にとって非常に厳しいものであるという印象が残されてきました。

　コンブが1905年1月に首相を辞職した後、政教分離法が制定されます。
この法案はフランシス・ド・プレサンセが起案し、アリスティッド・ブリ
アンが報告者となり、ジャン・ジョレスが法案成立に尽力する、という3
人の政治家の連携によって制定されました。結果的に、政教分離法ではコ
ンブの対カトリック政策からは方向転換してキリスト教側にも配慮したも
のとなり、良心の自由、礼拝の自由を保護する条文が入りました。第1条
「共和国は良心の自由を保護する。共和国は、公共の秩序のために以下に
定める制限のみを設けて、自由な礼拝の実践を保護する」、第2条「共和
国はいかなる宗派も公認せず、俸給の支払い、補助金の交付を行なわな
い」。この2条がセットになっていることがポイントでした。

　宗教に対する支援を完全に切るという意味では厳格な政教分離と言えま
すが、一方で良心の自由、信教の自由も保障したということが特徴的です。

ライシテの受容

　カトリックは当初この法律を認めませんでした。1904 年からバチカン教皇庁とフランスは国交を断絶しています。しかし、国内では第一次世界大戦が契機となりました。第一次世界大戦でドイツを相手にした時に、それまで対立していた 2 つのフランスが挙国一致体制でまとまっていくのです。カトリックの学校に通っていた若者も、ライシテの共和国の学校に通っていた若者、普段はお互いろくでもないと教え込まれてきているわけですが、実際いざ戦場で戦友として出会うと意外と分かり合えるという経験をする……。そんなこともあり、第一次世界大戦を通じて 2 つのフランスの争いは収まっていきました。そして、第一次世界大戦後に教皇庁とフランスの国交は回復し、1924 年にカトリックが政教分離法の枠組みにしたがう団体の結成を認めます。

　20 世紀が進むにつれて、カトリックはライシテの枠組みを段々と受け入れていきます。1946 年からの第四共和政ではライシテが初めてフランス憲法に書き込まれました。第 1 条にフランスは「ライックで、民主的で、社会的な共和国である」と書かれ、ここで一定のコンセンサスができたと言えるでしょう。1958 年以降の第五共和政下でもこのコンセンサスは維持されます。

　ただ、2 つのフランスの争いの火種は残っており、主に教育を主戦場として時々再燃しました。1984 年、ミッテラン政権下でフランスの私立学校を統合し、学校を全て公立校にするという法案が出ました。カトリック系の学校は全て私立学校なので、カトリック側が 100 万人デモを組織して大反対し、この法案は廃案になりました。また、1994 年には私立学校に対する補助金上限を撤廃するという法案が提出されました。これにはライシテ側が大反対し、やはり法案は廃案になりました。

対カトリックから対イスラームへ──ライシテの変貌

　こうした中で起こったのが 1989 年のヴェール事件でした。1989 年はフランス革命 200 周年で、ベルリンの壁が崩壊した年でもあります。ちょうどハンチントンが文明の衝突でイスラームと自由主義社会の対立を指摘した頃の出来事でした。この問題は当時のミッテラン政権にとっては難しい

問題でした。ミッテラン政権は左派を基盤としており、そこには多様性に寛容なリベラル左派が多くいました。彼らからすれば多様性の観点からヴェールを認めても良いのではないかという主張になります。一方で、左派はフランス革命以来、右派のカトリックと戦ってきたという歴史を持ちます。共和国は宗教と戦うんだという戦闘的な左派もいたわけです。そうすると、政権支持基盤である左派の中でもヴェールを認めるか認めないかが大論争となりました。

　これまでライシテは対カトリックをメインテーマとして語られてきましたが、これを機にイスラームを意識したライシテが語られるようになります。このライシテは排除の原理なのか共生の原理なのかが難しい問題となりました。フランスのナショナル・アイデンティティはライシテなのだからそれにしたがうべきだ、言うことを聞かない人はいらないという排除の言説に傾くこともあれば、個人としてのムスリムは当然受け入れられるべきであるという共生の原理が語られることもあります。ムスリム側も、そうした共生の原理を受け入れられる人もいれば、あるいはやっぱり排除しているではないかと異を唱える人もいるといった具合です。ここに共生の難しさがあります。

ナショナル・アイデンティティとなったライシテ

　ライシテがナショナル・アイデンティティとなることは、ある意味でライシテの右傾化と捉えることができます。ヴェール禁止法が制定されたのは右派のシラク政権下であり、その後のサルコジ大統領はこれまでなかったライシテ観を打ち出します。サルコジ大統領はイスラームの有力指導者たちや、ローマ教皇のベネディクト16世など、宗教者たちと積極的に交流しました。一方で、サルコジ大統領はニカブやブルカを禁止する法律にも関与しました。イスラームとの接点を作ろうとする動きとイスラームを排除しようとする動き、一見矛盾する行動をしていたわけですが、治安維持に役立つ宗教は活用しようという考えを持っていた点でサルコジは一貫しています。当時フランスでは郊外の治安の問題が起こってきていました。郊外に住むムスリムの若者に共和国の理念を説いても話を聞いてくれませんが、イスラームの指導者の言うことであれば聞いてくれるかもしれない、

とサルコジは期待していたのだと思います。もっとも、郊外に住むムスリムの若者は大統領と面会するようなエスタブリッシュメント系の指導者を警戒します。そこで、サルコジはそうした若者に対しては強気の姿勢を見せるという対応をしました。

2004年のヴェール禁止法と2010年に制定されたブルカ禁止法は、同じライシテの強化というくくりに見えるかもしれません。確かにヴェール禁止法はライシテの法律ですが、ブルカ禁止法は性格が異なります。ライシテの原理にしたがえば、良心や信教の自由は認めなければならず、ブルカを禁止することはできません。そこで、顔を覆うと誰か分からないという治安維持の論理で禁止をしたのです。当時、該当するようなムスリムはフランス全土に2000人程度だったと言われています。見せしめ的な、やりすぎの法律だという批判も出ました。

対立を乗り越えるには──なぜ、共生の原理は機能しないのか

フランスでは次の対立の芽が出てきています。2015年にはパリで2回テロ事件が発生しました。ライシテは共和国の原理と結びつき、そこでは個人は人種、宗教など問わず人権が認められると言われていますが、その共生の原理が機能していないわけです。

フランスの人権宣言は普遍的な人間観をうたっています。しかし、そのフランスが実は植民地帝国であり、世界に進出して現地の人を虐げるという歴史もあったわけです。普遍的人権を世界中に広めるという文明化の使命を持って植民地主義を進めた、しかしその過程では現地民を二級市民として扱ったり、人間としてしっかり扱っていなかったりという歴史もありました。それが今に尾を引いていると見ることもできるでしょう。アフリカの旧植民地からフランスにやってきた移民やその子どもたちはフランスの人権や共和国についての理念を教わり、内面化します。しかし、歴史や現実を見ると実際は理念とかけ離れた部分があり、そこに欺瞞を見出すこともあるわけです。そうした理念と実際の違いの存在が共生の原理が機能しない一因かもしれません。

対立を乗り越えるには——集団のメンバーは一枚岩ではない

　ここまでの話を聞くと、今の対立軸はライシテ対イスラームであるという印象を受けるかもしれません。距離が離れていると、私たちはどうしてもひとくくりにして考えがちです。しかし、例えばイスラーム教徒は全世界に 20 億人近くいます。ムスリム全員をひとくくりにして語ることはできないでしょう。フランスのムスリムも様々であり、ヴェールを被る人も被らない人もいます。ライシテを受け入れられると考える人が多数派ですが、受け入れられないと言う人もいます。そうすると、ライシテとイスラームが対立しているというよりは、ライシテの解釈が非常に多様になっていると考えた方が良いでしょう。特定の宗教だからこう、というよりは解釈が本当に千差万別になっているということなのです。そして、共和国が個人を単位としている、ということがこの多様性に深く関わっています。

対立を乗り越えるには——マジョリティの「私たち」を批判的に考える

　共生を実現するには、マイノリティの権利要求に耳を傾け、社会の一員として受け入れることが必要になります。その際、マジョリティ側の論理が排除の論理にならないように注意しなければなりません。フランスも、マジョリティがマイノリティを差別し排除するという歴史と無縁ではありません。しかし、そういったフランス人のあり方を内側から批判する歴史にも事欠かないのです。18 世紀には、カトリックに改宗した息子の死に対して、プロテスタントであった父親が殺人をしたという疑いをかけられ処刑されるという冤罪事件が起きました。このカラス事件に際して思想家ヴォルテールが声をあげ、後に父親の名誉は回復されることになります。

　19 世紀には、ユダヤ人のフランス将校ドレフュスがドイツ軍スパイの疑いをかけられて南米の離島に送られる事件が起きました。このドレフュス事件に際しては、作家のエミール・ゾラが声をあげました。ゾラはこれにより国や軍の名誉に対する攻撃をした人物だと非難され、不審死を遂げます。しかし、のちにゾラはパンテオンに祭られ共和国の英雄として迎え入れられることになりました。「私たち」の側の自己批判を受け入れる考え方が、フランスには脈々と受け継がれていると言えるでしょう。

　マイノリティの排除という観点から見ると、スカーフ事件もその系譜に

位置付けられます。18世紀はプロテスタント、19世紀にはユダヤ人がフランスにおけるマイノリティの典型像でした。現代フランスにおける宗教的マイノリティと言えばムスリムです。フランスの中で、どういう論者がヴェール事件やムスリムの処遇をめぐり、これはおかしい、非人道的すぎるんじゃないかという声をあげているかに注目です。世論と社会的表象を変えていくことが今後の課題と言えるでしょう。

日本で宗教との共生を考えるために

　このように、フランスにおける宗教との共生を考えてきましたが、やはり日本から見ると距離のある話なのかもしれません。報道だったり、社会学的な分析だったり、といった見方ではどうしてもまとめて外から見る見方になってしまいがちです。そうした見方を乗り越えて内側から理解することは大事であり、その1つの方法として文学作品というのは良い手段です。ギリシア神話をもとにしたソポクレスの『アンティゴネー』という戯曲があります。アンティゴネーは有名なオイディプスの娘なのですが、オイディプス亡き後に彼女の兄2名がテーバイという国の統治をめぐって争い、結果兄2人は相討ちで亡くなります。その後テーバイを統治することになった彼女の叔父クレオン王は、兄2名のうち1名は敵だから埋葬してはいけないという命令を下します。しかし、彼女からすれば兄2人に対する愛がありますから命令を振り切って埋葬する……というストーリーです。ここで、彼女は王の命令と、兄に対する愛との間で葛藤しています。

　『アンティゴネー』は有名な哲学者や劇作家により様々な分析や変奏が加えられ、アダプテーションの対象となってきました。このアダプテーションの最新版にベルギーの法哲学者フランソワ・オストによる『ヴェールを被ったアンティゴネー』があります。もしアンティゴネーが現代のヨーロッパを生きるムスリム女性で、ヴェールを被ってクレオン王のような人に反抗したらどうなるでしょうか。そして、この物語をさらに日本にアダプテーションするとどうなるか、ということを考えることが、宗教に関する理解を深める契機になるかもしれません。

＊＊＊

Q＆A　講義後の質疑応答

Q. 宗教と科学

　企業研究所のマネージャーをしております。以前、娘に「お父さんは何を信じているの？」と聞かれて「科学を信じている」と答えた時に、自分は科学万能論者ではないが、ある意味、科学を宗教のように拠って立つところとして見ているのかもしれないと考えたことを思い出しました。例えば環境問題のような世界的な課題を考える際に、科学が果たす役割と宗教が果たす役割があるように思うのですが、お考えをお聞かせください。

A. 孔子は怪力乱神を語らずと言いました。哲学者カントも、理性の限界内の宗教ということを言い、その外部は人間には分からないとしています。理性の限界の中にあることについては、私も理性の言語で語れる、科学の言語で語れるという立場です。ただし、その外側に人間の力が及ばないものがあるということを意識することが重要だと考えています。

　環境問題についても、あくまで科学的な世界観でアプローチするのか、それとも人間にとっての環境なのかということを考える必要があるでしょう。もちろん、現代科学では人間にとっての環境だけでなく、動植物などにとっての環境など生の多様性が意識されているでしょう。しかし、何かが中心、何かが大事で他は見なくて良い、ということはなく、何か見落とされているもの、理解できていないものがあるということを忘れてしまうと大きな問題が起こってしまうのではないかと思います。科学的世界観の不足を補うのに宗教的世界観は重要だと私は考えます。

　今フランスでは環境問題に対する課題意識がかなり高いです。教皇フランシスコも「ラウダート・シ」という環境問題に関する初の回勅を出しま

した。日本でももちろんいろいろな取り組みはなされているでしょうけれ
ども、関心の差を感じることがあります。

Q. 日本のライシテ

　フランスではライシテというナショナル・イデオロギーを重要視して、
共和国を守るために活発な議論がなされている印象を受けました。一方、
日本では宗教に対する位置付けが憲法的には厳格ですが運用は柔軟な感じ
がしています。一見良いことのように見えるのですが、それは宗教と政治
に対する信念がないことの表れであり、信仰に対して無関心なのではない
か、それは他者に対する不寛容さにつながるのではないかと危惧している
のですが、いかがでしょうか。

A. 異なる宗教の信仰者であっても同じ社会のメンバーとしてやっていく
ことが大事だというのが政教分離の理念、もっと言うと共生の原理ですよ
ね。ただ、こんにち共生を考えた時に必ずしも宗教だけではなくて、文化
や性などの多様性を認めながら共生するという、もう少し幅広い意味での
多文化共生に貢献することが現代のライシテに対して期待されていること
です。一方で、国家のあり方が大きく変わる時には変化に対する排他的な
動きも起こります。そうして、フランスでは同じライシテの下に右派的な
ナショナリズムや、左派的な多文化共生・多様性を認める主張の両方の動
きがせめぎ合っています。ライシテ自体はフランス憲法に定められた原理
ですから、ここを破棄するということは考えられない。拙著『ライシテか
ら読む現代フランス』にも書きましたが、日本でフランスにおけるライシ
テに相当するものは何なのかということになります。

　西洋の文脈における寛容と不寛容の思想は、血みどろの争いを経て出て
きたものです。譲れない信念でぶつかって争い、その結果として寛容じゃ
ないとお互いやっていけない、違いを認めなければならないという地点に
達したわけです。日本の寛容はそうではなくて無関心、ただし自分のフィ
ールドに入ってきたら嫌だ、という性格が強く、言葉が同じでも意味は違
っているのではないでしょうか。

　もう1つ、西洋における寛容は政治哲学と結びついています。多文化主

義・間文化主義というのは西洋人が自分たちの社会の成り立ちを見つめた上で出てきた政治哲学です。日本における政治哲学を考えた時に、自分たちの歴史や社会はどこからどこまでなのか、平安なのか明治なのか戦後なのか、その辺りの合意も取れていないのではないかと感じます。

　現場レベルでなされている対応と政治哲学や政策が結びついていないのではないでしょうか。日本でも、他者の宗教を認めることは重要ということで、現場レベルでは礼拝室の整備なども進んでいます。病院でも余裕のあるところはやっているようですし、駅やショッピングモールにもあるようですね。しかし、それが政治哲学や政策レベルと結びついているかは疑問です。憲法と運用のギャップの話にもなりますが、やっぱり信教の自由ということが腑に落ちていないということであり、それはなんとかした方が良いのではないかと思います。

第14講

東洋・日本思想の独自性と日本の役割

竹村牧男

竹村牧男（東洋大学名誉教授）

1948年まれ。博士（文学）。1974年3月東京大学人文科学研究科（印度哲学）修士課程修了。1975年4月東京大学人文科学研究科（印度哲学）博士課程中退。文化庁宗務課専門職員、三重大学助教授、筑波大学助教授、同教授を経て、2002年4月、東洋大学文学部教授就任。07年文学部長を経て、09年9月より学長就任。15年4月より文学研究科仏教学専攻教授。20年3月、学長退任。2002年筑波大学名誉教授、20年東洋大学名誉教授。専門領域は仏教学、宗教哲学。日本宗教学会理事、比較思想学会理事等を務めた。

主な著作：『入門 哲学としての仏教』（講談社現代新書、2009年）、『〈宗教〉の核心──西田幾多郎と鈴木大拙に学ぶ』（春秋社、2012年）、『空海の哲学』（講談社現代新書、2020年）、『唯識・華厳・空海・西田』（青土社、2021年）など多数。

藤山知彦

　隠岐先生の講義にありましたように狭義のリベラルアーツも、またグローバリズムの3規範が生まれ育ったのもヨーロッパとアメリカ合衆国であります。民主主義、市場原理、科学技術という規範はそれ自体の持つ説得力だけでなく、経済力や軍事力の後押しによって達成されたものです。この意味で3規範の土壌になった西洋思想に対して、東洋や日本の思想に触れておくのはバランスの取れることと思います。それどころか、3規範の揺らぎを考えると、今後、東洋の思想が大きな意味や役割を持ってくることも考えられます。

　ただ、東洋思想と言っても広大無辺な世界でとても1回で語りつくされるものではありません。そこのところは、仏教学の権威であり今回の講師である竹村先生にお任せしようと思いました。事前の打ち合わせで、西田幾多郎や鈴木大拙に触れていただけるということが想像できましたので有難いと思いました。というのも私は大拙が90歳を超えて書いた『東洋的な見方』のファンであったからです。さらに仏教哲学の華とも考えられている「華厳」の世界も紹介いただいています。ちょっと難しい、と感じる方もおられるかもしれませんが、味わっていただきたいと思います。

　私はほぼ毎月、神保町の古書店街に通っていますが、数年前のある時、界隈にある古硯を売っている名物親父のいる店がありまして、そこで駄弁っておりました。そこに立派な紳士が入ってこられ、親父さんが「藤山さん、ご存知でしょう、東洋大学の竹村先生ですよ」と紹介してくれました。前に、講演をお聞きしたこともあってその時は奇縁に驚いていましたが、それがまた、こういうお願いをすることになろうとは思いもよりませんでした。不思議で有難いことです。(2020・9・2講義)

高等教育におけるグローバル人財の育成

　私が東洋大学の学長の時は、グローバリゼーションの時代ということで、キャンパスの国際化、グローバル人財の育成に努めてきました。高等教育の世界では、グローバル人財とは何かについて、まず、その定義として、次のように言われています。私は敢えて人財の文字を使っています。

　　グローバル化が進展している世界の中で、主体的に物事を考え、多様なバックグラウンドを持つ同僚、取引先、顧客等に自分の考えをわかりやすく伝え、文化的・歴史的なバックグラウンドに由来する価値観や特性の差異を乗り越えて、相手の立場に立って互いを理解し、さらにはそうした差異からそれぞれの強みを引き出して活用し、相乗効果を生み出して、新しい価値を生み出すことができる人材

　（文科省・経産省「産学人材育成パートナーシップ グローバル人材育成委員会」報告書、平成 22 年 4 月）

　そのために必要な能力としては、次のように言われています。

　要素Ⅰ：語学力・コミュニケーション能力
　要素Ⅱ：主体性・積極性、チャレンジ精神、協調性・柔軟性、責任感・
　　　　　使命感
　要素Ⅲ：異文化に対する理解と日本人としてのアイデンティティ
　　このほか、「幅広い教養と深い専門性、課題発見・解決能力、チームワークと（異質な者の集団をまとめる）リーダーシップ、公共性・倫理観、メディア・リテラシー等も必要」
　（グローバル人材育成推進会議「審議まとめ」、平成 24 年（2012）6 月 4日。内閣官房国家戦略室におかれた国家戦略会議の「日本再生戦略」への議論）

また、ここにある「異文化に対する理解」に関連して、「異文化理解・活用力」が必要なのだと言われていまして、その力については、次のように言われます。

①「異文化の差」が存在するということを認識して行動すること
②「異文化の差」を「良い・悪い」と判断せず、興味・理解を示し、柔軟に対応できること
③「異文化の差」を持った多様な人々の中で比較した場合の、自分を含めたそれぞれの強みを認識し、それらを引き出して活用し、相乗効果を生み出して、新しい価値を生み出すことが可能なこと
（文科省・経産省「産学人材育成パートナーシップ グローバル人材育成委員会」報告書、平成 22 年 4 月）

さらに、上の報告書において、「グローバル・ビジネス」の事例から「グローバル・リーダー」と呼ばれるような人材には、高いレベルの公共心、倫理観が必要とされているとし、「個別企業の利益を超えて、進出先企業と進出国の繁栄、さらには、国際社会の繁栄を考え、より良い社会の形成のために国際的な活動においてリーダーシップを発揮し、状況を分析し、判断し、決断し、実行できる人材」が求められるとして、実際に、「個別の企業の利益を超えて、国や国際社会の繁栄を考える」ことを意識的に実践している経営者がいる企業ほど、海外売上高比率、売上高営業利益率が高いというデータがあるとも紹介されています。

上述の議論に加えて、前に日本人としてのアイデンティティということが言われていましたが、私は、伝統的な文化や価値観について、他者に説明できる能力、自文化理解・発信力がもっとも重要だと言って、カリキュラムにおいてもその点に配慮してきました。学長時代にはグローバル人財の育成を最大の目標として、大学運営に取り組んできたわけです。これは、東洋大学だけでなく、他の多くの大学がこの路線を歩もうとしていました。確かに、こうした姿勢を国際社会の誰もが持つようになれば、現代社会のあり方は、協調性に富んだ、理想的なあり方に近づいてくると思います。今、国連を中心に進められている SDGs（第 15 講で詳しく取り扱います）は、

高等教育におけるグローバル人財の育成

　　グローバル人財にとっては、「異文化理解・活用力」が
非常に重要であると同時に、それ以上に、自分が生まれ育
った国や地域の伝統的な文化・芸術・思想等について、深
く理解し、それらの特質や良さについて、他の文化に生き
てきた人々に説明できる能力、いわば「自文化理解・発信
力」が最も重要である。
　　世界がグローバル化すればするほど、人々が単に無国籍
化していくことであってはならず、むしろそれぞれの文化
の多元性を尊重し、そのことを通じて多様な価値観を豊か
に享受しうることが大切である。
　　そのためにも、「自文化理解・発信力」は最も重要であ
り、また自己のアイデンティティの確認のためにも必要な
ことである。

このことをあらゆる方面で、大規模に進めるための推進役になっていると
言えるでしょう。

グローバリゼーションと宗教

　しかし現実には、グローバリゼーションの動きには、今日、かなりブレ
ーキがかかっていると思います。よく言われるのが、イギリスの EU 脱退、
そしてアメリカのトランプ大統領のアメリカ・ファースト主義、最近は中
国の覇権主義、等々。これに新型コロナウイルスが加わって、国際間の移
動はかなり制限されてしまい、もはやグローバリゼーションは風前の灯火
かもしれません。

　その背景には、現実には国家の枠組みを克服しきれないこと、やはり国
益の擁護が各国の最大の目標になっていることがあるかと思います。市場
経済では、安い労働力に基づく安価な商品の氾濫は、自国の脅威になりま
す。民主主義はおのずから俗っぽいポピュリズムになります。自然科学は、
競争原理の中で秘密主義になり、また商業主義と結びついて企業や国家の
利益のために歪められていきます。

　さて、このような状況に、宗教はどのように関わりうるのでしょうか。

多様な宗教を一元化することなどは到底できないでしょうから、その多様性を現代のグローバリゼーションの中でどのように保障していくかが問われることでしょう。宗教は主に教団として存在していますが、それらの指導者が集まって、対話を深め、信仰の差異を超えて平和の実現に貢献しよう、という国際的な団体もあります。そこでは、人間観・世界観の根本的な差異はひとまずおいておいて、協力できる部分で協力しましょうというスタンスにならざるを得ないと思います。そのような立場もダイバーシティの尊重という観点からすれば、非常に重要なことだと思います。その代表格と言えるかと思いますが、世界宗教者平和会議WCRPというものがあり、日本ではその日本委員会が活発に活動を展開しています。

　しかし一方で、宗教が新国際秩序の形成に貢献する道として、ある宗教的立場から、もう一度、人間存在の根源的構造を明るみに出し、そこから従来にない新たな文明原理を創造し、これを発信していくことによって新たな国際秩序の形成に取り組む、という道もありうるのではないかと思います。もちろん、それは決して独善的なものであってはならず、十分に論理的で、普遍的に妥当性のあるものでなければならないでしょう。

　特に今日の現代社会が、近代欧米の合理主義に基づくものである時、その立場を根本的に考え直すことは、少なくとも必須のことであると思われます。その近代合理主義は、ごく簡単に言えば、「主客二元論に基づく要素還元主義」と言ってよいでしょう。この立場は社会的には、もとより独立した個人の集合を基礎に、その全体をどう調整するか、という方向になるかと思います。

　これに対し、東洋・日本では、主客未分の地平もふまえつつ、いわば関係主義的な人間観・世界観を提示してきたと思います。実は環境問題が起きてきた中で、西洋の側からエコロジーの提唱があり、特にノルウェーのアルネ・ネスの「ディープ・エコロジー」などは、東洋仏教思想等に非常に親和的と考えられました。自己を個体のみに限定せず、関係するすべてにまで拡大して自己を理解して、そこから物事を考えていこうとするものです。

　ともあれ、そういう意味で、東洋・日本の宗教思想から、もう一度、本来の人間のあり方、世界のあり方を認識し直し、それを現代文明を変革し

ていく思想として発信していく。すなわち、日本発のグローバル・スタンダードを地球社会に提案していくべきではないでしょうか。

西洋の特質・東洋の特質

　だいぶ大ぶろしきを広げましたが、こうしたことを皆さんが考えていく際の１つの材料を提供するという意味で、日本近代の最大の哲学者・西田幾多郎や、国際社会で日本の思想家としてもっとも高く評価されている鈴木大拙の思想を、今日はご紹介します。くしくも、西田と大拙は明治３年、1870 年の生まれで、今年（2020 年）は生誕 150 周年に当たります。

　課題図書として、拙著『〈宗教〉の核心──西田幾多郎と鈴木大拙に学ぶ』と『日本人のこころの言葉 鈴木大拙』を事前に読んでいただいたかと思います。今日は、それらにはあまり書いていなかったことも含め、『〈宗教〉の核心』の「第二章　西田幾多郎の宗教哲学」の「第二節　寸心の禅思想」と「第三章　仏教から西田哲学へ」の「五　西田哲学と共生の問題」あたりに関わることを中心にお話しさせていただきます。

　話がもう一度、西洋と東洋という前の問題に戻りますが、大拙は、西洋の根底にある考え方は、divide and rule にあると言いました。

　ラテン語で divide et impera というのがある。英語に訳すると、divide and rule の義だという。すなわち「分けて制する」とでも邦訳すべきか。なんでも政治か軍事上の言葉らしい。相手になるものの勢力を分割して、その間に闘争を起こさしめ、それで弱まるところを打って、屈服させるのである。ところが、この語は不思議に西洋思想や文化の特性を劃切に表現している。

　分割は知性である。まず主と客とをわける。われと人、自分と世界、心と物、天と地、陰と陽、など、すべて分けることが知性である。主客の分別をつけないと、知識が成立せぬ。知るものと知られるもの──この二元制からわれらの知識が出てきて、それから次から次へと発展してゆく。哲学も科学も、何もかも、これから出る。個の世界、多の世界を見てゆくのが、西洋思想の特徴である。

　それから、分けると、分けられた物の間に争いの起こるのは当然だ。

すなわち、力の世界がそこから開けてくる。力とは勝負である。……
この征服欲が力、すなわち各種のインペリアリズム（侵略主義）の実
現となる。自由の一面にはこの性格が見られる。（『東洋的な見方』、『全
集』第20巻、284〜285頁）

東洋的見方または考え方の西洋のと相異する一大要点はこうである。
西洋では物が二つに分かれてからを基礎として考え進む。東洋はその
反対で、二つに分かれぬさきから踏み出す。……それで西洋の考え方
は、二元から始まるとしておく。

二つに分かれてくると、相対の世界、対抗の世界、争いの世界、力
の世界などいうものが、次から次へと起こってくる。西洋に科学や哲
学が、東洋にまさって発達し、したがって技術の面にも、法律的組織
の面にも、著しい進捗を見るのは、いずれも個に対して異常な好奇心
を持っているからである。東洋はこの点において大いに学ばねばなら
ぬ。対抗の世界、個の世界、力の世界では、いつも相対的関係なるも
のが、弥が上に、無尽に重なりゆくので、絶対個は考えられぬ。いつ
も何かに関連しなければ考えられぬ。個は、それゆえに、常住、何ら
かの意味で拘繋・束縛・圧迫などいうものを感ぜずにはおれぬ。すな
わち個は平生いつも不自由の立場におかれる。自ら動き出ることの代
わりに、他からの脅迫感を抱くことになる。たとい無意識にしても、
そのような感じは、不断あるにきまっている。（同前、221頁）

こうして、西洋的な考え方では、どうも落ち着けないとしています。そ
して、この考え方は、結局、自我、集団我、国家我に結びついていくとも
言っています。それに対して東洋では、二元性の分かれる以前をつかんで
おり、そこに東洋の独自性があると言います。

「光あれ」という心が、神の胸に動き出さんとする、その刹那に触
れんとするのが、東洋民族の心理であるのに対して、欧米的心理は、
「光」が現われてからの事象に没頭するのである。〔この後、主客・明
暗未分以前＝恍惚・渾沌・無状の状、無象の象・天下谿・天下谷・玄

牝・無極・樸等々について語られる。〕ここに未だ発言せざる神がいる。神が何かをいうときが、樸の散ずるところ、無象の象に名のつけられるところで、これから万物が生まれ出る母性が成立する。分割が行ぜられる。万物分割の知性を認識すること、これもとより大事だが、「その母を守る」ことを忘れてはならぬ。東洋民族の意識・心理・思想・文化の根源には、この母を守るということがある。母である、父ではない、これを忘れてはならぬ。

　……彼らの神は父であって母でない。父は力と律法と義とで統御する。母は無条件の愛でなにもかも包容する。善いとか悪いとかいわぬ。いずれも併呑して「改めず、あやうからず」である。西洋の愛には力の残りかすがある。東洋のは十方豁開である。八方開きである。どこからでも入ってこられる。(同前、286～287頁)

東洋人や日本人には、このように西洋の分断主義、要素還元主義、個人主義を克服する視点を有しており、これを世界に向けて発信していくべきだと言うのです。

大拙の戦後日本の再興への視点と華厳思想

　一方、東洋の問題とはまた異なるテーマになりますが、実は大拙は、戦後間もない頃、戦前の日本のあり方を厳しく批判し、新たな社会秩序の形成を構想しました。その批判と提言のありようは、以下のようです。

　天皇が高天原から降りて、この大地の上に、人間として青人草の仲間入りをなされると同時に、青人草の国民の方では、いつまでも淤泥の中に沈滞して行くというような奴隷的自卑根性を放擲しなければならぬ。個己の自主性を樹立し、人格的価値の他に換えるべきもののないということを十分に認識し、自ら尊ぶはまた大に他を尊ぶ所以であることを覚悟しなければならぬ。個個円成であると同時に事事無礙である。或はこういってもよい。――個個円成の故に事事無礙である。事事無礙の故に個個円成であると。これが実に法界の様相である。東洋的思想、東洋的感覚、東洋的生活の基底に流れて居る根本原理であ

る。

　　多くの場合、今まではこれを十分に意識しなかったということはあろう。これからはこの方面に対する認識を、あらゆる方向に、深めつつまた明らめつして行かなくてはならぬ。霊性的日本は、この如くにして建設せられる。これが自分の確信である。そしてこれに先だって霊性的自覚の必要であることは言をまたないであろう。（『霊性的日本の建設』、『全集』第9巻、147〜148頁）

　ここには、事事無礙という言葉が出てきていますが、それは、仏教の華厳宗で用いられる言葉です。華厳宗の思想は、『華厳経』に基づき、唐の時代の賢首大師法蔵が大成したもので、日本では東大寺がこの華厳宗のいわば総本山です。大拙は、上に天皇がおり、下に民衆がいて、民衆はお上の言うことにしたがわなければならないというあり方を痛烈に批判し、天皇も含めて誰もが同列に完全なる存在であるとともに、自主性を確立しつつしかも他の人格を尊重していくあり方を、華厳思想を基に構想して発信したのでした。いわば、新たな社会秩序を華厳思想から理論づけようとしたのです。

　実は大拙は華厳思想を、これこそ「東洋思想の精華である」と高く評価していました。たとえば次のようにも言っています。

　　『華厳経』に盛られてある思想は、実に東洋――インド・シナ・日本にて発展し温存せられてあるものの最高頂です。般若的空思想がここまで発展したということは実に驚くべき歴史的事実です。もし日本に何か世界宗教思想の上に貢献すべきものを持っているとすれば、それは華厳の教説にほかならないのです。（『仏教の大意』、『全集』第7巻、45頁）

　大拙がそこまで評価する華厳思想とは、どのようなものでしょうか。以下、ごく簡単に華厳思想について紹介しておきますと、華厳思想では「事法界・理法界・理事無礙法界・事事無礙法界」という、四種法界の説を唱えます。

　事法界は、個々別々の事物の世界です。ただし「事」とある以上、各人におけるそのつどそのつどの主客相関の事象そのものと見るべきでしょう。

　理法界の「理」は、論理とか摂理とかのことではなく、究極の普遍なるものを意味しています。それは仏教では、ありとあらゆるものが、常住の本体は持たないこと、空であることにほかなりません。これを空性と言います。この空性をまた、諸法の本性としての法性と言い、さらに真実・如常なる真如とも言います。理法界とは、この空性・法性・真如のことを意味します。

　理事無礙法界とは、「事」と「理」とが無礙に融け合っている世界です。法性は諸法の本性ですから、諸法と別ではありません。しかし諸法は個別、法性は普遍で、同じとも言えません。別なのですが、融け合っているわけです。事と理とは、その関係にあるわけです。ここは、『般若心経』における「色即是空・空即是色」と同じです。この「空」は、空性のことです。事は相対、理は絶対といえば、相対と絶対とは融け合っているということです。

　この理事無礙法界をふまえて、理を通じて、事と事とが融け合うことになります。ここが事事無礙法界です。松は竹であり、竹は松である。私は汝であり、彼・彼女であり、汝は私であり、彼・彼女であり、といった世界です。ここで「理」が消えているのは、「真如は自性を守らない、随縁して諸法となる」という考え方があるからでもあります。つまり絶対は絶対自身を守らない、絶対を自ら否定して相対によみがえるということです。実はこの考え方は、西田の哲学に深く通じ合っています。ともかく、華厳思想では、事事無礙法界ということを言うのです。

　『華厳経』では譬喩などによって、さかんに一入一切・一切入一、一即一切・一切即一といったことを説いているのですが、これはその見方を別の仕方で表現したものでしょう。大拙は、西洋でも理事無礙法界までは説く思想はないわけではない、しかし事事無礙法界は西洋にはない、これが東洋の最高峰の教えだと自らの見解を述べています。

　　法界の真相は事事無礙を会するときに始めて認覚せられるのである。理事無礙としての法界は哲学者にも神学者にも略々通ずると思われる

が、事事無礙の法界は彼らの未だ到り得ざるところであると信ずる。
この最後の法界観は汎神論でもなければ、汎一神論でもない、また神
秘論と同一視せらるべきでもない。心すべきである。（同前、55頁）

霊性的日本の建設へ

　この華厳思想に基づいて、大拙は前にも引いたように、「霊性的日本の
建設」を訴えたのでした。このことを、比較的わかりやすく説いたものが、
次の説です。

　　自利私欲の人でも自主的に考えることは可能であるが、彼は自らの
　主人公にはまだなっていない。彼はいつも自利的な物の見方をしてい
　る。自利的に物を見るということは、本能的に自らに使われていると
　いうことである。自分の主人公となる人は、自分を使うことの出来る
　人である。自分を社会の一員として、自分の思惟と行為は社会的に環
　境的に働きかかるもの、また働きかけて共同生活に意義を持たすべき
　ものと考える人は、自利的な考え方をなさないのである。自利自愛の
　心に自ら限定を加え得る人でないと、自ら主人公となったとはいわれ
　ぬ。それ故、自主的に考えるということには、単なる知性的分別上の
　意味だけでなく、社会的・道徳的意味を兼ね含んでいるといわなくて
　はならぬ。

　　こうなると、自ら主人公となることは、他をしてまた他自らの主人
　公たらしめることでなくてはならぬ。これはどのような意味かという
　に、自らを重んずるはまた他を重んずるものであるということである。
　即ち自分が道徳的人格であることを自覚するものは、また能く他の道
　徳的人格たることを認むるものである。孔子は、「己立たんと欲して
　人を立つ」というが、当時は如何なる意味に解せられたにしても、今
　日自分等の解釈によれば、「己立つ」は自家の道徳的人格を意識する
　ことである、さうしてこの意識は自家底のみで成立するものでなくて、
　まず「人の立つ」ことが要請せられる。人が立てば己も自ら立つこと
　になる。己だけを立てんとすると、ついには人を立たしめざることに
　なるのである。事実、己だけが立ち得べき理由はないのである。孔子

はまた「己達せんと欲して人を達す」とも言い、また「己に克ちて礼を復む」とも言う。いずれも他の人格を尊重するの義に外ならぬのである。自主的の考え方はこれでないと本当に成立しない。（『自主的に考へる』、『全集』第9巻、311頁）

その背景にあるべきものを、次の説に見ることができます。

　　個己の人格的自主的価値性を認識して、これを尊重することは、力の世界では不可能なことである。力より以上のものに撞着しない限り、そのような余裕は力のみの中からは出てこない。自らの価値を尊重するが故に他の〔価値〕をもまた尊重するということは、自と他とがいずれもより大なるものの中に生きているとの自覚から出るのである。自と他とはそれより大なるものの中に同等の地位を占めて対立しているのである。より大なるものに包まれているということは、自をそれで否定することである。換言すると、自の否定によりて自はそのより大なるものに生きる。そして兼ねてそこにおいて他と対して立つのである。自に他を見、他に自を見るとき、両者の間に起こる関係が個個の人格の尊重である。仏者はこれを平等即差別、差別即平等の理といっている。（『霊性的日本の建設』、『全集』第9巻、138頁）

　最後の「平等即差別・差別即平等」はいわば理事無礙法界を意味するものですが、自他の相互尊重が実現した世界は、むしろ事事無礙法界と言うべきでしょう。

西田哲学における個の構造—超個の個

　実はこの考え方は、西田の考え方と一致したものです。西田哲学の本質は何かと言えば、私は「個物の哲学」と言うべきだと思っています。西田は、最初の著作『善の研究』において、主客未分の純粋経験から出発して、ある事物を、それがある場所に置かれている、その場所とともに見ていく、場所の哲学に移っていきます。そして最終的に、個物とそれが置かれている場所を明らかにしていきます。ここで個物とは、自分で自分を決定でき

るもののことです。それは、何ものにも束縛されるものであってはなりません。そこで、そういう個物が置かれている場所は、絶対無ということにもなるわけです。このあたりを、西田は次のように言っています。西田最後の論文「場所的論理と宗教的世界観」において、禅の悟り、見性について語ったところです。

　　我国文化が多大の影響を受けたと思われる禅については、その道の人に譲りたい。私は、唯、禅に対する世人の誤解について一言しておきたいと思う。禅というのは、多くの人の考える如き神秘主義ではない。見性ということは、深く我々の自己の根柢に徹することである。我々の自己は絶対者の自己否定として成立するのである。絶対的一者の自己否定的に、即ち個物的多として、我々の自己が成立するのである。故に我々の自己は根柢的には自己矛盾的存在である。自己が自己自身を知る自覚ということが、自己矛盾である。故に我々の自己は、どこまでも自己の底に自己を越えたものに於いて自己を有つ、自己否定に於いて自己自身を肯定するのである。かかる矛盾的自己同一に徹することを、見性というのである。そこには、深く背理の理というものが把握せられなければならない。禅宗にて公案というものは、これを会得せしむる手段に他ならない。（「場所的論理と宗教的世界観」『全集』第11巻、445〜446頁）

　今、見性とは何かの議論には入りません。ここに西田は、絶対者というものに関する独自の洞察を披瀝しています。これを受けて、自己は自己のみで成立しているのではなく、自己を超えたものにおいて成立しているのであり、いわば自己の実相は「超個の個」にあるというわけです。大体同じ事態を描く文章として、もう一つ挙げておきましょう。

　　かかる絶対者の自己否定に於いて、我々の自己の世界、人間の世界が成立するのである。かかる絶対否定即肯定ということが、神の創造ということである。故に私は仏教的に仏あって衆生あり、衆生あって仏あるという。絶対に対する相対ということは、上にも言った如く、

単に不完全ということではなくして、否定の意義を有っていなければ
ならない。神と人間との関係は、人間の方からいえば、億劫相別、而
須臾不離、尽日相対、而刹那不対、此理人々有之という大燈国師の語
が両者の矛盾的自己同一的関係を言い表していると思う。否定即肯定
の絶対矛盾的自己同一の世界は、どこまでも逆限定の世界、逆対応の
世界でなければならない。神と人間との対立は、どこまでも逆対応的
であるのである。(同前、409頁)

　ここに、絶対者を有の立場でとらえず、絶対無としてとらえる立場があ
るとともに、個人を見るにしても個のみにおいてでなく、個を超えたもの
において見るという、西洋の単なる個人主義にとどまらない考え方があり
ます。

西田哲学における個の構造──個は個に対して個

　のみならず、そういう個はただ一個でも成り立たない、三つ以上の個が
あって、その中で初めて個は成立すると言います。ここには、「個は個に
対して個である」という命題が認められます。このことについて、西田の
言うところを見てみましょう。
　まず、個物というものの特質について、再確認しておきます。西田は、
個物について、以下のように語っています。

　個物は自己自身を限定するものでなければならない、働くものでな
ければならない、一般を限定する意味を有ったものでなければならな
い。単に一般的なるものに種差を加え、最後の種を越えてさらにその
極限に主語となって述語とならないものを考えても、それだけにて自
己自身を限定する個物というものは考えられるのではない。(「現実世
界の論理的構造」、『哲学の根本問題』続編、『全集』第7巻、220頁)

　では、いったい、なぜ個物は個物に対して個物なのでしょうか。
　西田は別に、「個物は一般の限定として考えられると共に、逆に個物は
一般を限定すると考えられる。しかし単にそれだけにて個物というものが

考えられるのでない。個物は個物に対すると考えられねばならない。個物は唯個物に対することによって個物と考えられるのである。唯一つの個物というものは考えられない」（「弁証法的一般者としての世界」、『哲学の根本問題』続編、『全集』第7巻、306頁）とも説くように、ただ一つの個物は考えられないと言います。確かに、ただ一つ個物があるとして、それは何の意味も持たないでしょう。では、二つある時はどうでしょう。その場合は、「しかし二つの個物の相互限定といふのは、直にこれを翻して一つのものの自己限定と考えることもできるのである。個々なる性質は各相い異なると言っても、何物かに属して一つの物の性質たるに過ぎない」（同前、311頁）ということになり、個物の意味はやはり有り得ないことになります。こうして、西田は次のように論じるのです。

　　真の弁証法的限定というべきものは、少くも三つのものの相互限定から考えられねばならない。甲が乙に対すると同じく丙にも対する。乙が甲丙に対し、丙が甲乙に対するも同様である。私が汝に対する如く彼に対する。汝が私に対し、彼が私や汝に対するも同様である。かく三つのものの相互関係を斯く考えるということは、無数の個物を考えるということに外ならない。かくして始めて真に相い独立するものの相互限定、個物と個物との相互限定ということが考えられるのである。（同前、313〜314頁）

　　……個物は単に自己自身を限定するものではない。個物は唯個物に対して限定せられるのである。真に個物というものが考えられるには、非連続の連続ということがなければならない。互いに独立なものの結合ということがなければならない。かくして真に働くということができるのである。そして現実の世界は物と物とが相い働く世界でなければならない。ロゴス的に実在を考えたギリシャ哲学は、かかる世界を考えることはできなかった。（「現実世界の論理的構造」、『哲学の根本問題』続編、『全集』第7巻、221頁）

では、この個物と個物とが相い対する世界とは、どのような世界なので

しょうか。

　　……個物は唯個物に対することによって個物となるのである。しか
　も単に一つの個物というものがあるのではなく、そこに非連続の連続
　というものが考えられねばならない、個物は絶対の否定に面している
　のである。個物を否定するものは一般的なものでなければならない、
　個物は絶対の一般者に対しているのである。私は汝を認めることによ
　って私である、汝は私を認めることによって汝である。私と汝とは絶
　対の否定に対しているのである。しかも絶対の否定は即絶対の肯定で
　なければならぬ。私と汝とがノエシス的に相い限定するということは、
　ノエマ的に絶対の否定即肯定的なるものに面するということでなけれ
　ばならぬ、創造的なるものに接するということでなければならぬ。私
　が汝を認めることによって私である。私が人格的となるということは、
　創造的なるものに接するということができる。逆に創造的なるものに
　接すれば接する程、私は人格的となる、即ち私は汝を認めるという意
　味を有つのである。（同前、262〜263頁）

　自他の個の独立性を確保することは、自己と他者とが絶対に非連続でな
ければなりません。そこに絶対の否定があります。しかもそのことがあっ
てこそ、自他は結びつくことができます。絶対の否定を通じて、絶対に肯
定されてくる。その絶対の否定とは、個々を十全に自由な主体として成立
せしめる、絶対者の自己否定を基にしているからでしょう。神が無となる
からこそ、そのことにおいて自己も他者も絶対に自由な主体として成立し、
自他の間に絶対の非連続が成立すると同時に、だからこそ相互に関係しあ
うということが現成するわけです。

個の構造から当為へ

　このあたりを説く西田の文章をもう一つ、掲げてみます。

　　しかし私と汝とは単に相い対して相い了解するということによって、
　私と汝とであるのではない。私が汝を認めることによって私であり、

汝が私を認めることによって汝であるというのは、そういうことを意味するのではない、汝が私の存在条件となり、私が汝の存在条件となるということでなければならない。……私が汝を認めることによって私であり、汝が私を認めることによって汝であるということは、私が私自身を否定することによって私であり、汝は汝自身を否定することによって汝である、我々は互いに自己否定によって我々であるということを意味していなければならない。そこに当為というものが考えられねばならぬ。絶対に他なるものの結合には当為の意味がなければならぬ。私と汝とが否定によって結合する世界は、単なる共同意識の世界ではなくして、絶対に相い反するものの自己同一として主客合一的に自己自身を限定する世界でなければならぬ。従来、表現の世界というのは単に了解の対象界と考えられていたが、表現の内容と考えられるものは単に了解の内容たるのみならず、命令の意味を有っていなければならない、我々に対し客観的当為の意味をも含んだものでなければならない。（同前、271〜272頁）

　要は、そうした自他の構造から、我々一人ひとりは何をすべきかが浮かびあがってくると言うのでしょう。抽象的かもしれませんが、どこまでも他者を人格的に尊重するということが絶対的な命令になってくるということだと思います。いずれにせよ、こうした西田の主張は、大拙が簡潔に、次のように言っていたことを哲学的・論理的に究明したもので、見ている事態は変わらないと思います。

　自らの価値を尊重するが故に他の〔価値〕をもまた尊重するということは、自と他とがいずれもより大なるものの中に生きているとの自覚から出るのである。自と他とはそれより大なるものの中に同等の地位を占めて対立しているのである。より大なるものに包まれているということは、自をそれで否定することである。換言すると、自の否定によりて自はそのより大なるものに生きる。そして兼ねてそこにおいて他と対して立つのである。自に他を見、他に自を見るとき、両者の間に起こる関係が個個の人格の尊重である。仏者はこれを平等即差別、

　差別即平等の理といっている。(『霊性的日本の建設』、『全集』第 9 巻、
　138 頁。再掲)

　このような自他の論理構造は、西田に言わせれば絶対者の自己否定に基
づくものであり、最後の論文「場所的論理と宗教的世界観」においては、
たとえば次のように語られました。

　　神は愛の神でなければならない。キリスト教でも、神は愛から世界
　を創造したと考えられるが、それは絶対者の自己否定ということであ
　り、即ち神の愛ということでなければならない。これに反し、我々の
　自己が絶対愛に包まれるということから、真に我々の自己の心の底か
　ら当為というものが出て来るのである。……仏教的に、仏の悲願の世
　界から、我々の自己の真の当為が出て来ると考えるものである。絶対
　愛の世界は、互いに鞘く世界ではない。互いに相い敬愛し、自他一と
　なって創造する世界である。この立場に於いては、すべての価値は創
　造的立場から考えられるのである。創造はいつも愛からでなければな
　らない。愛なくして創造というものはないのである。……かかる立場
　に於いて、我々の自己は絶対現在の自己限定として、真に歴史的世界
　創造的であるのである。(「場所的論理と宗教的世界観」、『全集』第 11 巻、
　436 ～ 437 頁)

　ここには、絶対の否定に面しているということが、実は神の絶対愛に包
まれていることという言い方になっており、そこから互いに敬愛し、自他
一体となって創造するということが生まれてくると言っています。またそ
こに当為というものがあるのであって、それは正義に基づく倫理ではなく、
報恩に基づく倫理であるということなのです。ここに、宗教から現実世界
への通路が見出されると言えるでしょう。

　以上には、個人の自由と主体性を重んじつつ、しかも他の個人への配慮
無しに自己は成り立たないというあり方が、理論づけられていると見るこ
とができます。簡単に言えば、「己立たんと欲せば、人をして立たしめよ」

に尽きます。ここに、単なる個人主義でもない、かといって決して全体主義ではない、いわば、

　「超個の個」＝人、「個は個に対して個」＝間

として、人間主義的世界観があります。このような人間観・世界観を共有していくことから、地球社会の新たな秩序の形成を展望することはできないでしょうか。このことを具体的にどのように推進し、実現していくかは、今後の課題です。

むすび

　今日の複雑に入り組んでいる社会において、単純に東洋・西洋と分けることはむずかしいことでしょう。しかし欧米の人々の考え方において、divide and rule の考え方は、案外、根強く残っているかもしれません。この時に、東洋の考え方を対比して提示することは、グローバルな時代にこそ必要なことでしょう。その際、東洋というと、無とか玄とか、どこかあいまいでとらえどころがないように思われるかもしれません。しかし以上に見てきたように、独特の論理を追究してきた歴史もあるのです。

　華厳思想の事事無礙法界は、そのきわめて高度な思想です。その「事」の背景には、実は唯識思想があります。心と物、主観と客観、を分けず、感覚・知覚の対象は心の中にあるとして、ただ識のみがあると唱えた唯識思想の、その識とは「事」そのものです。

　その「事」を大拙は人（にん）としてとらえ、西田は個物としてとらえました。理事無礙法界は、西田の言う「超個の個」、事事無礙法界は、西田の言う「個は個に対して個」です。大拙はこの事事無礙法界に基づいて、戦後日本社会の再構築を目指しました。

　前にも申しましたように、西田の最後の論文が、「場所的論理と宗教的世界観」でした。そこでは、「逆対応」と「平常底」がテーマなのですが、これを書き始めた頃、第二次世界大戦の末期、昭和20年3月、西田は大拙に次の手紙を書き送りました。

　　私は今宗教のことをかいています。大体従来の対象論理の見方では宗教というものは考えられず、私の矛盾的自己同一の論理即ち即非の

論理でなければならないということを明にしたいと思うのです。私は
即非の般若的立場から人というもの即ち人格を出したいと思うのです。
そしてそれを現実の歴史的世界と結合したいと思うのです。(鈴木大
拙宛昭和 20 年 3 月 11 日付手紙。『全集』第 19 巻、399 頁)

　その「場所的論理と宗教的世界観」の論文の中には、次の一節が見えま
す。

　　我々の自己が自己自身の根柢に徹して絶対者に帰するということは、
　この現実を離れることではない。かえって歴史的現実の底に徹するこ
　とである。絶対現在の自己限定として、どこまでも歴史的個となるこ
　とである。(「場所的論理と宗教的世界観」、『全集』第 11 巻、423 〜 424
　頁)

　この宗教を主題とした論文において、「平常底」を論じる段では、作ら
れて作るものとして、歴史の創造に関わっていくことが強調されました。
その次の課題は、国家論であったと思いますが、かなわぬこととなってし
まいました。
　西田は、自らの哲学、宗教哲学から、あるべき国家論を訴えたかったの
でしょう。それは、戦争に疲弊する日本への渾身の提言になるはずでした。
私は、大拙の『霊性的日本の建設』は、その西田の意思を受け継いだもの
だったと思うのです。その意図を、戦後 75 年経った今日、もう一度、再
認識し、現代の国際社会に生かしていくことはとても重要なことだと思う
のです。効率主義・業績主義一辺倒の、競争社会となった、多くの問題を
かかえる現代社会において、自己の存在、人間という存在の意義を深く自
覚しつつ、自他のあるべき関係を創造していけるような主体の実現、すな
わち自由の実現を、どのように展望していくかは、緊要の課題だと思いま
す。
　この時、大拙や西田が提示していた人間観から出発することにおいて、
地球社会の新秩序の形成を導き出せないかと私は思うのです。

* * *

Q&A　講義後の質疑応答

Q. 西洋と東洋

　禅ブームなどがありましたが、アメリカなどの西洋人がなぜ東洋思想に関心を持つのかに興味を持ちました。西洋人は東洋思想のどこに興味を持ち、何を得ているのでしょうか。

　科学技術の歴史において、キリスト教の信仰を一つの契機として科学が生まれたという話を聞きました。同じように、仏教から何かしらの学問のようなものは生まれたのでしょうか。

A. まず、禅に興味が集まっている背景としては近年欧米がいろいろな行き詰まりを迎えている、そして根本にあるキリスト教が危機を迎えていることが大きいのだと思います。人格神としての超越的な神が信じられなくなり心のよりどころを探していた時に、自分の中にある仏心・仏性を発揮していくという禅のような教えが現代に合った教義に見えたのでしょう。それは、禅から生み出された墨絵・枯山水といった美学と合わせて、魅力的に見えたのかもしれません。ただ、禅の考え方が本当に理解されているかは疑問です。坐禅を通じた最初の悟りを「見性」と言いますが、多くの場合それは自分の仏性・本性を見ることだと理解されがちです。しかしそうではなくて、鈴木大拙が「超個の個」と呼ぶように、自己を超えたものに自己を持ち、その自己に徹底することが本当の「見性」だと西田は言っています。そうした矛盾的自己同一、即非の論理のようなものはまだまだ欧米の方には理解されていないように思います。

　キリスト教や、そこから生まれた要素還元的な見方をする科学と比較して、仏教はそれらを持たない神秘的なものに見えるかもしれません。しか

し、仏教においては世界の構成要素であるダルマを分析し記述するアビダルマというものが究明されています。部派仏教の一つである説一切有部では五位七十五法と5つの範疇と75のダルマを、大乗仏教の教えの一つである唯識では五位百法と100のダルマが分析されました。ダルマとは、世界がどんなに変化しても自分自身を保ち続けるものという意味で、ただ世界といっても自然界よりも自分の心の世界に比重が置かれています。たとえば煩悩の心や、善の心などについてかなり細かく分析されています。仏教に要素還元的な見方がなかったわけではないのですが、その対象が自然界、外界でなく自分の心に向いたこと、そして要素還元的なアプローチが自分の心を清めていくことに使われたということが、西洋思想と大きく異なる点なのではないかと思います。

Q. 東洋と日本

　西洋と比較した東洋という視点がありましたが、近年の国際情勢を見ても東洋の中での多様性を感じます。日本的霊性というお話もありましたが、東洋思想の中での日本の特殊性や、東洋の中で日本が果たすべき役割、また私たちが果たすべき役割についてお考えをお聞かせください。

A. 東洋がどこまでかという問題だけでもたくさんの話ができてしまいますし、東洋の中が多様であることは間違いありません。地域を狭めてみると、東南アジアの国々は上座部仏教をある程度共有していますが、その中でも多様性があります。特に日本は大陸と陸続きではなかったため、外国文化を摂取しながら日本国内独自のものを作ってきたと言えるでしょう。日本独特の感覚と言えるものが、鈴木大拙の『日本的霊性』という著作に詳しく書かれています。ここには法然・親鸞による浄土教についても書かれているのですが、念仏を唱えればこの身このまま絶対者の慈悲の中で救われていくというのが浄土教の教えです。日本的霊性という独自の宗教意識は、この浄土教や禅宗の急速な民衆や武士階級への広がりを受けて、平安末・鎌倉にかけて形成されて今日に及ぶとされています。島国で数百年共同生活を送って作られた共通の意識や自然の豊かさに由来する母性的なものに対する感応など、日本の風土がもつ条件も関係しているでしょう。

　また、仏教は寛容だというイメージを持たれがちですが、インドでは仏教同士の論争がさかんにありますし、日本国内でも特定の宗派を邪教だと言う宗派もある。ただ、「分け登る麓の道は多けれど同じ高嶺の月を見るかな」と言うように、全体としては日本国民が持つ寛容さのようなものはあると思います。

　同じように、明治以降から戦後にかけて日本の独自性を見出し、生み出そうとしたのが鈴木大拙や西田幾多郎なのだと思います。大拙は激動の時代にアメリカに十数年滞在し、帰国後、西洋と東洋を比較して日本の立ち位置を考えました。一方で西田は京都で思索を深めて西田哲学を生み出しました。それまで日本独自の思想を明示的な言葉で語る人はなかなかおらず、それを何とか言葉にしようとしたのが大拙や西田なのでしょう。西田は日本人の見方、考え方、感じ方に何とかして論理の形を与えるということを使命として考えていました。西田の文章の中には「でなければならない」という文末表現が多用されていますが、論理的正しさを保証することを意識した結果なのではないかというのが私見です。

　日本独自の思想・宗教を理解するために修行・体験をすることは良いことだとは思いますが、それが全てだとは思いません。宗教は人間個人、自分の問題ですから自分の切実な問題意識と向き合うことがまず必要なのだと思います。そして、大拙が日本的霊性を基に国家のあり方を論じたように、人間の根源的なあり方をどう社会や科学に結びつけていくかということを一人ひとりが考え、発信することが重要なのだと思います。こうした視点から発信力・コミュニケーション力というものを見つめてみると良いのではないでしょうか。

みずから考える持続可能性とCOVID-19

沖　大幹

沖大幹（東京大学大学院工学系研究科教授）
東京大学工学部卒業、博士（工学、1993年、東京大学）、
気象予報士。東京大学生産技術研究所助教授、文部科学
省大学共同利用機関・総合地球環境学研究所助教授など
を経て、2006年より現職。2016年10月より国際連合大
学上級副学長、国際連合事務次長補も務める（2021年9
月退任）。地球規模の水文学および世界の水資源の持続
可能性を研究。気候変動に関わる政府間パネル（IPCC）
第5次評価報告書統括執筆責任者、国土審議会委員ほか
を務めた。研究分野：グローバルな水循環と世界の水資
源、気候変動影響評価と適応策、持続可能な開発と千年
持続学。水文学部門で日本人初のアメリカ地球物理学連
合（AGU）フェロー（2014年）「2021年国際水文学賞
Doogeメダル」受賞。書籍に『SDGsの基礎』（共著）、
『水の未来——グローバルリスクと日本』（岩波新書）、
『水危機　ほんとうの話』（新潮選書）など。

MEMO

藤山知彦

　講座の締めである 15 回目は前にも触れましたが、人類的課題についてお話していただきたい、と考えていました。世界を揺るがす「格差問題」も候補に考えていたのですが、第 8 講の吉川先生のところで触れていただいたので SDGs について話していただこうと思いました。私の勤めている科学技術振興機構でも SDGs の目標実現のために科学技術やイノベーションが役割を果たすべく議論がなされています。その問題設定はもちろん正しいし、重要なのですが、他方、昔、過ごしていたビジネスの世界ではこの目標達成がなされるためには何とかして市場原理を導入できるようなビジネスモデルこそが求められる、と話し合われています。私は、むしろ、科学技術イノベーションとビジネスモデルの融合がないと達成できない目標であると考えています。単独でできるような問題ならばとっくに達成できている、科学技術村とビジネス村が手を握らなければ、と思ったのです。

　ある日、SDGs に関する科学技術振興機構での会議の時に、国連大学にも籍をお持ちで、もともと水の専門家でもある工学系の沖先生が、民間企業の役割やファイナンスの重要性についても話されているのを聞いて「我が意を得たり」と思いました。それで今回、科学技術振興機構のオピニオンリーダーである有本建男上席フェローに仲介をお願いして、沖先生に登壇していただくことにしました。

　SDGs は国連加盟国の全会一致で決まった人類的目標です。いわば民主主義的手続きをもって設定されたわけです。この人類的目標の達成に科学技術と市場原理が手を携えて役に立てれば、この 3 規範が今後とも有意な規範として認知され続けるのではないでしょうか。こういう考え方をしてみるとこの講座の大団円にふさわしいのではないかと思っています。(2020・10・12 講義)

水文学と MDGs

　私の専門は水文学です。天文学が宇宙に関する森羅万象を扱うように、水文学というのは地球上の水やその物理・化学的性質から、生物や人間社会との相互作用に至るまで、水の森羅万象を扱う学問です。その中でも私は地球物理学的な陸域の水循環シミュレーション、応用分野で言えば洪水や渇水など水災害の予測と被害軽減に取り組んできました。ただ、シミュレーションを進めていくうちに課題解決には人間活動も明示的に考慮しなければならないと考えるようになり、数値シミュレーションへの人間活動の取り込みを世界に先駆けて行ってきました。また、その過程ではどうしても持続可能性の問題に行き当たることになります。その結果、今日お話しするような SDGs の達成に向けた取り組みにも関わるようになりました。

　こうした写真（次頁上図）をご覧になったことがあるでしょうか。安全な飲み水へのアクセスというのは世界のいくつかの地域では未だに大問題です。健康への影響はもちろんですが、水汲み労働に奪われる時間を考えれば、子供であれば教育の機会、女性の社会進出や他の生産性の高い仕事への就労機会を犠牲にしているのです。水へのアクセスの問題は 2001 年に設定された国連ミレニアム宣言（MDGs）でも「2015 年までに、安全な飲料水及び衛生施設を継続的に利用できない人々の割合を（1990 年に比べて）半減する」という目標が掲げられていました。この MDGs は SDGs の前身となっており、対応する目標がいくつもあります。

　私がこの MDGs を知ったのは 2003 年頃で、当時は水へのアクセスに関する統計データを見ながら「半減」という目標は大変だろうな、国連が予算を獲得するために理想を述べているのだろう、などと思っていました。

　1990 年時点で安全な飲料水へのアクセスがなかった人は 24%（13 億人/53 億人）でした。しかし、驚いたことに 2000 年にはそれが 16%（10 億人/61 億人）、2010 年には 10%（7 億人/69 億人）と期限を前にして目標が達成されたのです。どういうことなのか不思議に思って調べてみたところ、この間の中国とインドの大幅な経済発展が大きく寄与したらしいことがわか

（水を運ぶ少年、ゴロンボ村、西アフリカ・マリにて、2010年5月13日）

水くみは女性や子どもの仕事

- 安全な飲み水
- 世界で7.85億人（約1割）が基本的な飲料水サービスを利用できない（2017年）
- 毎年、29万7,000人の5歳未満児が不適切な水と衛生に関連する下痢症で命を落としている（2017年）

東京大学
The University of Tokyo
http://hydro.iis.u-tokyo.ac.jp/   3
a.go.jp/mofaj/gaiko/oda/doukou/mdgs/about.html#mdgs_list

Millennium Development Goals

- 国連ミレニアム宣言と1990年代に開催された主要な国際会議やサミットで採択された国際開発目標を統合した共通の枠組み（2001）。

Goal 1: 極度の貧困と飢餓の撲滅

Goal 2: 初等教育の完全普及の達成

18 targets,
48 技術指標
（2007年1月に21targets、
60技術指標に改定）

Goal 3: ジェンダー平等の推進と女性の地位向上

Goal 4: 乳幼児死亡率の削減

Goal 5: 妊産婦の健康の改善

Goal 6: HIV/エイズ、マラリア、その他の疾病の蔓延の防止

Goal 7: 環境の持続可能性確保

7.C: 2015年までに、安全な飲料水及び衛生施設を継続的に利用できない人々の割合を半減する。

Goal 8: 開発のためのグローバルなパートナーシップの推進

りました。中国では都市部に人が一気に移動し、インドでは農村部の給水
整備が進んだためにそれぞれ水へのアクセスが改善されたのです。ちなみ
に、その2カ国を除いて集計すると目標は達成されていなかったという結
果になります。

MDGs から SDGs へ

　もちろん、目標が達成されたから良いというわけでもなくて「安全な水
へのアクセス」を厳密に測定できないなどの課題は残っています。ただ、
水に関する国際目標が歴史上初めて達成されたという点でこの MDGs は
意義深いものとなりました。一方で、「半減といった目標を掲げた際に、
どこにリソースを割くのか」という問題は考えておく必要があります。英
語で "low hanging fruit" という言葉がありますが、やりやすいところか
ら手をつけ、本当に大変で最も支援が必要な地域には手が回っていないの
ではないかという批判は残ります。この反省もあってか、SDGs では "no
one will be left behind" という原則が重視されています。

　SDGs における水に関する目標には MDGs に入っていた飲料水の目標

に加え、衛生の目標も最初から入っています。加えて、6.2.1 には「石鹸と水による手洗い」という文言が入ってきます。そうすると、石鹸を作っている会社などは、SDGs への取り組みが容易になります。SDGs が MDGs と違う大きな点の一つは、国際機関や国だけではなく NGO や民間企業も目標策定に関与したという点です。実際、衛生の問題を考える時に「石鹸による手洗いは必要ではないか」と言われたら反論の余地はないわけです。そうすると、SDGs 達成のためには皆が石鹸を買えるような社会にしないといけない、つまり国際的な枠組みのもとで社会的にもプラス、企業活動にもプラスという構造が作られています。こういう上手な仕組みの構築が重要です。

SDGs と企業の存続

　日経によれば、100 年以上続いている日本企業が約 3 万社あるそうです。こうした企業が 2030 年、あるいは 2100 年に存続しているためには何が大事でしょうか。社会の格差があって明日にもクーデターが起こりそうな社会や、気候変動が深刻化して毎月のように激しい天候に曝される社会と、大きな変化はないが安定していて少しずつ良い状態に向かっている社会のどちらの方が会社存続の可能性が高いでしょうか。どう考えても後者なのだと思います。

　これまではこうしたよりよい社会を構築するのはパブリックセクターの役割でしたが、今では企業の力がとても強くなってきています。企業城下町と呼ばれるくらい地域経済に大きな影響力を持つ大企業であれば、賃金の増減がすぐに回り回って地域の経済や税収にも響くように、私企業も地域や国、世界の社会や経済に対して責任があり、外部コストを社会に押し付けるわけにはいかなくなっています。また、児童労働や環境保護などの問題でわかる通り、SDGs は企業価値の毀損やビジネスリスクを回避する上でのチェック項目の役割も提供しています。

　しかしながら、本業で SDGs の達成に貢献するのが非常に難しいのも事実です。CSR や寄付行為は一定の資金を拠出すれば達成できますが、本業としてやるためには投資の観点で考える必要が出てきます。必ずしもうまくいくとは限らないが、首尾よく軌道に乗ったら SDGs にも貢献す

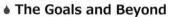

東京大学
THE UNIVERSITY OF TOKYO

Three Insights

http://hydro.iis.u-tokyo.ac.jp/ 10
SDG企業戦略フォーラム
2019年7月

https://jp.unu.edu/news/news/integrating-the-sdgs-with-business.html

- **Focus on the Agenda**
  - ※ アジェンダ2030を理解しよう
- **Align with the Targets**
  - ※ 自社の貢献に直結したターゲット、指標をつくっていこう
- **The Goals and Beyond**
  - ※ これからの世界が解決すべき課題を設定し、
    主体的に関わろう
- **SDGsには入っていないが重要な課題もある**
  - ※ 急速な高齢化、若年層の肥満や糖尿病への対応など
  - ※ 文化、スポーツ、エンターテインメント、芸術、
    知的好奇心や幸福感の充足を通じたビジネスで
    社会貢献している企業も多い

るような新規事業をあれこれ試すのが良いのではないでしょうか。

SDGs とアジェンダ 2030

　「持続可能な開発のための 2030 アジェンダ（アジェンダ 2030）」という、SDGs の 17 の目標が掲げられている採択文書に SDGs の背景にある基本的な理念や目的が記されています。SDGs の個々の目標を覚えて、それに結び付けて考えるというよりも、背景の『アジェンダ 2030』を理解し、それに沿った自社の利益にも合う目標を設定するのが良いように思います。例えば、高齢化や生活習慣病、あるいは文化や芸術、精神的な充足などは現在の SDGs には入っていません。そうした課題に取り組む企業が「SDGs に沿っていないけれどなんとか結び付けよう」と考えるのではなく、『アジェンダ 2030』の趣旨に合っているのであれば「『アジェンダ 2030』の趣旨に合うような貢献をしていく」と自分たちでターゲットを作って宣言するので良いのではないでしょうか。そんなことを考え、2019年に "The Goals and Beyond" という標語を掲げて「これから世界が解決すべき課題を設定し、主体的に関わろう」と提案してみました。企業の

方々からは支持を得たのですが、国連大学内部では「SDGs が承認されてからまだ 4 年しかたっていないのにもう Beyond とは不適切だ」とやや否定的な評価を受けました。

　後になって、2019 年に国連から公開された「持続可能な開発グローバル報告書」を眺めていたら、私の主張とほぼ同じ内容が掲載されていました。見方としては悪くなかったのですが、国連という官僚組織の難しさを感じる出来事でした。

リスク予測──予測されていた感染症

　次にリスクの話に移ろうと思います。ダボス会議を主催している世界経済フォーラムが毎年 1 月にグローバルリスク報告書を発表しています。上掲図は 2020 年版の図ですが、横軸が可能性、縦軸に影響度を取っています。水危機は起こる可能性は低いが、生じたなら影響は大きいとプロットされています。もう 1 つ、伝染病は水危機よりも可能性が低く、影響も小さいとプロットされていました。こう見ると専門家の判断もあまり当てにならないという気もしますが、実はジョンズ・ホプキンス大学の研究者ら

が 2018 年に "Global Catastrophic Biological Risks" というレポートを出しています。ここに書かれている『感染拡大病原体』の特徴が、実はCOVID-19 の特徴そのものなのです。リスクが予測できなかったのではなく、専門家は警告していたものの、私たちはそんなことは起きないと思っていた、というのが今回の COVID-19 です。

アウトブレイクとその対応

COVID-19 のような感染症の世界的な大流行は想定されていたわけですが、多くの人はそれを信じませんでした。しかし、信じて備えようとしたとして、何ができたでしょうか。BCP（事業継続計画）を作る、医療体制・検査体制を整える、マスクや消毒液などの必要な備蓄を増やす、オンライン教育・労働システムを整えるといった準備が可能であったと思われます。しかし、実際に事態が発生した後でもなかなか行動変容が難しい場合も多い様子をみていると、私たちがどれだけ先を見て備えられるのかはやや心もとなく感じます。

さらに視点を変えて、感染拡大が 10 年前の 2010 年だったらどうだったでしょうか。おそらく在宅勤務も e コマースも難しかったでしょう。逆に、10 年後の 2030 年だったらどうでしょうか。影響軽減には社会的格差を減らすなど社会全体の脆弱性を減らしていく必要があります。結局 SDGsが目指す社会の実現が鍵になるのです。

少し話が飛びますが、COVID-19 の全国感染者数グラフを見ていると、私は洪水時の河川の流量変化のグラフを思い出さずにはいられませんでした。共通しているのはなんとか対処せねばならない特徴量が平常時の数百倍以上に増えるという点と、事態の発生中に社会的な対応が可能であり、またそれが求められるという点です。洪水時の河川流量は平常時の数百倍から、場合によっては 1000 倍にもなります。感染症による感染者数や入院患者数はやはり平常時の数十倍、数百倍に急増します。10 倍にも満たない急増で機能不全に陥るシステムもあって、平常時の 5 倍の交通量で交通渋滞は生じますし、震災時の携帯電話のトラフィックは平常時の 9 倍だったというデータがあります。このように、感染症以外でもアウトブレイクと呼べる現象は様々に観察されます。

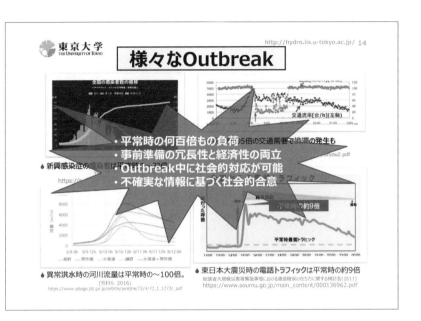

こうした事態が想定できるなら事前にきちんと準備しておけば良いだろう、という意見があるかもしれません。しかし、そうした備えは普段は無用の長物なので準備しすぎると得てして社会的に大きな無駄になってしまいます。この事前の備えと社会経済的な効率とのバランスを取る考え方について、それぞれの分野で議論を重ねた蓄積があるのだろうと思います。

　もう1つの共通点は問題への対応の仕方です。このような問題に対応していく際、情報は常に不十分です。しかし、不確実な情報に基づきながらも社会全体としての意思決定をしなければならないという点も共通しています。そして、どういう視点から悪影響を最小限に抑えるか、というやり方にも次頁図のように共通点が見いだせます。もちろん、こうしたアナロジーがそのまま分野間で応用できるわけではないでしょうが、考えるヒントにはなるので、アウトブレイク・リスクマネジメントという観点からの情報交換は有意義だと考えています。例えば、洪水災害の場合には被災地の行政ニーズの急増に対して応援を送る仕組みが制度化されています。こうした制度はパンデミック対応の体制構築にも活かせるのではないかと思います。

東京大学 THE UNIVERSITY OF TOKYO

様々なアウトブレイク対策の対比

	河川洪水	パンデミック	渋滞
急増値	洪水の量	病床患者数	交通渋滞の長さ
容量増大	堤防整備	増床	道路拡幅
滞留削減	河道直線化	ワクチン開発	ボトルネック解消
バイパス	放水路	??	代替経路へ誘導
オーバーフロー	遊水地	軽症者ホテルへ	SA・PAへ誘導
流入制御	貯水池操作	検査対象精査	出発時間調整
監視と警告	洪水予測	サーベイランス	実時間交通監視
強靭化	高床式住宅	防護服着用	車頭時間均一化
暴露削減	高台移転	隔離生活	??
想定外対応	二線堤整備	トリアージ	緊急流出路
自衛策	輪中堤整備	国境封鎖	移動/旅行の中止
人員増強	テックフォース	??	??

リスク認知と気候変動

　COVID-19 をどれだけ怖がるか、怖がるべきかが人によって分かれています。一定以上の感染力と一定以上の死亡率を持つこの感染症をどう捉え、深刻に思うかと考える際には、合理的な判断に加えて私たちのリスク認知を理解する必要があります。

　人間のリスク認知は、自分がリスクにさらされるかどうかを選べなかったりリスクへの暴露が不公平だったりすると強まる恐ろしさ因子と、自分がリスクにさらされているかどうかわからない場合や新たなリスクに対して高まる未知性因子の２つからなるとされています。COVID-19 も、当初は未知性が高く、死亡率も非常に高いおそれがあって次頁図では右上の第一象限に位置付けられる非常に高いリスクと認知されていました。しかし、慣れて未知性が下がり、感染しても重症化して死ぬ確率が 1% 程度だと知られるようになると、人によっては左下の第三象限に位置付けられる低いリスクだと認識されるようになってしまっているのです。

　それと似たところがあると思うのが気候変動問題です。「未来のための金曜日」運動で有名になったグリエッタ・トゥーンベリさんですが、演説

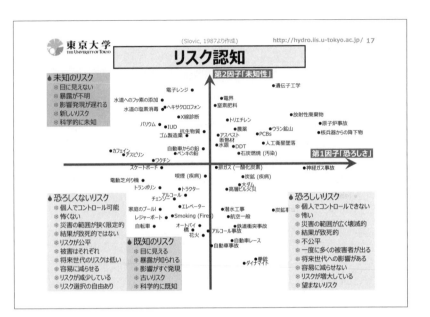

を聞いてみると彼女はかなり冷静に科学的な話をしています。同時にわかるのは、彼女や彼女を支援する若い人たちは本当に絶望しているということです。

　グリエッタさんが最初に環境問題に関心を持ったのは小学生の頃だと言います。ちょうどその頃 2009 年に『プラネタリー・バウンダリー』という概念が出されました。これによれば、地球には超えてはならない閾値が9つあり、それを超えると人類に破滅的な結果がもたらされる可能性があると警告されています。しかも、実は気候変動と生物多様性の喪失と窒素循環については既にその閾値を超えてしまっているというのです。その後も 2018 年 8 月に発表された "Hothouse Earth" に関する論文では温暖化の悪循環が止まらなくなる仕組みについての懸念が示され、同年 9 月には気候変動に関する政府間パネル（IPCC）から 2052 年までには産業革命以前に比べて平均気温が 1.5 度以上あがる可能性が高く、それを防ぐためには 2030 年よりももっと早い時期から二酸化炭素排出量を減少させ始め、2050 年にはゼロエミッションを達成しないといけないという推計が報告されています。

Fridays for Future

- Ms. Greta Thunberg:2018年秋の新学期開始から3週間、学校に行かず国会議事堂の前に座り込み。(当時15歳)
- →毎週金曜日に座り込み。同調者が世界的に増える。
- 2019年1月のダボス会議で講演「科学者の声を聴け」

(Tokyo)

(NewYork)

https://www.huffingtonpost.jp/entry/climate-strike-tokyo_jp_5d8562e2e4b070d468ccdbbc

- 2019年9月20日(金)
グローバル気候マーチ。
- 全世界で400万人参加。
- 日本では、23都道府県26都市で5000人参加。
- 「飛び恥」「No!牛肉」…

- 2019年9月24日、国連気候行動サミット「私はここにいるべきではない。大西洋の向こう側に帰って学校に通っているべきだ」…「あなた方は希望を求めて私たち若者のところにやってくる。よくもそんなことができますね」…「私たちは大絶滅の始まりにいる。それなのに、あなた方が話すことと言えば、お金や永続的な経済成長というおとぎ話ばかりだ。よくもそんなことを!」(AFP)「未来の世代はあなたを見ている。私たちを裏切る道を選べば許さない」(時事通信)

https://www.afpbb.com/articles/-/3245899

(Rockström et al., 2009, Science)

【2009年】 **プラネタリー・バウンダリー**

Johan Rockström↑

- 生物物理的なとある閾値を超えると、人類に破滅的な結果をもたらすことになる。
- 互いに関係する9つのプラネタリー・バウンダリーのうち、3つはすでに踏み出してしまっている。
- 閾値を超えると受け入れがたい環境変化が生じる。
- 規範的(normative)判断
  ※ "いくつかの数字は単に我々の第1次的な最善の推測に過ぎない"
- 350 ppm, +1 Wm^{-2}の放射強制力を超えると不可逆な気候変動の可能性が高まる。主要な氷床の消失、海面上昇の加速、森林や農地の急激な変化など。

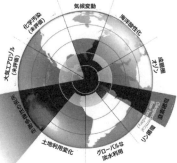

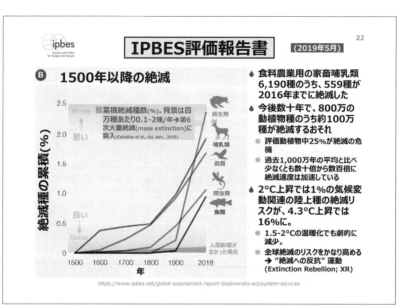

こうした研究成果が少し単純化されて若者に伝わりました。「すぐに全世界の二酸化炭素排出量を削減しなければ 2050 年のゼロエミッションは達成できない」、「ゼロエミッションが達成できないと地球がとんでもない気候になって人類は滅びる」。こんなふうに理解した若い人たちが「どうせ未来がないのであれば学校に行って勉強しても意味がない」と思うようになった結果、絶望するまでに追い込まれているのです。

さらに 2019 年 5 月には IPBES 報告書の中で、陸上種の絶滅リスクが、気温が 2 度上昇すると 1%、4.3 度上昇すると 16% になるという推計が出されています。温暖化以外にも土地改変や狩猟といった人間活動によって、両生類や哺乳類などの絶滅度合いが非常に大きくなっているという結果も示されており、そうした生物と同様に人間も絶滅するのだろうと悲観している若者がいるのです。

定常状態経済を維持する

このように絶望してしまうと、むしろ人類がいなくなった方がいいのではないかと思う方が出てきますが、それは手段と目的の錯誤だと思います。

環境を守るのは人類ができるだけ幸せに生きるためだと考えると、ハーマン・デイリーが1972年に出している定常状態経済という概念が役に立ちます。具体的には、再生可能な資源について「再生速度を超えるペースで収奪してはならない」、汚染について「環境が無害化できる速度を超えて排出してはならない」、「非再生可能資源の減耗分に見合った代替する再生可能資源の開発が必要」という3つの原則からなります。非再生可能資源に関する議論は「弱い持続性」と呼ばれており、石油や天然ガスが減っていく分に対応して太陽電池や風力発電といった再生可能エネルギーを開発すれば良いという原則です。変化を止めて環境を現時点のまま未来永劫そのまま維持しようという「強い持続性」の実現はなかなか難しいのに対して、「弱い持続性」であればなんとか実現可能なのではないでしょうか。

　人為的な温室効果ガスの排出による地球温暖化に伴う気候変動の進捗についての科学的知見はかなり強固であるため、今後気温が上昇するにつれて海水面が徐々に上昇し、激しい熱波と暴風雨に毎年のように襲われるようになるのはほぼ間違いないでしょう。しかし、何がどういう閾値を超えたら気候変動や地球環境劣化の悪循環が生じて取り返しのつかない急激な変化が生じるか、という理論については現段階では不確実性も大きく、可能性が99%なのか1%なのかも不明です。そうした現象がもし生じたとしたらどういう影響が人間社会に及ぶかについての研究もほとんどありませんが、例えばグリーンランドの氷床がすべて融解して海水面が6メートル上昇するには何百年もの年月が必要であり、生じるにせよ社会的な適応も可能な変化速度だと期待されます。これまでめったになかった高温や豪雨・寡雨に頻繁に見舞われるようになる地域があっても、それが全陸地に占める割合は小さいため、近い将来人類が滅亡する可能性は非常に低いと思われます。

パリ協定と2050年に向けた動き

　そのような気候変動の悪影響を最小限に抑えるために、余分な化石燃料や原料を使わないようにしようというのがパリ協定の趣旨です。2050年に向けたアクションプランを守ろうとする国や企業セクターは増えており、例えばカリフォルニア州バークレー市では新築の住宅・低層ビルへの都市

化石エネルギー利用へのパリ協定の含意

http://hydro.iis.u-tokyo.ac.jp/ 25

50％の確率で2度以内の気温上昇に抑えるためには、2011年以降の追加的CO_2排出量を1150～1400Gtに抑える必要がある。
(IPCC WG3 AR5, 2014)

大気へ

1150～1400
Gt CO_2相当

利用

2度目標達成＝現時点の技術、価格に照らしても現実的に利用可能な化石燃料が手付かずのまま地中に残る。

Until 2100	With CCS [%]	No CCS [%]
Coal	70	89
Oil	35	63
Gas	32	64

(Bauer et al.,2014; Jakob, Hilaire, 2015)

化石燃料

地中

3670～7100Gt CO_2相当の「埋蔵」量

2011年時点で、燃焼排出CO_2換算約3～5万Gt相当の化石燃料の「資源」量

——石の不足によって石器時代が終わったわけではない
（元サウジアラビア石油鉱物資源相 アハマド・ザキ・ヤマニ）

ガス設備の設置が禁止されました。早いと思うかもしれませんが、今建てられる住宅のほとんどは 2050 年にも居住されているでしょう。その時までに都市ガスが再生可能ガスに切り替わる見込みがなければ今から使えないようにする選択肢しかありません。

　2050 年というとかなり先に聞こえるかもしれませんが、使用期間の長いインフラ部門や住宅部門では 2050 年時点を考えた設計が現在すでに求められているのです。

　また、地中にある化石燃料は CO_2 排出量換算で 3-5 万 Gt 程度あり、そのうち経済的にも利用可能な埋蔵量は 4000-7000Gt 程度と言われています。しかし、気温上昇を 2 度以内に抑えるためには 2011 年以降の追加的な CO_2 排出量を 1150-1400Gt に抑える必要があると算定されています。私が子供の頃は「いずれ数十年で石油はなくなる」と脅され、国際社会は化石燃料の枯渇を恐れていたものですが、人類はパリ協定で「利用可能な化石燃料が地中に残っていても使わない」という合意をしたのです。元サウジアラビア石油鉱物資源相のヤマニ氏は「石の不足によって石器時代が終わったわけではない」と発言したと伝えられていますが、枯渇する前に石

油を使う時代の終焉を迎えることになりそうです。

気候変動に伴うリスク

なぜこういう決断を人類がしたのかというと、1つには気候変動による災害がもたらす経済的損失が大きいからです。風水害や旱魃が発生すると、人命や財産が失われるばかりではなく、工場が損壊したり操業停止せざるを得なくなったり社会の機能が停止したりします。日本で自然災害というと地震を思い浮かべる方が多いのではないかと思いますが、実は水害の方が圧倒的に多く発生していて、経済的被害も全体としては多くなっています。東日本大震災時に支払われた企業向けの損害保険額は1兆3000億円程度でしたが、2019年度だけでも1兆円、2018年の1兆6000億円とこの2年の水害に対する支払額だけで東日本大震災時の2倍になります。

また、日本ではあまり意識されていませんが、ヨーロッパでは移民問題も大きな関心事です。世界のどこかで気候変動が起きて自然災害が増えると安住の地を求めて移民が増える、そうすると社会が不安定化する可能性がある——特にヨーロッパではそうした社会不安の引き金になる気候変動の悪影響についても真剣に懸念されています。

大口投資家も資産毀損を防ぐためのサスティナブルファイナンスを推進しています。企業が10-20年後にも存続しているのか、いざという時にビジネスが立ち行かなくなるリスクが低いのはどの会社か、といった観点で投資先が選別されるようになっています。

人口と資源に関する誤解

マルサスの『人口論』はどこかで聞いたことがある方がほとんどだと思います。彼は当時イギリスで計画されていた救貧法に反対する意図で『人口論』を書きました。人口は幾何級数的に増えるが食糧生産は算術級数的にしか増えないため人口は過剰になるうえ、貧しい人にお金をあげると子供がさらに増えて貧困に陥ってしまうと彼は主張しています。他にも「産児制限で貧困を救おう」、「戦争、貧困、飢餓は人口抑制のために良い」と貴族階級以外の人口を抑制しようとする論陣を張っていました。

ところが現在では人口は指数関数的には増えていません。今後について

「人口論」(1798)➡マルサスの罠

https://ja.wikipedia.org/wiki/人口論
https://ja.wikipedia.org/wiki/トマス・ロバート・マルサス
http://hydro.iis.u-tokyo.ac.jp/ 27

情念に基づくため**幾何級数的に増加する人口**に対し、
食糧生産は算術級数的にしか増加しない。
その差により人口過剰、すなわち貧困が発生するのは必然。
(Thomas Robert Malthus)

- 貧困層(庶民)の人口増に脅かされる貴族階級の視点
- "救貧法は貧者に人口増加のインセンティブを与えるものであり、貧者を貧困にとどめておく効果➡漸進的に廃止すべき"
- "人口の抑制をしなかった場合、食糧不足で餓死に至ることもあるが、それは人間自身の責任でありこれらの人に生存権が与えられなくなるのは当然のことである。"
  - ※"戦争、貧困、飢饉は人口抑制のために良い"
  - ※"マルサス主義＝産児制限で最貧困層を救おうとする考え"

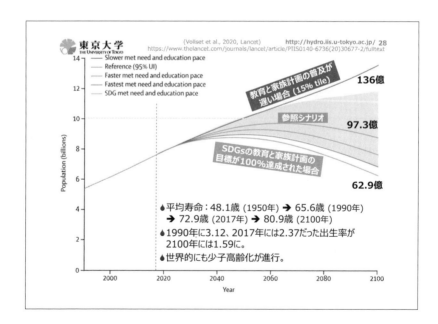

東京大学
THE UNIVERSITY OF TOKYO

https://en.wikipedia.org/wiki/Tragedy_of_the_commons
https://en.wikipedia.org/wiki/Garrett_Hardin
http://hydro.iis.u-tokyo.ac.jp/ 29

コモンズの悲劇（1968）

共有され規制されていない資源(コモンズ)に対して
**各人が自己の利益を最大化するように行動するなら
コモンズは枯渇するまで使い尽くされてしまう**
(Garrett James Hardin)

◆ **環境問題の外部性、有限な地球資源、持続可能な発展**

◆ "人口が増えすぎると、資源が不足して個体数が減少する"

◆ "家族規模の自決権を掲げる世界人権宣言(UN)は否定せよ"

◆ "気にせず子供が多い家族は世代を経るごとに増殖する"

　※ 良心(conscience)に訴えても無駄

◆ 囲い込んでコモンズではなくしてしまう必要がある。

　※ 生殖の自由は認めてはいけない。人口過多で破滅する。

　※ ←理解できるようにする教育が大事。そうすれば悲劇は回避できる。

も、最も人口抑制が効かないシナリオですら直線的な増加、人口抑制が効くシナリオでは今世紀中に人口は減少に転じるという推計が出ています（前頁下図参照）。

　もう1つ、人口と資源の議論に『コモンズの悲劇』があります。コモンズとは、共有されているが利用が規制されていない共通資源を指します。ギャレット・ハーディンという生態学者はこのコモンズについて、「各人が自己の利益を最大化するように行動するなら、コモンズは枯渇するまで使い尽くされてしまう」と述べました。そして、世界人口が増えすぎて資源が枯渇すると困るので国連人権宣言で謳われた家族規模の自決権は否定せよ、生殖の自由を認めると人口過多で人類は破滅するとまで主張しています。

　ところが、実際の20世紀後半の推移を見ると人口増は緩やかでほぼ直線的な増加に過ぎず、農地面積はほぼ変わっていないのに対して単位面積あたりの収穫量が増えたおかげで穀物生産量は増加し、1人あたりの食料供給量も25%増加しています（次頁図参照）。

　というわけで、成長には限界がある、世界人口は指数関数的に増加し続

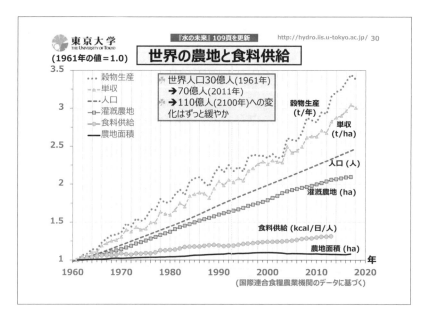

けて、やがて破綻するというのは 1970 年ぐらいまでのやや古い考え方で
あると考えた方が良いでしょう。

悲観論と楽観論

　ロンドン大学キングス・カレッジのトニー・アラン教授が BBC で水危
機に関して聞かれた時に「水の悲観論者は間違っているが役に立つ。水の
楽観論者は正しいが、危険だ」と答えています。この「水」を「気候変
動」や「人口問題」、「エネルギー問題」に変えてもうまく当てはまります。
本当にリスクが懸念されたら皆がそれを回避しようとするため、結果的に
悲観論者が憂うる結末は回避されます。一方で、みんなが楽観視している
と看過されていたリスクが顕在化してひどい目にあうかもしれません。つ
まり、悲観も楽観もせず悪影響をできるだけ回避できるように適切にリス
クを管理するのが大事なのです。

どんな社会を構築するか

　本日特にお伝えしたかったのは、水問題や COVID-19 で困るのも気候

変動で困るのも脆弱な立場に置かれた人々や地域だ、という点です。そして、アウトブレイクや深刻な気候変動が起きた時にその影響がどこまで深刻になるかは私たちが今後どのような社会を構築するかにかかっています。また、COVID-19のようなアウトブレイク・リスク管理には科学的エビデンスや合理性も大事ですが、私たちのリスク認知を考えないと皆の気持ちがついてこないという点も指摘いたしました。

何が危機なのか

　最後にご紹介した通り、現在地球上に存在している危機は何かの不足によってもたらされているというよりは、主に格差に起因しています。供給自体は足りているので、それをいかにして公正に配分するかの問題なのです。さらに、私たちが目指すサスティナブル・デベロップメントが意味するのは「持続可能な開発」というよりも「持続可能性の構築」という方が適切なのではないかと考えています。

　そして、繰り返しますが、若者の夢と希望を決して奪ってはいけないと思います。今の20歳前後の世代は地球が人類で一番混雑した時代をずっ

と生きていくのだと思います。そこをどうやって乗り越えるか、若者たち
があまり苦労せずに乗り越えていけるような道筋、方策を残していくのが
我々の役目だと思います。

＊＊＊

Q&A　講義後の質疑応答

Q.　SDGs 実現のために必要なこと

　SDGs では高い理想が掲げられていますが、そこに示されているゴール
やターゲットを達成するための具体的な手段が見えづらく、企業に属する
身としてはどうアプローチをするか難しいという印象を受けています。
SDGs 実現に向けてどのようなことが必要だとお考えでしょうか。

A. 国連において SDGs が全会一致により採択される過程で政治的な妥
協がなされた結果、SDGs は目標達成のための手段を特定しておらず、さ
らに各国や企業に対する法的拘束力も持ちません。つまり、SDGs の目標
達成に向けた具体的な戦略の設定や実行は各国に委ねられており、国家や
企業、市民といった各ステークホルダー間の協力が必要です。
　SDGs を達成するためにはコストがかかります。まず、政府が果たす役
割ですが、温室効果ガスの国別削減目標（NDC: Nationally Determined
Contribution）のように、近年、世界全体の達成目標に対応して国家が挑
戦的な達成目標を設定するようになっています。ここで設定された目標数
値を背景として、企業や市民の行動変容を促す制度設計をしたり、行動変
容に伴い必要となるコストの一部を国家予算として支出したりするなど、
国家全体の変化を促すような政策の実施が政府の役割でしょう。
　温室効果ガスの事例で見たように、現在の経済活動の延長線上では削減
目標達成は困難であり、供給エネルギーの脱炭素化、再生可能エネルギー

割合の増大や、エネルギー効率の飛躍的な向上といった抜本的な技術開発が必要です。企業は、短期的な利益を多少損ねるという犠牲を払ってでもこうした技術開発への投資が重要です。

　政府や企業が負担するこうしたコストは、最終的に税や製品・サービスへの上乗せといった形で市民・消費者が負担することになります。規制や税金といった形でのコスト負担もありますが、企業からの働きかけによって市民・消費者が負担を受け入れて行動を変化させることも可能でしょう。消費者の中には地球環境に貢献したいという思いを持っている人もある程度いるでしょうが、直接貢献できる活動はあまりありません。フェアトレードのように、消費者がコストを受け入れるような仕組みを企業が作り出した例もあります。

　このように、それぞれのステークホルダーが負担を受け入れて変化していく過程では科学技術、自然科学はもちろんですが社会科学・人文科学の力も不可欠です。企業の変革を促すための仕組みとして、グリーン投資やESG 投資がありますが、こうした枠組みを作り出す上で社会科学を背景としたモデル構築が大きな役割を果たしています。また COVID-19 で経験しているように、社会が急激に変化する際には、変化によって得をする人と困る人が出てきます。SDGs の「誰一人取り残さない」という理念を考えると、そうした不公平な状況を改善するための介入を促すことも重要です。

Q. SDGs と日本

　近年、SDGs やサスティナブルを意識したルール作りと、そのルールへの参加・協調とが国際的に広がり、海外の経済活動が変わり始めている印象を受けます。一方、日本では SDGs に対する意識は高まっているものの、そうした意識の高まりがうまく経済活動に反映されていない印象を受けるのですが、どのような意識や活動の変化が必要だとお考えでしょうか。

A. EU は、EU 圏外から輸入される商品に対する非関税障壁として SDGs的なものを持ち出してルールを作りました。米国トランプ政権は SDGs に対して消極的な姿勢を見せましたが、バイデン政権下はパリ協定に復帰す

るなど国際協調を推進する立場を取っています。また、以前の中国は環境
規制よりも経済成長を優先していたものの、自国製品を国際市場で流通さ
せるために環境規制遵守が必要だとトップダウンで方針を転換しました。
日本政府は慎重な姿勢を見せていましたが、東日本大震災や COVID-19 の
経験で日本国内の企業や市民が急激な変化に対応するのは難しいだろうと
考えたのかもしれません。

　国連が驚くほど SDGs に対する関心が高い日本で皆が慎重姿勢を取る
背景には、政府や企業、市民それぞれが SDGs 実現のためのコストを払
った時に「自分だけが損をする」ことを恐れる、つまり高いリスク認知を
して様子見をしてしまっていることがあるのだろうと思います。環境問題
に取り組む際に環境問題を環境問題の中だけに閉じ込めないということを
言いますが、この状況を乗り越えるためには我慢をして SDGs を達成す
ると考えるのではなく、SDGs 達成を経済発展や社会正義実現に結びつけ
るという考え方を持ってリスクを取ることが必要です。

　慎重姿勢を見せていた日本政府ですが、世界各国の協調が進んでいるこ
とから思い切った目標設定に取り組んでいます（編注：日本も 2020 年 10 月
に 2050 年のカーボンニュートラルを目指すことを表明し、2021 年 4 月には
2030 年までに温室効果ガスを 2013 年度比で 46% 削減することを表明しました）。
そして、今後は目標実現のための手段として投資など経済成長を呼び込む
ための政策が策定されるでしょう。

　企業が取り組めることもあります。日本企業には、まだ良いものを安く
という価値観だけにこだわる風潮があるように思います。水目標と石鹸の
例をご紹介しましたが、企業が提供する製品やサービスに SDGs に合っ
た付加価値をつけ、それをブランドイメージとして消費者に訴求すること
は大きな機会創出になるでしょう。

　日本の市民・消費者も変わりつつあるように思います。良いものを安く
というのは消費者の基本的スタンスですが、特に最近の若者は SDGs に
対する関心が高く、社会貢献ができる商品・サービス・企業への尊敬があ
るといいます。こうした若者が今後消費者として、また製品・サービスの
開発者として社会に出てくるタイミングを逃さずに、SDGs の価値観を埋
め込んだ経済活動に転換することが大事だと思います。

SDGs に関する国家間での協調や産業活動は当然綺麗事だけでなく、各国の産業政策の争いや企業の生き残りをかけた争いを伴っています。そうした状況をリスクとして恐れるのではなく、自分で望んで取るリスクとして向き合っていくこと、そして SDGs 実現に向けたコストをどう分担するのかを政府、企業、市民が相互に対話していくことが必要ではないでしょうか。

結びにかえて──コロナ禍と 3 規範

藤山知彦

　2019 年 7 月に月 1 回を目標に始められたこの BUF リベラルアーツ研修講座ですが、2020 年 2 月を最後にコロナ禍のためにリアル開催ができなくなりました。オンラインで復活したのが 6 月で月 2 回開催に変更し、10 月に最終の講義を開催しました。

　現代のリベラルアーツは近代グローバリズムの規範と考えられる民主主義、市場原理（資本主義）、科学技術の過去、現在、未来を考えることだ、と割り切ることによって成立した講座です。コロナ禍はまだ、終了していませんが、コロナ禍がこの 3 つの規範にどう影響したのでしょうか。2020 年 6 月、2021 年 7 月に COVID-19 有識者懇談会（座長 永井良三自治医科大学学長）の寄稿欄（https://www.covid19-jma-medical-expert-meeting.jp）に「コロナ後の民主主義・市場原理・科学技術」「コロナ禍の地政学と日本が議論すべき価値観」を書きました。基本的な考え方は変わっていませんが、コロナ禍によって、どのような影響があったと感じているのかを簡潔に書いておきます。

　大きく言って、コロナ禍は 3 規範の規範たる部分をさらに揺るがす方向で影響がある、と思います。国際規範はさらに不安定になるということです。そして現実政治では、中国がこの 3 規範は人類の歴史の到達点ではない、と主張する明確な批判者として登場し、米欧日加豪など規範信奉国に対抗し、それ以外の世界の他の国が 3 規範に対してどのような対応をするのか、という構図が明らかになりました。

　まず、最も影響が大きいのは民主主義です。コロナ禍の制圧は強権体制をもってロックダウンを実行した中国が早くに実効をあらわしたのに、先進民主主義国では制圧にはるかに長い時間がかかっています。民主主義は非常時の対応には不向き、不効率なのではないか、という問題提起がなされています。逆に、感染初期の中国の開示が遅れたのではないかという疑問も持たれています。この問題は「監視社会」「プライバシー」「個人の自由」などとも関係があり、今後、情報科学の進展とも関係してさらに大きな議論になるでしょう。

　次に市場原理も大きな影響を受けています。移動の自由が奪われ、また機微

物資の取り合いということもあり、サプライチェーンが寸断され、安全保障との関係もあって、自由貿易（市場原理の一発現）が一時的に毀損するといった事態も起きました。労働市場でも必要とされる職種に対し、賃金上昇による労働力の流入がうまくいかず、多くの国で政府による介入によって調節されました。その政府と市場の関係ではもう1つの大きな問題を惹起しています。コロナ禍は多くの国で巨大な財政支出を必要とし、大きな財政赤字という禍根を残すことになりました。市場原理に内在する脆弱性を露呈した感じです。

最後に科学技術ですが、これは逆に救世主として大きな期待もされました。主としてウイルスの解明、治療薬の開発、ワクチンの開発といった医療系の分野です。また情報科学は感染者の把握や予想、感染可能性のシミュレーション、オンライン会議の進展などにも役に立ちました。

しかし、周辺に様々な問題も起こっています。トランスサイエンスの分野の判断をどうするか、ということについて各国で政治家と専門家との関係に様々な議論があります。また、コロナ禍以前から起こっていた米中の経済、技術を中心とした覇権争いは、コロナ禍によって加速された部分もあり、科学研究に必要な公正性、公開性に対して微妙な影響を与えています。科学技術が国家戦略の道具として利用される側面が強くなるのを懸念する声があるからです。

3 規範とコロナ禍の問題は既にご出講いただいた先生方が触れていただいているところもありますが、いずれにしても、これは近代グローバリズムの総決算というべき主題と関係しますので、結論が見えてくるのはまだまだ時間がかかると思います。なるべく、力による争いに依らず、叡智に依るものであってほしいこと、日本は議論をリードする歴史的遺産を持っていること、を申し上げて結びといたします。

2021 年 7 月

謝　辞

　この講座を立ち上げ、本にまとめるにあたって、たくさんの方々の主体的な
ご尽力、またご支援がありました。茲に御礼申し上げます。

　まず、ご出講いただき本に掲載をお許しいただいた先生方、有難うございま
した。特に、この講座の趣旨にご賛同いただいて、お話をいただいただけでな
くオリジナルな視点を加え、全体を重厚なものにしていただきました。また、
議論に参加をしていただいた20名弱の研修生の皆さんにも、真摯に取り組んで
自分の言葉で質問、意見表明をしていただきました。終了後、研修生の方々の
「自分の枠が壊された」、「当然と思っていた仕組みや規範が変わりうることが分
かった」、「自分で考えることをやめてはいけない」などの言葉が印象的です。
派遣を決めてくださった企業、大学の方々を含め御礼申し上げます。

　この講座案を了承し、精神的にも、予算的にも支援していただいた日本産学
フォーラムの執行役員の方々（前会長・張富士夫トヨタ自動車相談役、現会長・五
神真前東京大学総長をはじめとする方々）、有難うございました。少しでもお役に
立てたのであれば有難く思います。

　中でも吉川弘之東京大学元総長には第1回の講義に参加していただいただけ
でなく、書籍化の監修の労をお引き受けいただきました。

　また、叡啓大学学長（当時東京大学執行役・副学長）有信睦弘氏は2016年に最
初にリベラルアーツ研究会の立ち上げを私に提案してくださった方です。この
研究会は日本産学フォーラムの幹事を出席者として10回ほど続きましたが、そ
れを受けてこのリベラルアーツ講座の立ち上げが提案されたのでした。有信氏
には一貫して強いご支援をいただき、要所でご指導いただき、全講義にオブザ
ーバーとしてご参加いただきました。お二人に特別な感謝を申し上げます（執行
役員会宛ての2018年の本講座の設立趣意書を巻末に資料として掲げます。序の部分と
共通点が多いですが、記録として残します）。

　講座の企画や講義者の選定には日本産学フォーラム以外にも科学技術振興機
構（濱口道成理事長、野依良治CRDSセンター長をはじめとする方々）、日本アスペ
ン研究所（村上陽一郎副理事長をはじめとする方々）などの有識者の方々にもご意
見を伺いました。すべてのお名前をお挙げしませんが感謝しております。

アクティブラーニングの国立教育政策研究所初等中等教育研究副部長（当時東京大学教授）白水始氏、根本紘志さんにも御礼を申し上げます。ことに、根本さんには大部の講義を本にするための最初の原稿の作成に力を尽くしていただき、理解力、表現力を駆使して立派な仕事をしていただきました。

日本産学フォーラムの小原聡事務局長には講座企画の相談にのっていただいただけでなく、制作、実施の全般にわたって獅子奮迅の活躍をいただきました。小原氏なしではこのプロジェクトはありえませんでした。有難うございました。事務局の伊東利奈さん他、スタッフの協力にも御礼を申し上げます。

最後に東京大学出版会の阿部俊一さんには本にするための親身なアドヴァイスをいただきました。感謝申し上げます。有難うございました。

2021 年 7 月

藤山知彦

謝
辞

「現代日本を自由（リベラル）に議論する基礎技術（アーツ）」講座設立趣意書

（2018 年 11 月 1 日）

　長期的人口減少、国際的影響力の低下、財政状況の長期逼迫、産業競争力の低下、国際的大学ランキングの低下といった全般的な閉塞状況の中で、現代日本の危機を打開し、豊かな未来を描くにはリベラルアーツの力が必要だという声をよく聞く。では、そのリベラルアーツとはどんな知識、どんな考え方のことを指しているのだろうか。

　リベラルアーツとはもともとギリシャ語に起源を持ち、文字通り「自由になるための（リベラル）技術（アーツ）」として捉えられた。ギリシャの多くのポリスでは自由民と奴隷に分かれていて自由民の仕事は「政治をになうこと、従って場合によっては戦争をすること」「芸術や詩を作ること」であった。これに対し奴隷は「機械的な仕事、生産や家事に従事する」とされていた。このエリートである自由民として決定に参画するためにはその為に素養を身につけることが必要であり、プラトンは算術、幾何、天文、文芸、体育、音楽などをあげている。ローマ時代になりそれらは自由 7 科と呼ばれる文法、修辞、論理、算術、幾何、天文、音楽に収斂し、それを哲学が統括するという図式ができあがる。これはやがて、13 世紀ヨーロッパ中世にできる大学の神学、法学、医学といった専門課程に入る前に身につけておくべき教養科目として定着していった。その後、米国においてリベラルアーツ・カレッジの多彩な展開をみて日本においても旧制高校の教養教育がその 1 つの類型として理解されている。

　しかし、現代日本において「リベラルアーツが必要だ」と言うときにはどんなイメージで語られているのだろうか。今、多くの大学のリベラルアーツ専攻の謳い文句を見るとキーワードとして「社会性」「国際性」「人間性」「行動性」「リーダーシップ」などの言葉が並んでいる。また現代におけるリベラルアーツの解釈として「知識ではなく知的手法を学ぶ」「問いを投げかける知性を持つ」「異文化、異邦人を受け入れる能力を持つ」「学問だけでなく人間性を学ぶ」「専門知にとらわれず、知を総合し応用する能力を持つ」などと言われている。人間力と関係した言葉が多い。どれも素晴らしい言葉だが、具体的にリベラルアーツを学ぶと言っても何をどこから始めて良いのか分からないのが現状である。

　今年は明治 150 年である。ざっくり言って日本が近代欧米を目標として、その規範を学びはじめてから 150 年たったのである。欧米のリベラルアーツの土壌は先に

見たようにギリシャ、ローマ、キリスト教、ルネサンス、科学革命、市民革命など
の知的文化資産であって、その中から世界的な規範としての民主主義、市場原理、
科学技術を経済力、軍事力を背景に布教してきたというのが近代史であるといって
もそう間違いではないだろう。日本が民主主義、市場原理、科学技術を血肉化して
いく過程は様々な古来からの伝統との相克があり、またその道程は争いもある困難
なものであった。日本は苦しみながらこの規範を身につけたのである。

しかし、今世紀になって時代はまた大きく動こうとしている。今やこれらの規範
が手放しで賞賛されているわけではなく価値観は大きく揺れていると言っても良い。
民主主義はその非効率性を再び問題にされているようだし、中産階級の全般的崩壊
はポピュリズムを惹起しメディアの技術革新も深刻な問題を生んでいる。市場原理
はバブルの発生と崩壊を防止できていない。格差の拡大はこのシステムの負の部分
ではないかとも考えられている。科学技術も原子力事故を巡る議論は結論を出せず
にいるし、生命科学や人工知能の急激な発展は倫理的、社会的、法律的問題をこれ
までにない規模で惹起している。要はグローバリズムの規範であった民主主義や市
場原理や科学技術は今後とも人類の幸福に寄与し続けられるのか、何か手直ししな
くてはならぬことがないのか、新しい解説が必要ないのか、問われているわけで、
このことは現代のほとんどの問題の通奏低音となっていると思われる。それにもか
かわらず、現代に生きる我々は専門知の中に埋没し、この3つの規範については学
ぶところ少なく、塀を建てて自らの立場からの発信を続けている。

日本産学フォーラムリベラルアーツ研究会ではこの3つの規範の成立過程を振り
返り、現代における課題を共有化して議論することが、現代日本における時代精神
を見据えたリベラルアーツであると考えるに至った。そこで講座の概要を構想し趣
旨に賛同する碩学のご出講を企画した。この際に講座の受講者は産学にまたがる若
き意思決定者であり、それが文理の考え方を融合して課題解決の議論をし、やがて
は国境を越えた新しいグローバリズムの議論を喚起し寄与するようなものでありた
いと願っている。「現代日本を自由（リベラル）に議論する基礎技術（アーツ）」と
いう講座名の所以である。

執行委員会にはこの企画を強力にご支持いただくようにお願いします。

日本産学フォーラム

リベラルアーツ研究会 座長　藤山知彦

編著者について

藤山知彦（ふじやま　ともひこ）

(科学技術振興機構研究開発戦略センター上席フェロー)

1953年生まれ。麻布中学・高校卒業。1975年 東京大学経済学部経済学科卒業。同年三菱商事調査部入社、1989年 企画調査部産業調査チームリーダー、1993年 泰国三菱商事業務部長、2000年 戦略研究所長、2002年 中国副総代表、2005年 国際戦略研究所長、2008年 執行役員国際戦略研究所長、2010年 執行役員コーポレート担当役員補佐、2013年 常勤顧問。2016年4月より現職。日本産学フォーラム リベラルアーツ研究会座長、清水建設顧問、女子美術大学理事、東京工業大学大学院非常勤講師を兼務。1990-2016年日本経済新聞「十字路」コラム執筆。過去の公務として、2011年 国際金融情報センター（JCIF）理事、2014年 経済財政諮問会議 成長・発展ワーキンググループ委員などがある。

監修者について

吉川弘之（よしかわ　ひろゆき）

(東京国際工科専門職大学学長)

1933年生まれ。東京大学教授、同総長、放送大学長、産業技術総合研究所理事長、科学技術振興機構研究開発戦略センター長を経て、現職。その間、日本学術会議会長、日本学術振興会会長、国際科学会議（ICSU）会長、国際生産加工アカデミー（CIRP）会長などを務める。工学博士。一般設計学、構成の一般理論を研究。主な著書に『本格研究』（東京大学出版会、2009)、『科学者の新しい役割』（岩波書店、2002)、『テクノグローブ』（工業調査会、1993)、『テクノロジーと教育のゆくえ』（岩波書店、2001)、『ロボットと人間』（日本放送出版協会、1985)、『一般デザイン学』（岩波書店、2020）などがある。

日本産学フォーラム

(BUF：The Business University Forum of Japan, https://www.buf-jp.org/about/organization)。

　産業界と学術界を代表するリーダーらが、定期的な意見交換や諸外国の産学のリーダーとの交流を通して、社会を担う人づくり・教育・研究・技術開発などに対する産学協働のありかたについて、1992年創設以来、サロン的雰囲気を重視しながら対話を続ける任意団体。企業22社と大学17校の経営者、中央省庁のリーダーからなる。

規範としての民主主義・市場原理・科学技術
　　——現代のリベラルアーツを考える

2021 年 10 月 28 日　初　版

［検印廃止］

編　著　藤山知彦
　　　　ふじやまともひこ

監　修　吉川弘之・日本産学フォーラム
　　　　よしかわひろゆき

発行所　一般財団法人　東京大学出版会

　　　　代表者　吉見俊哉
　　　　153-0041　東京都目黒区駒場4-5-29
　　　　http://www.utp.or.jp/
　　　　電話 03-6407-1069　Fax 03-6407-1991
　　　　振替 00160-6-59964

組　版　有限会社プログレス
印刷所　株式会社ヒライ
製本所　牧製本印刷株式会社

©2021 Tomohiko FUJIYAMA, *et al.*
ISBN 978-4-13-003391-6　Printed in Japan

ここに表示された価格は**本体価格**です。御購入の
際には消費税が加算されますので御了承下さい。